人力资源
管理
新逻辑
人人都是HR

谢山 著

化学工业出版社

·北京·

图书在版编目（CIP）数据

人力资源管理新逻辑：人人都是HR / 谢山著. —— 北京：化学工业出版社，2019.1
ISBN 978-7-122-33259-2

Ⅰ.①人… Ⅱ.①谢… Ⅲ.①人力资源管理-研究 Ⅳ.①F243

中国版本图书馆CIP数据核字（2018）第255825号

责任编辑：罗　琨　　　　　　　　　装帧设计：韩　飞
责任校对：王　静

出版发行：化学工业出版社（北京市东城区青年湖南街13号　邮政编码100011）
印　　装：三河市双峰印刷装订有限公司
710mm×1000mm　1/16　印张20¼　字数329千字　2019年3月北京第1版第1次印刷

购书咨询：010-64518888　　　　　售后服务：010-64518899
网　　址：http://www.cip.com.cn
凡购买本书，如有缺损质量问题，本社销售中心负责调换。

定　　价：49.80元　　　　　　　　　　　　　　　版权所有　违者必究

序言

人力资源管理大师尤里奇说企业中最大的 HR 不是 HR 经理，不是 HR 总监，不是 HRVP，而是企业的 CEO，即企业的最高行政长官！既然如此，那么需要懂 HR 的就是从最高的 CEO 到最基层的一线管理者！他们是奋斗在市场前线真刀真枪带兵打仗的人力资源实践者，他们最需要知道如何通过驾驭团队来拼指标、拼业绩，因此作为人力资源工作者，最需要站在他们的角度思考：为了能有效驾驭和管理自己的员工队伍，他们最需要掌握哪些常见的人力资源管理的理念、思路和方法？

在书店，有很多关于人力资源管理的书籍，但多是从理论到理论，多是充斥概念和专业术语的书籍，晦涩难懂，对于很多非人力资源工作者来说，看了也似懂非懂，无法有效消化、吸收和实践应用。本书力求把这些专业的语言转变成一般通俗易懂的语言，从而使本书更接地气，更能被非 HR 经理读懂！

本书从非 HR 经理的角度思考他们在带队伍的过程中最常遇到的 50 个人事管理问题为出发点，探索为了解决每个问题而需要的知识、思路、工具和方法，总结和提炼了最常用的 50 项能力点，每项能力看成一项修炼，因此有 50 项修炼。每项修炼由三部分组成：案例、常见问题/误区、解决思路。

案例：是用来列举一些工作中常见的工作场景，这能帮助读者触景生情，进而联想到自己在工作中是否也有类似的痛点或问题。

常见问题： 案例是有限的，反映了实践中的某些问题点。那么这里的常见问题，主要是本人近 20 年实际从业过程中注意到和观察到的常见现象或问题，是对前面案例折射的问题的进一步延伸和归纳总结。

解决思路： 就是从人力资源理论和实践的角度，思考如何实实在在解决此类问题的思路、着眼点、手段、工具和其他企业的最佳实践做法。这里没有啰唆的长篇大论，只有提纲挈领的最佳实践的总结。

本书适合于带领团队的主管或经理或总监们（也常被称为直线经理或非 HR 经理或用人部门）阅读和修炼，每个非 HR 经理都会在工作中遇到这样那样的关于人和事的问题，那么本书有关章节或许就刚好能给你带来一些具体的解决思路。本书也适合很多从事人力资源工作的人员，他们做的工作与我这 20 年的工作一样，时时刻刻思考如何为非 HR 经理们提供最有价值的服务，如何站在他们的角度思考他们的人和事的问题，并提供参考解决方案！

谢山

目录

第一章　非 HR 经理的角色转变　1
　　第一项　作为非人事经理，如何理解自己的
　　　　　　管人角色　2
　　第二项　HR 经理和非 HR 经理的角色分工　8

第二章　人力资源规划　13
　　第三项　如何设计组织结构　14
　　第四项　如何理解和编写岗位说明书　20
　　第五项　如何确定本部门的人头预算　26
　　第六项　如何选用合适的用工形式　30

第三章　招聘配置　37
　　第七项　如何创建岗位的能力素质模型　38
　　第八项　如何阅读简历　41
　　第九项　如何组织一次面试　46
　　第十项　如何面试软能力　51
　　第十一项　如何预判面试者未来的工作动力　59
　　第十二项　如何做录用决策　64
　　第十三项　如何看待心理测验　70
　　第十四项　如何设计一套测试题　76

第十五项　如何协助新任经理／主管度过试用期 ········· 82

第四章　培训发展　　　　　　　　　　　　　　　　87
　　　第十六项　如何识别培训需求 ······················· 88
　　　第十七项　如何形成有效的培训发展计划 ············· 93
　　　第十八项　如何使员工对自己的发展有责任感 ········· 98
　　　第十九项　如何给员工画好职业跑道 ················· 103
　　　第二十项　如何进行人才盘点 ······················· 108
　　　第二十一项　如何决定领导力素质模型 ··············· 114
　　　第二十二项　如何选出你的接班人 ··················· 119
　　　第二十三项　如何培养与发展领导力 ················· 124

第五章　业绩管理　　　　　　　　　　　　　　　　131
　　　第二十四项　如何正确认识绩效管理 ················· 132
　　　第二十五项　如何建立与分解绩效目标 ··············· 138
　　　第二十六项　如何适时和合理调整工作目标 ··········· 148
　　　第二十七项　如何用扎实的过程管理让目标落地 ······· 152
　　　第二十八项　如何进行绩效诊断与改进 ··············· 158
　　　第二十九项　如何进行绩效反馈面谈 ················· 165
　　　第三十项　如何选用合适的考核工具激励员工 ········· 171
　　　第三十一项　如何管理工作流程 ····················· 188

第六章　薪资激励　　　　　　　　　　　　　　　　193
　　　第三十二项　如何定义新进人员工资水平 ············· 194
　　　第三十三项　如何对晋升员工的工资进行调整 ········· 201
　　　第三十四项　如何进行年度调薪 ····················· 206
　　　第三十五项　如何激励下属 ························· 211

第七章　团队建设　　　　　　　　　　　　　　　　219
　　　第三十六项　如何打造高效团队 ····················· 220

第三十七项　如何留住人才 ……………………… 226
　　第三十八项　如何赢得员工的信任 …………………… 231
　　第三十九项　如何认识与提升团队敬业度 …………… 236

第八章　员工关系　　　　　　　　　　　　　　　　**241**
　　第四十项　　如何管理员工的不足 …………………… 242
　　第四十一项　如何构建和谐的员工关系 ……………… 248
　　第四十二项　如何管理不能立即辞退的员工 ………… 253
　　第四十三项　如何管理问题员工 ……………………… 259
　　第四十四项　如何处理员工举报 ……………………… 267
　　第四十五项　如何在辞退员工过程中扮演
　　　　　　　　正确角色 …………………………………… 274

第九章　其他　　　　　　　　　　　　　　　　　　**281**
　　第四十六项　如何为员工进行职业生涯规划 ………… 282
　　第四十七项　如何进行知识管理 ……………………… 290
　　第四十八项　如何推动变革 …………………………… 296
　　第四十九项　如何认识与推动企业文化建设 ………… 305
　　第五十项　　如何进行自我时间管理 ………………… 311

第一章

非 HR 经理的
角色转变

- 第一项　作为非人事经理，如何理解自己的管人角色
- 第二项　HR 经理和非 HR 经理的角色分工

○ 第一项

作为非人事经理，如何理解自己的管人角色

案例

某公司一直没有明文规定的考勤制度，开始公司小，大家也自觉，但随着公司的发展，上班的人越来越多，有的人自觉早到，大部分的员工断断续续来，有的7:00到公司，有的8:00到公司，有的9:00，有的干脆10:00才到公司！老总越来越觉得不对劲。于是让人事部出台了统一的考勤制度。制度规定："早上必须8:00之前到公司，必须打卡，每迟到10分钟就罚款30元钱……"制度一公布，研发部的人员议论纷纷，大多认为制度不合情理，理由是研发人员晚上经常因为项目需要加班，经常熬夜，而早上还要按时来上班，这没法接受！研发团队乱成一锅粥，有发牢骚的，有集体签名抗议的，有几个代表到研发经理办公室找经理讨要说法的，有准备罢工抵制的……作为新晋升不久的研发部严经理，看在眼里急在心里，严经理心里明白，这些年能有这些研发成果，自己能快速晋升，全靠有这帮研发团队的兄弟们努力工作。现在，公司出台这样的制度，让他的这些弟兄们有这么大的情绪，他觉得他该出马做点什么了……于是，严经理当着几个代表表态说："各位，我的心情和你们一样，这样的制度不合情理，没有可操作性，没法执行，真不明白公司为什么会出台这样的制度，这样吧，大伙跟我一起找老总去！"就这样，严经理领着部门的几个人，大呼小叫的，嚷嚷着，直奔老总的办公室找老总讨要说法去了……

此时，同样有部门员工闹情绪的还有质量部门，但这个部门的经理不想冲在最前面，对有情绪的员工安抚道："大家不要太着急，制度是死的，人是活的，可以变通一下嘛。比如，你要真不能准时上班，跟我说一声，我给你签个字，就说你刚好在上班路上忙了一些工作上的事所以迟到了……"另外，几个晚上要做实验的，允许他们可以早上8点半到公司。

销售部的员工也大闹情绪呢，他们的观点是销售人员一般都是晚上陪客户吃喝，

应酬都放在晚上，第二天哪能准时起床上班？销售员工也找自己的部门经理肖经理反映。销售部肖经理心想，公司的大单全靠我们这个团队呢，平时的确很多时候都是靠晚上应酬客户才拼来的大单，第二天哪还能准时上班，于是对着自己的员工说："这制度太没有人性了，你们先不要执行，该干什么干什么去，我会找老总解释……"

常见问题

- 作为一个团队或部门的经理，把自己扮演成部门员工的民意代表向老板施压。

这类经理的典型做法如下。公司推出一项新制度新政策时，部门内部员工蠢蠢欲动，有情绪，议论纷纷，要罢工，要抵制。作为部门领导的经理们，被下属推到了风口浪尖。下属希望自己的经理和老总去谈谈，经理也认为自己应该为下属多争取一些利益，为下属出口气，以此来建立自己在下属面前的威信。于是乎自己挺身而出，找老总反映群众意见，反映群众呼声，要找老总谈谈，完全站在员工一边，动不动用员工来压老总，迫使老总做出让步，把老总推到对立面。这些经理常持有的理由是：

（1）我有什么错？我这样做是为部门的员工着想呀？

（2）我有什么错？我是他们的领导，我当然要代表他们说话呀？

（3）我有什么错？公司制度不合理难道我还不能说？

（4）我有什么错？我不替他们做主谁为他们做主？

- 经理也跟着员工说制度的坏话，说公司的坏话，说老板的坏话。

很多时候，你会发现，当公司的某项制度或政策出台后，员工有意见、有情绪的时候，经理们也跟着员工对公司制度评头论足，说各种坏话，说上级或更高层领导的坏话，说人事部的坏话。更糟糕的是，当员工看到自己的经理也这样说公司坏话的时候，就更认为自己是对的，就更来劲地说公司说制度的各种坏话了！

- 经理把自己当成旁观者，对员工抵制新制度新政策的行为，不闻不问，任其发酵。

有些经理对于部门内部员工的情绪以及抵制新制度的行为，不加管理，把自己当成旁观者，持一种看热闹的心态，任事态蔓延发展，没有任何作为，甚至内心还巴不得员工闹出什么动静来，然后好以此找老板说理去！

- 经理鼓励下属拒绝执行公司推行的制度。

有些经理，自认为有理，自认为自己的理由站得住脚，公开鼓励员工抵制公司制度，或者干脆告诉员工，如果老板或人事部没有合理的说法和解释，就不要执行，我们只执行合理的制度。

- 经理带头对制度变通执行。

有些经理喜欢说一套做一套，对公司的政策表面说没问题，背后却变通执行或者执行的过程打点折扣。就像上面的质量部经理，他们秉承上有政策下有对策的管理哲学，对于自己不愿意执行的制度，阳奉阴违，表面说一套，背后做的又是另外一套。

- 经理习惯于解决专业技术问题，至于其他关于人的烦心事，找人事部去。

很多技术类人才，因为自己在专业技术领域的突出业绩被提拔成为部门负责人。成为部门经理后依旧习惯于花大量时间解决专业技术问题，很少花时间来管理自己的团队，也很不愿意花时间去管理这些关于人的问题。凡是有关于人的问题，统统让他们找人事部去。在这些部门负责人看来，管理技术是他的主要职责；管人，那是人事部的事情。

解决思路

- 认清自己的角色定位。

作为职业化经理人的你，与一般员工不同，开始带领和影响一个团队了，因此应该先认清自己的角色定位。

（1）作为部门经理，你的职权来自谁？来自老总或公司的任命，是老总或公司给了你带领部门的权力。切记，作为在经理职位的你，不是你部门的员工选举产生的，而是公司的老总或公司任命产生的，不要简单地把自己当成部门员工的民意代表，处处站在公司或老总的对立面。

（2）作为部门经理的你，和老总或公司是一种什么关系？是一种委托代理关系。想一想，当年公司很小的时候，哪里有什么部门经理？不就老总带领几个人一起创业吗？后来公司发展大了，老总忙不过来了，才慢慢委托财务经理帮他管理财务，委托研发经理管理产品开发，委托生产经理专门负责制造加工……这些都因为组织发展壮大后老总管不过来或需要更专业的人来管，才逐步委托给这些职业经理人来协助老板管理这个团队或部门，才有了这些经理职位的诞生。因此，在本质上，老总与下面的经理是一种委托代理的关系，即老总是委托人，而部门经理是代理人，代表老总去管理这个团队！这才是经理诞生的前世今生。大家想想，如果老总一个人就能直接管理公司的所有员工，那还花钱请这些作为中间层的部门经理干什么？

（3）作为部门经理的你，究竟代表谁的利益？其实，上文已经讲清楚了，你应该代表的是公司的利益或老总的利益！其实这很简单，就像你请的律师，你是委托人，律师是代理人，律师当然代表你的利益！在企业也一样，既然老总和部门经理是委托代理关系，那作为职业经理的你代表的是老总的利益，代表的是公司的利益，而不是案例中的去代表员工的利益。

（4）你的言行代表谁？记住，作为部门经理的你，既然是代表老总或公司利益的，那你的言行就是代表老总代表公司的一种职务言行！对于老总批准的各项制度或决议，就不能把自己简单理解成是一个旁观者或自然人，如果你随便发表观点，随便对公司的制度或决议指手画脚，导致员工们军心涣散闹情绪，那就是一种不负责任的言行！因为，你的言行，在员工看来，就是代表了老总代表了公司，对团队成员有着风向标的导向作用。你说制度的坏话，加深了员工们认为制度就是有问题的想法，你作为旁观者不作为，让员工理直气壮地认为自己的行为就是对的，你要是变通执行，员工们也会不把制度当回事，并希望你为他们的错误找各种理由开脱，从而使公司制度流于形式！

作为部门经理，有自己的看法和观点是正常的，但应该通过正当的公司允许的途径与渠道来向公司反映、向老总反映，而不是见人就把自己的抱怨或想法说出来！记住，作为部门经理，职场人士，管住嘴，也是一种基本的职业素养！

（5）你认为不理解、不合理的、或执行有困难的制度/决议，还要带领团队执行吗？下级执行上级批准的制度或决议，是一种基本的职场规则，也是职业素养。作为部门经理的你，无论因为何种原因，都应该执行老总的或公司的制度与决议，而不是根据自己的喜好或理解与否，来选择执行与否。

至于你不理解，或者下属不理解，可以通过正当的途径或渠道去寻求解释，但决不能因为一时不理解或有困难就带头拒绝执行或变通执行。

在这点上，要学习军队的执行力，在军队，能否说你不理解或有困难就不执行？当然不能！企业中，很多职业经理人，对于不理解或执行有困难的制度或决议，理所当然认为可以不执行！这是绝对错误的。

（6）任何执行，都应该在职权范围内！作为职业人士，在某一职位上，根据屁股决定脑袋的原则，能做什么不能做什么，是职位职权决定的。比如公司的制度就算不合理，那么案例中的质量经理能否擅自改变一些呢？当然不能，因为质量经理并没有被赋予去随便改变制度的权力！还是上面谈到的，如果在执行过程中，发现有问题、有困难，可以通过正当渠道、途径去寻求解决，但不是自己擅自作主！如果每个部门经理都按照自己的理解来随意更改制度，那岂不是每个部门都成独立王国了？

- **作为带领团队的部门负责人，明白公司和老总对你的角色期待。**

（1）在整个公司的组织环境中，对你的角色期待是：部门负责人是组织中的一个中间层级，应起到上传下达，合纵连横的作用。

✓ 下达：老板的决策、使命、愿景、目标以及所有公司政策，经理应该从上到下宣传和解释给部门成员，让员工理解公司的战略方向、宗旨、使命、将来的目标与行动计划、公司政策、倡导的企业文化等。在本案例中，部门经理应给员工宣讲公司出台这样的制度的目的和背景，让员工明白这样做的背后的原因，让员工也学会站在公司的角度看问题。

✓ 上传：部门经理应该倾听下属的声音，了解下属的问题、顾虑、情绪，掌握一手资料并上传到公司的高层，让公司的高层了解员工的真实想法和工作中存在的问题。不仅如此，作为经理，还应该根据自己的经验，提出合理地解决问题的建议和方案。

✓ 合纵连横：作为经理不仅仅要起到上传下达的作用，也需要和内外部的平行部门打交道，把自己部门放到整个组织的一环中去审视和看待自己部门的角色和价值，带领部门团队和公司各部门建立高效配合的一种合作关系，从而实现部门和公司的价值最大化。对于需要和其他部门一起找更高层老总才能解决的问题，要善于和其他部门通力合作，并寻求老总的批准与许可，从而理顺这种上下左右的合作关系。

（2）坐镇一方，管事管人：作为部门经理，管理部门内部大大小小的所有人和事。

✓ 管事方面：

- 理解和知晓整个部门处在整个公司价值链创造的哪个流程环节，如何增加价值。

- 知道自己部门的关键职责、业绩目标，以及为了实现目标而需要的部门组织架构、岗位设置和关键职责，处理任何工作中的问题。

— 梳理和不断优化部门内的工作流程，提高团队工作效率。

✓ 管人方面：

— 选：基于部门目标梳理部门组织结构，清晰定义各岗位的工作职责、要求和人才选拔的标准，并且能够正确选拔人才，把合适的人才放到合适的岗位，人尽其才。

— 育：培训员工知晓、理解和坚守公司文化和制度，熟练掌握岗位标准操作流程（SOP），基于组织的需要以及员工职业发展的需要，不断识别和评估员工的培训需求，并帮助和鼓励员工成长，使员工成为组织需要的人才，为公司储备人才。

— 用：善于用适当的业绩评价工具对员工的业绩进行评价，沟通与反馈，确保员工最大限度为公司创造价值，组建一支高绩效的团队。

— 留：在关注员工业绩的同时，也关注员工心理需求，比如工作本身、职业发展、家庭、锻炼和成长机会、待遇和福利、个人问题、团队和企业文化适应性等，确保员工知觉到组织给其带来的最大价值（EVP），从而选择留在组织中发展成长。

— 团队建设：善于通过良好的职责分工、目标设置、沟通与互信机制建设、流程梳理以及团队规则的建立，打造一支士气高昂、敬业、有很强凝聚力和战斗力的团队。

— 构建和谐员工关系：对于部门出现的劳资纠纷，持一种正面面对、及时处理、听从专业建议的积极态度，正确按流程耐心处理每个纠纷，避免影响整个部门乃至整个公司的组织氛围和声誉。

● 具体本案例中，基于上述思路，作为部门经理应该采取的行动如下。

（1）倾听员工的心声，允许员工把想法和具体遇到的困难和难处都说出来。

（2）开会稳定军心，站在公司的或老总的角度，解释出台考勤制度的目的和意图。

（3）同时引导大家商量出办法来，看大家有什么好建议好方案，都可以说出来。

（4）要求大家不要因此影响工作，不要闹事，必须执行当前的制度，有什么问题和意见，可以通过正当途径来诉说。同时，向员工保证你很重视此事，一定会与老总和人事部协商此事，并定期反馈进展。

（5）通过正当途径找老总和公司人事部反映本部门员工在执行制度过程遇到的问题和困难，并提出自己的方案和建议。

（6）与人事部、老总以及其他经理们一起讨论修正制度，大家形成一致意见并得到老总批准后，回到本部门宣传解释，并落实与执行新的考勤制度。

○ 第二项
HR 经理和非 HR 经理的角色分工

02

案例

● 案例一

某公司招聘的管理培训生，短期之内大量离职。运营部门运营总监认为：管培生是 HR 负责招聘的，不符合公司要求，员工学历太高，来工厂这么偏的地方工作不现实；另外，人事部制订的发展计划不科学，对管培生入职后的关注度不够高……总之，是 HR 的责任。人事部则认为：管培生的最后选拔标准是运营总监看过和批准的，再说运营总监也参与了招聘面试，且做了最后决策；在日常管理中，总监和部门经理对管培生的关注度不够高，关系也不融洽，有敌意，没有按照对管理培训生的实际培训计划执行到位……因此是运营部门的责任。双方争吵，请问这究竟是谁的责任？

● 案例二

某公司运营两个污水处理厂，其中 A 污水处理厂的技术员工大量离职，人手紧缺，工作难以展开。于是环境经理要求 B 污水处理厂的赵某临时调到 A 污水处理厂进行支援，而赵某找各种理由进行推脱，不愿意去 A 污水处理厂工作。环境经理很是为难，于是给 HR 经理写了一封邮件："某某人事经理，我的下属赵某不听从调遣，这是人员管理的问题，应该由 HR 来负责，这事我不管了，就交给你了，请三天内帮我搞定，否则影响我部门工作！"

● 案例三

某公司行政经理找到 HR 经理说："公司保安工作表现很差，经常迟到早退，帮我辞退他吧。"人事经理说："如果需要辞退员工需要证据来证明员工表现差，有相关的证据吗？"行政经理则说："辞退员工是你们人事部的工作，至于要用什么手段，要找什么证据，如何找证据，这不是我的专业，我不懂，我也不想管，你们人事部去处理就是了。无论人事部用什么手段，让他立即走人就行，我反正不要这个人了，我一天也不想看到他了……"

常见问题
- 和人相关的问题就是 HR 的问题，扔给 HR 去管就是了，跟我没有关系。
- 招不到员工，或招错了人？是人事部的错。
- 员工没有能力？态度不端正？送去人事部培训一下吧！
- 考核？那是人事部门的职责，人事部负责考核，应该人事部来给我的员工设定目标和发展计划。
- 这名员工又迟到了？赶紧通知人事来处理他，纪律管理就是人事部的职责。
- 要辞退员工？那是人事部的职责呀，我们运营部门哪懂什么劳动法呢。
- 不想要这些员工了？就退回人事部吧，让人事部来善后！
- 人事部门要管理好考勤记录，确保工资发放准确……编制岗位说明书是人事部的责任。
- 激励和留住员工？那也是人事部门的事情，人事部才是负责员工调薪和发奖金的呀！
- 这家伙又假装生病休病假，还占一个人头名额，还要发他的工资！让人事部立马想招弄走他吧。

解决思路
- 认识 HR 的角色。

（1）规则制定者：基于公司战略目标，HR 倡议并主导制定公司人事管理相关的政策、制度、流程、指南与表单。有人把这形象比喻为：人事部是给各部门造枪造炮造子弹的，而直线经理就是使用这些枪炮子弹去有序管理员工行为的。

（2）培训咨询与辅导者：HR 提供各种培训、咨询与辅导，确保各直线经理理解并学会应用 HR 设定的这些制度、流程、指南与表单。比如，在业绩管理这个模块中，HR 培训直线经理们：如何理解公司的业绩评价体系，如何设定目标，如何分解目标，如何进行绩效辅导，如何定期进行绩效诊断与分析，如何辅导业绩改进，如何进行业绩评价和等级评定，如何进行反馈和绩效面谈，如何在下属之间分配绩效奖金，如何与年度调薪挂钩……这个过程中，HR 扮演了培训与咨询辅导的角色。

（3）推进落实与监督改进者：对公司的人事政策是否得到有效落实与执行，效果如何，人事要担任一个监督者的角色，定期回顾各项政策的有效性，并反馈给公司高层。同时从人力资源专业的角度，提出可行的建议和方案，从而为今后如何进一步完善制度奠定基础。

- **认识非 HR 经理的角色。**

（1）积极参与公司各项人事制度、政策制定流程，献计献策，提出自己的思路和看法，贡献自己的智慧，同时在制度的起草阶段，先行摸底，思考制度在本部门推行可能会遇到的问题和困难，反馈给人事部。

（2）参与 HR 提供的各种培训，认真学习和理解公司各种人事制度、流程，并熟练使用相关的表单。

（3）给部门员工进行宣传和培训，确保本部门员工理解各项人事制度和流程，并熟练使用这些相关表单。

（4）带头遵守并执行公司的各项人事政策、制度，起到模范带头的作用，同时监督本部门员工遵守到位。

（5）在 HR 的建议下，处理相关争议纠纷，达到和谐用工的目的。

- **HR 与非 HR 经理的角色分工。**

内容	HR 角色	直线经理角色
HR 规划	◎ 汇总并协调各部门的人力资源计划 ◎ 制订企业的人力资源总体计划	◎ 了解企业整体战略和计划，并在此基础上提出本部门的合理的组织结构以及人力资源需求计划
工作 分析	◎ 开发职位说明书的模板 ◎ 工作分析的组织协调 ◎ 组织完成岗位说明书编写工作	◎ 对岗位职责范围做出说明 ◎ 组织安排在职员工参与访谈或问卷调查等 ◎ 岗位说明书编写
能力 模型	◎ 胜任力分析的组织与协调 ◎ 组织完成素质模型建立工作	◎ 对所在部门员工能力进行说明，并提出建议 ◎ 思考并对本部门岗位能力素质模型提出建议

续表

内容	HR 角色	直线经理角色
招聘吸引	◎ 制定招聘与选拔制度 ◎ 组织召开招聘活动 ◎ 协助规范招聘标准 ◎ 面试初步筛选并推荐合适的候选人 ◎ 面试指南的开发 ◎ 相关选拔技术的开发与选择 ◎ 组织进行各项选拔技术应用和实施 ◎ 背景调查 ◎ 协助完成录用通知（offer）的草拟和批准	◎ 定义具体岗位的招聘标准 ◎ 进行面试和做出评价 ◎ 专业能力测试题目开发 ◎ offer 审批、工资水平定义等 ◎ 做出录用决策
培训开发	◎ 建立培训框架、理念以及人才培训的机制 ◎ 组织实施培训计划 ◎ 开发培训资源以及师资队伍 ◎ 引导经理和员工评估培训需求 ◎ 设计和组织开发公共培训课程 ◎ 指导培训形式	◎ 对员工进行职业生涯辅导 ◎ 识别培训需求 ◎ 组织员工参加培训课程 ◎ 鼓励员工将培训内容学以致用，在工作中提供合适的锻炼机会 ◎ 对员工能力和成长给予反馈 ◎ 组织部门内部的知识分享与培训，创造好的学习氛围 ◎ 基业长青，不断培养接班人
业绩评价	◎ 制定公司的员工业绩管理政策 ◎ 开发各种合适的考评工具 ◎ 保存业绩管理记录 ◎ 辅导员工和经理按照流程完成政策要求的业绩管理 ◎ 处理与业绩管理有关的争议与投诉	◎ 贯彻公司政策，设定和分解绩效目标 ◎ 组织目标回顾，监督目标实施状况 ◎ 作为业绩伙伴，帮助下属，提供资源，克服困难，协助下属实现既定的目标 ◎ 对员工的业绩完成情况和工作表现给予评价，并组织面谈和反馈 ◎ 根据考核结果，对员工奖惩提出建议
薪资福利	◎ 制订薪酬管理方案与政策，并持续优化 ◎ 组织实施岗位评价，确定岗位的相对价值 ◎ 组织薪资调查，理解外部市场水平 ◎ 开发福利和服务项目，制订福利政策 ◎ 引导和解释公司的薪资福利政策 ◎ 组织年度调薪以及个别员工岗位变动与调薪的建议与管理	◎ 学习及理解公司的政策并对员工做出解释（如各类假期） ◎ 管理员工日常出勤 ◎ 提出薪资福利改革的建议 ◎ 对岗位变化做出薪资调整建议 ◎ 根据员工业绩和薪资年度回顾政策，对员工薪资调整给出建议

续表

内容	HR 角色	直线经理角色
劳资纠纷	◎ 制订纪律管理政策与处理流程 ◎ 引导部门经理按照流程处理 ◎ 受理申诉,分析员工不满的深层次原因 ◎ 对直线经理进行培训和宣传 ◎ 提供具体案例的建议和政策咨询 ◎ 介绍必要的沟通技巧 ◎ 与外部关联机构建立联系和合作关系 ◎ 参与面谈	◎ 构建相互尊重与信任的和谐氛围 ◎ 熟悉公司的内部制度政策流程 ◎ 贯彻劳动合同的各项条款 ◎ 受理员工申诉,并按照流程进行处理 ◎ 引导与管理员工日常行为,管理证据 ◎ 参与面谈 ◎ 评估和管理各个特殊案例背后的风险
激励保留	◎ 关联公司政策的制定与改进,比如业绩管理、薪资福利、职业指导、职业生涯规划、奖惩制度、企业文化建设、员工手册、特殊人才薪资策略、接班人计划与建设 ◎ 领导力培训 ◎ 关键人才识别与保留	◎ 积极熟悉和运用公司现有的政策对员工进行日常管理,观察下属思想动态 ◎ 识别不同下属的不同需求点,并寻找和落实合适的激励措施 ◎ 和下属构建相互信任和高效的合作关系 ◎ 构建高效团队,打造高昂的团队士气氛围 ◎ 基于实践,向公司提出好的建议

第二章

人力资源
规划

- 第三项　如何设计组织结构
- 第四项　如何理解和编写岗位说明书
- 第五项　如何确定本部门的人头预算
- 第六项　如何选用合适的用工形式

第三项
如何设计组织结构

案例

● 案例一

某公司的产品甚是畅销，运营总监决定开足马力加快产品的生产制造。正在此时，该公司的质量检测经理由于家庭因素而闪辞。由于生产量大，到处缺人手，包括质量检测经理在内的岗位空缺，短时间之内都难以找到合适人选，于是该总监决定，让车间主任兼任质量检测经理。平日里，车间主任与质量检测经理就常常为了一些质量检测上的事情掐架，大致是因为质量检测经理认为产品不合格不能放行，这影响车间主任的年度奖金，让车间主任极为不爽。现在，该车间主任兼任质量经理，以次充好，睁一只眼闭一只眼，放松对产品质量的把关管理……两个月后，大量产品出现质量问题，产品滞销，公司为此花费巨资大量回收与返工，同时品牌声誉受到巨大影响……

● 案例二

某公司有两个不同的办公楼，办公楼A和办公楼B，公司的销售和采购人员在办公楼B工作，而公司的财务人员在办公楼A工作。由于采购和销售团队的特殊性，员工经常到全国各地出差，而出差的费用需要找财务部门进行核算报销。财务员工审核报销票据时总能发现一些诸如票据没有贴好、金额不对等瑕疵，于是销售和采购的员工每次报销都需要花费不少时间往返于两座楼之间。由于办公楼A和办公楼B相隔比较远，效率极其低下，销售和采购人员每每提到报销的事情，都怨声载道。此事被提到总经理办公会，而财务经理则理直气壮地回答，财务部门就有财务部门的规矩，再说我们财务人员集中在同一栋大楼，方便财务人员管理以及财务人员相互之间的对账，双方争执不下。

常见问题

- **层级过多，决策效率低下。**

很多公司组织结构就像金字塔，部门之间分工明确。这导致基层的管理问题需要层层审批，效率低下。某公司一线班长提出要对工人的纪律观念做一个培训，写申请单到车间主管，车间主管到车间副主任，车间副主任到主任，车间主任到制造副总监，制造副总监到总监，制造总监批准完后转到人事部培训主管，培训主管到培训经理，培训经理到人事总监……到走完这个审批流程，两个月过去了！

- **同级别同一团队本来需要密切合作，但因为汇报给不同的领导而大大增加横向的协调难度。**

例如，同是服务华东地区的人事部工作人员，招聘的工作汇报给全球总部的招聘总监，培训的工作汇报给亚太的培训总监，薪酬的工作汇报给上海的华东区人事总监。三个人的人事团队，因为汇报对象不同，使得华东区事业部经理有人事问题，都不知道找谁。

- **监守自盗，有作弊机会。**

就如同案例一一样，生产和质量管控，出纳和会计，库管和第三方审核，采购合同签订与财务付款，这些岗位如果合并成一个岗位，同一个人执行，则容易导致监守自盗。

- **管理幅度太大或太小。**

幅度太大，直接下属太多，累死管理者，很多东西流转到这里就动不了了。反之，管理幅度太小，则层级过多，导致官僚主义，组织效率低下，对市场和客户需求变化，反应迟钝。

- **只考虑本部门的利益。**

就像案例二中的财务部门，为了本部门的业务流转顺畅方便或人员好管理，一味要求其他部门配合本部门，迁就本部门的要求和安排。

- **因人设岗。**

先有富余人员，然后为之创立新岗位。

- 管理的边界不清晰。

哪些该管？哪些不该管？哪些该归谁管？这些职责放到总部还是放到工厂？

- 一抓就死，一放就乱，权力无法有效收放。

权力给多了，如脱缰之野马，天马行空，没有规矩，完全失控；权力给小了，则死气沉沉，养成依赖作风，全部决策都等着上层领导。上层领导忙得要死，下层领导闲得发慌，还一天到晚还抱怨上级抓得过多、管得过死。

解决思路

- 清楚组织结构设计的一般思考步骤：

（1）基于 SWOT 分析，确定组织的目标与战略路径。组织架构应当促进组织战略目标的达成。一个没有战略目标的组织，采用什么样的组织架构都无关紧要。因此请思考，组织的战略目标是什么？

（2）定义实现战略目标需要的一级流程（市场、研发、采购、生产、质检、发货、销售……）。为了实现组织战略目标，组织需要什么样横向的主干（一级）流程去支持该战略目标的实现？任何组织都是通过提供有形的产品或无形的服务来实现组织自身价值的。

（3）定义每个流程节点的组织功能定位。每个一级流程的节点（这就是一个部门的使命）需要承载什么样的功能职责？期待该节点的产出是什么？衡量该节点是否运行有效的指标是什么？

（4）定义为了实现上述一级流程有效运转而需要的其他辅助职能模块，如人力资源、财务、IT、审计、行政等。在实践中，常常会按照类似流程/职能/产品/地域/顾客的需要结合团队等因素划分部门模块。

（5）把上述各一级流程模块有机组合成公司层面的组织结构。很明显，下面的这些职能模块大部分公司都有：市场、研发、采购、制造、物流仓储、销售、工程工艺、维修、质量检测、人力资源、财务、公关、行政、法律、安全、客服与售后维修等。那么究竟这些大的职能模块该如何拼组呢？常见的拼组方式是下列三种典型方式的有机组合：

✓ 直线职能结构（图 2-1）

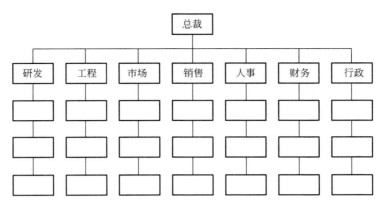

图 2-1 直线职能结构图

✓ 矩阵式结构（图 2-2）

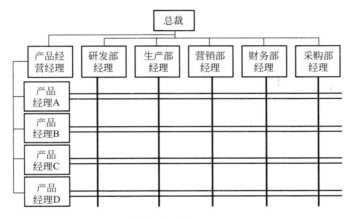

图 2-2 矩阵式结构图

✓ 事业部结构（图 2-3）

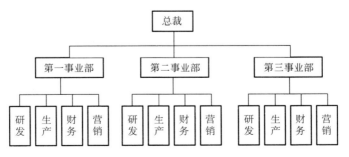

图 2-3 事业部结构图

（6）设计各一级流程模块内部的组织架构图。当一个一级流程模块或职能部门被定义和赋予了确切的职责与功能后，接下去思考为了实现这些功能，如何定义部门内部的结构呢？一样的道理，部门领导可以思考一些主要的职责模块，更可以试着分析一些内部的流程，这些流程的节点或许就是更小的功能模块，该模块是否需要一个岗位或一群岗位的组合才能实现其职责与功能？此时，单个岗位或二级部门就产生了。

（7）设计管控模式从而进行权责界定。在总部与分部或子公司之间的管控模式与权责划分，一般遵循如下原则，如表2-1所示。

表2-1 管控模式与权责划分

影响因素	集权	分权
业务所处地域	本地	外地
业务发展周期	成熟前	成熟后
该业务的重要程度	重要	一般
总部管控的能力	强	弱
业务单元经营的能力	弱	强
与母公司或其他业务的关联性	强	弱
业务的数量	少	多
该项职责的战略性质	属于战略	属于日常经营性

（8）进行初步的组织诊断，检查新设计的组织结构是否可行。这些诊断可能包括以下方面。

✓ 用组织设计的一般原则检查上述组织结构是否合理高效，是否最有利于组织目标实现。

✓ 检查各部门之间的输入和输出，从而识别部门之间的主干流程上是否联通和流畅？

✓ 是否有些功能根本没有任何组织在承担？是否有些功能是没有必要的？是否重复承担？

✓ 是否有些环节很薄弱而没有能力去承担组织定义的功能？是什么原因导致该组织单元不能承担当初设计的组织功能？

✓ 有什么措施能加强该组织单元的能力建设？

（9）落实和执行组织变革计划，引领组织结构变革和组织发展。

- 组织结构设计的一般原则：

（1）战略与目标导向原则。

（2）统一指挥，避免多头领导原则。

（3）职责明确原则。避免都负责而职责重叠，也避免无人负责而无人管理。

（4）责权对等原则。

（5）有效管理幅度与层级扁平化原则。即管理人员的直接下级人数应在一定范围内，既不要太多，太多根本管理不过来；也不要太少而浪费管理人员的能力。

（6）弹性与动态优化原则。外部环境变化导致组织战略目标变化，组织结构要动态优化持续改进，但组织结构也要相对稳定，时间太短，在岗人员无所适从。

（7）内部或外部客户导向原则。

（8）执行和监督分设原则，避免监守自盗。

（9）精干高效原则。在保证任务完成的前提下，能少一个岗位就少一个岗位，能少一项职责就少一项职责，坚决把没有价值的活动删除。如果某岗位的职责过少不饱和，则考虑合并到别的岗位上去。如果一个部门的职责过少，为什么要设立这个部门呢？为什么不能合并到别的部门去呢？

（10）抓大放小，有所为有所不为原则。

（11）授权适度（集权与分权）原则。一个组织或岗位，最终决定是否集权或分权或分多大的权，一个根本的原则是看哪种方式最有利于组织的整体运作效率。

（12）优化内外能力优势原则。一个组织需要什么能力，一般来说就有一个组织结构作为功能的载体去实现这种能力。但是特别注意的是，是否这个能力一定要本组织具备还是说可以外包给其他组织？

（13）总体上和长期来看以岗定人，但局部和短期内以人定岗原则。

（14）集中化处理原则。在企业中，或许每个分公司都会碰到类似的问题要处理，为了减少浪费，减少资源重复配置，可以考虑把这些问题集中化由专人专岗处理。

（15）标杆对照原则。很多时候，你或许对自己的组织结构以及岗位设置没有把握，此时，你可以看看那些同类的优秀企业是如何归类处理，如何设置岗位，如何决定岗位数量，如何衡量组织的运行效率等。

第四项
如何理解和编写岗位说明书

04

案例

● 案例一

某手机销售公司招聘了一名销售主管，试用期过半，销售经理找到HR经理，说："新入职的王主管业绩不行，希望在试用期内和他解除劳动关系。"HR经理问道："如何证明员工业绩不行呢？他了解自己的工作职责吗？有员工签字确认的岗位说明书吗？"销售经理自信满满地回答 "有呀，我们跟小王签订了岗位说明书"，并拿给HR经理。HR经理一看，岗位说明书的工作职责写道："协助销售经理完成销售管理等日常工作以及领导分派的临时性任务"，在任职和录用要求栏写道："有主人翁意识、认真负责、肯干、积极、有效沟通和协调"。HR经理看后继续问："你如何证明他没有主人翁意识、不认真、不肯干、不积极或不能有效沟通呢？"销售经理傻眼了⋯⋯

● 案例二

某公司人事经理给薪资专员罗列了8项主要职责，而其中一项是考勤管理，考勤管理的职责描述如下：每月1日搜集考勤，催促公司各个部门搜集考勤，催一遍不够就催第二遍，催第二遍不够就催第三遍⋯⋯考勤资料要矫正和检查，包括检查是否有漏签名的、是否有算错的、是否有符合记错的、是否有记录空白的、是否有代签的、是否有⋯⋯各部门的考勤需要直线经理的签字确认盖章，需要主管签字⋯⋯就这样光考勤管理一项，就写了大半页，而一个岗位就这样密密麻麻写了十几页！

● 案例三

某公司需要招聘一名销售总监，HR要求老总思考一下对该职位有什么要求。老总认真思考了大半天，总结的要求如下：毕业于国内985院校；高情商和高智商；

有世界500强企业的工作经验；有海外工作背景；能够熟练使用两种外语；年龄在35～40之间；能够适应出差，能够吃苦耐劳；最好出生在农村，有农村吃苦的背景；身材长相出众；能喝至少半斤白酒，以便应付客户；能适应周六周日24小时随叫随到的加班；最好有跨公司的项目经历……HR经理看了看，心想，估计到月球也找不到这样的人才吧！

常见问题

- 在日常工作管理中，我们常常遇到这些现象：
  - 有人天天加班，事情做不完；
  - 有的事没人做，有的人没事做；
  - 有功劳大家争，有责任相互推卸；
  - 老板总感觉新进员工不符合要求，而新进员工总有上当受骗的感觉；
  - 绩效考核个个得99分或98分，但公司目标只完成50%；
  - 做多做少，做什么工作，工资一个样；
  - ……

- 部门经理没有认识到岗位说明书的重要性。

很多经理认为岗位说明书就是一张纸，有和没有并没有什么区别，工作中的职责经常变化，根本就不需要什么岗位说明书，有什么工作临时安排就好了。

- 部门经理认为编写岗位说明书是HR的工作。

很多直线经理认为HR部门是直接负责招聘的，招聘什么样的人才，要具备什么样的素质，应该是HR最清楚，这是和人相关的工作，相应的岗位说明书也应该是HR来负责编写。

- 职责描述过分含糊笼统，对日后的工作没有指导意义。

如案例一。

- 职责描述过于细致琐碎，没有重点，没有分类，没有头绪，看后仍然一头雾水。

如案例二。

- 职位的招聘和录用要求过于理想完美，严重脱离现实。

如案例三。

- 职位要求过于抽象没有可操作性。

比如精通外语，足够专业，高度敬业……这样的要求如何招聘呢？

- 简单照搬其他公司或网络下载相关职位描述作为自己部门员工的职位描述说明书。

解决思路

- 理解岗位说明书的由来。

企业定义了自己清晰的战略目标之后，就该设计支持企业战略和目标的组织结构，定义部门的职责和功能，然后设计合理的部门内部组织结构和岗位，而每个岗位的存在都是为了支持整个部门实现部门的目标从而间接帮助公司实现整体战略目标。

- 理解岗位说明书的用途：

（1）为招聘和录用员工提供依据。岗位说明书定义了做什么，要做到的程度，需要的资质要求以及工作劳动条件等。

（2）作为设置业绩目标以及进行管理的依据。企业的目标层层分解落实，具体指标该落实到谁的头上呢？此时每个人的岗位说明书就能大致回答这样的问题。

（3）为企业制订薪酬政策提供依据。岗位评价直接决定着薪酬的高低，而岗位说明书是岗位评价的基础和依据。

（4）员工培训和发展的依据。岗位说明书是经理评价员工，识别培训和发展需求，规划职业发展的主要依据。

（5）管理劳动者与企业双方权利义务的客观依据。比如主要职责、录用条件、劳动报酬、调整岗位、工作环境与工作条件等，这些都是涉及劳动者核心利益的关键要素。

- 明确岗位说明书的管理职责。

岗位说明书制订与修改是部门经理的职责，是该岗位上级经理的职责，是上级经理对该岗位员工的录用选拔、绩效管理、工作内容设定、工资结构的设计和调整、职业发展、员工培训需求分析等的依据。

- 岗位说明书内容一般都包含6大块内容：基本信息、职责描述、岗位要求、权限、劳动条件、工作关系等主要内容。

（1）基本信息。包含名称、部门、等级、岗位编号、编制时间、当前任职者等。

（2）职责描述。职责提炼和书写的要点如下。

✓ 把所有职责分为大类或分成几个大块，然后对各大块进行分解和细化描述。

✓ 用固定的格式来进行职责描述。任何岗位都是有输入（根据什么）、加工过程（动词和名词）、输出（目标），因此一般描述职责采用的格式是："**动词 + 名词 + 目标**"或者"**根据 + 动词 + 名词 + 目标**"，例如：

— 根据公司战略目标和预算规则，指导审核本部门年度运营费用安排，形成年度预算决议。

— 根据年度招聘规划，草拟年度的管理培训生招聘计划，并寻求上级批准后落实计划，确保新一届管培生如期入职。

— 每月按照设备保养计划进行维护和保养，确保设备 100% 按计划进行保养。

✓ 尽量用简练、具体、精准的句子进行表述，而不用含糊、容易有歧义的表述，如表 2-2 所示。

表 2-2　岗位说明书的表述比较

含糊表述	简练、具体、精准表述
领导公司的对内宣传工作	根据内部报刊的总体规划思路，每月发行一期公司内部刊物，重点宣传与报道公司的重大事件、关键业绩指标进展以及未来的工作计划
管理 SAP 系统	根据 SAP 管理指南，定期维护 SAP 系统中员工的各类数据信息，确保能随时得到与员工信息相关的信息精确的报表
协助客户关系的维护工作	根据上级经理的规划要求，对重点 VIP 客户进行定期拜访、会务安排、公司参观以及产品介绍资料的准备工作，确保所有 VIP 满意我们的客户服务与支持工作，并续签合同

✓ 用词精确，任何一个动词背后都代表不同的职责、权利和义务。比如"工作计划"前面用的动词可以是主持、草拟、批准，但每个动词背后的意义都不同。

✓ 确保本岗位职责与别的岗位职责无交叉重叠、无遗漏、无错位（即某些职责放到了不该放的岗位上了）。

（3）岗位要求。任何岗位都要承载一定的工作职责，而为了顺利完成此职责，则对在岗者有种种任职资格方面的要求。常见的如下。

✓ 身体要求，年龄、身高、视力、性别、身体状况（排除某些疾病）等方面的要求，比如无残疾等。

✓ 知识要求，比如对一个软件工程师可能的知识要求如下：

- 熟悉公司产品开发业务流程；

- 理解公司企业文化；

- 熟悉知识产权和专利法知识，以及公司保密管理制度；

- 具有汇编、编译、解释系统的基础知识等。

✓ 专业背景与技能要求，比如对采购专员的专业技能要求可能如下：

- 采购或相关专业本科以上学历；

- 能够独立处理物资采购的定价；

- 能够收集到不同物资的价格信息；

- 能够在系统中对物资的到货、付款、库存等数据的整理等。

✓ 软能力要求，比如对一个基层主管的素质要求为：

- 计划组织协调能力；

- 质量管控与监测能力；

- 现场问题解决能力；

- 培养与辅导下属的能力；

- 流程监控与持续改进的能力等。

✓ 性格品质要求，比如对一个采购工程师的个性品德要求可能为：

- 喜欢竞争，意志坚定，情绪稳定，对细节敏感；

- 负责任，良好的职业操守，大公无私。

✓ 经验要求，比如生产经理的经验要求为：

- 至少十年制造业从业经验，有领导一个跨职能团队的管理经验；

- 领导团队去建立并实施最佳质量方案和行动的经验；

- 领导一个公司去提高某些业绩指标的经验；

- 建立一个高效率团队的经验；

- 有处理与当地政府、社区或组织内部矛盾的经验。

✓ 资质要求，如会计证书、英语六级证书、焊工证书、电工证书、注册安全工程师等。

（4）劳动条件。主要包括以下几点。

✓ 需要用到的工具设备；

✓ 工作场所的物理环境，比如室外露天作业，或地下矿井，或高空等；

✓ 职业危害，比如噪声、粉尘、有害气体、震动、电磁辐射、高空、高温等；

✓ 危害的接触频率，比如 40% 的时间暴露在粉尘环境下；

✓ 危害可能导致的职业病及 PPE 防护用品佩戴要求，比如眼镜、耳塞、工作服、防电雨鞋等；

✓ 工作时间，比如三班倒，两班倒，长夜班，长白班，加班，以及加班的频率；

✓ 工作地点；

✓ 出差地点与出差频率。

（5）权力。清楚的界定每一职责上的权限，应该用精心选择的动词恰当地描述权限范围。典型的三类权限：人权、财权（比如授权 DA 的大小）、事权。在描述权力时一般用三种权力方式：一是建议权，二是审查权，三是批准权。

（6）工作关系描述。工作关系主要描述本岗位任职员工为完成本岗位工作职责需要发生的纵向、横向业务关系。纵向关系，指上级岗位名称以及直接下属岗位名称和人数；横向关系，指同一上级的内部同级岗位。通常会用一张组织结构图来描述这种关系。另外，在描述工作关系时也包括外部的与该岗位密切关联的公司内部外部的相关人员或单位。

〇 第五项
如何确定本部门的人头预算

05

案例

● 案例一

某公司财务部门最近将要迎来一年一度的审计工作，财务经理为了准备审计需要的材料，向财务总监申请了一个任职期为3个月的临时工小张，财务总监不假思索就批准了。3个月过后，该财务经理认为小张工作不错，如果离职很可惜，因此又找理由向总监申请让小张负责财务部门的报销审查工作，合同又延长一年。同时，财务部门一名女性员工怀孕，该财务经理认为怀孕员工的工作效率低下，于是又找了另一个临时工。这些人开始是临时工，临时工作结束了，部门经理寻找新的临时工作，合同继续。久而久之，也无人过问这些以临时工名义批准的人头编制。既然没人过问，财务经理便在年度做预算时，悄悄将形成事实的在职人头变成已有固定编制，在考虑编制时，就以此作为基础编制跟公司讨价还价。

● 案例二

某空调公司的销售人员向销售经理抱怨说："经理，夏季马上就要到了，是销售的旺季，每年的这个时候我们都忙不过来，大家压力很大，能不能多申请一些人头预算啊？以缓解大家的工作压力。"经理说："每年都是这样，以前都挺过来了，为什么今年不行？大家坚持一下，很快就会过去的。"员工又说："经理，每年旺季都会有员工离职，部门的小王已经在网上发布简历，其他同事也在看机会，如果他们离职，我们会更忙不过来，您多申请一些人头预算也不是您发工资，这样大家工作起来也更积极。再说，隔壁市场部不也多申请了好几个管培生吗，咱们部门为什么就不能申请呢？"经理思索了几分钟，觉得有道理，于是向部门总监和HR总监发了一封邮件申请更多人头预算。总监也很忙，无暇顾及这么多，于是批准了。人力资源部总监想想你的总监都批了我只是执行而已，那就招吧，自此这个部门相同的销售目标下多了几个人头编制。

常见问题
- 人头预算与编制没有统一管理，增加或减少都很随意。
- 人就是资源，越多越好，不考虑成本。

很多部门经理习惯认为部门内的人数越多越好，反正工资是公司发。而且很多经理都懂得会哭的孩子有奶吃的道理，因此不管忙不忙都说成很忙，整天装穷叫苦好博得一些同情，这样就可以顺理成章多要一些资源，包括人头预算。

- 以临时工为名要预算，久而久之悄悄地就变成正式编制。
- 不考虑实际需要，盲目攀比，看到别的部门加人，则本部门也找各种名目和理由吵着要。
- 一旦出现人头短缺或紧张，就立即招新人。

比如有员工请病假，有员工工伤，有员工离职或者产量突然提高一些，则部门经理想都不想，立即想到要招新人。

- 不做组织结构回顾和重新设计，总是拿着几年前的图纸，盲目机械照搬照抄。

在现实中，其实很多岗位职责随着时间的推移已发生了改变，完全可以岗位合并，但如果没有人去定期回顾管理，则很可能是：该岗位因为原来就存在，所以现在也必须继续存在！

- 不做精确计算，靠经验拍脑袋决定要与不要或要多少。

比如新增加一条生产线，是否有人认真思考过合适的人数？忙的季度，是否认真思考过应增加的人数？每个岗位的工作量是否足够或过于饱和？如何通过精确计算或历史数据得到需要招聘的人数……

解决思路
- 先明白人头编制的来源。

一般来说，市场与环境决定组织战略目标，组织战略目标决定组织结构，组织结构决定人头预算（市场环境→战略目标→组织结构→人头预算）。外部市场环境变，组织战略目标就可能变，从而组织结构就可能跟着变，预算也可能跟着变。因此，作为职业经理人的一项基本工作，就是需要站在高处思考企业面临的市场环境有什么变化？企业战略目标有什么需要相应变化？从而组织结构是否需要变化？各岗位的人头编制是否应该变化？

● **掌握确定人头预算的常用方法和思路。**

确定一个组织或一个部门在不同的时期需要多少人力资源数量、质量、类型甚至结构，有很多方法可以用来做参考，常见的方法和思路如下所列。

（1）工作研究预测法。工作研究预测法是企业根据具体岗位的工作内容和职责范围，在假设岗位工作人员完全适岗的前提下，确定其工作量，最后得出需要的人数。工作研究预测法的关键是首先进行科学的工作分析，编写出准确的职务说明书，制订出科学的岗位用人标准。

（2）驱动因素预测法。很多企业，在做了多年的人力资源需求分析后，大概知道影响本企业人力资源需求的主要因素有哪些，然后根据这些因素以及结合自己的经验，大致就能预测需要的人力资源。驱动的因素比如常见的销量、生产线、产量、区域等。

（3）德尔菲法。德尔菲法是20世纪60年代初美国兰德公司的专家们为避免集体面对面讨论存在的害怕权威、屈从权威、盲目服从多数、固执己见、顾虑情面等弊病提出的一种定性预测方法。为消除成员之间的相互影响，参加的专家互不认识，它运用匿名方式反复多次征询意见和进行背靠背的交流，以充分发挥各专家们的智能、知识和经验，最后汇总得出一个能比较反映群体意见的预测结果。

（4）统计预测法。常用的统计预测方法有：比例趋势预测法、一元线性回归预测法、多元线性回归预测法、非线性回归预测法、经济计量模型预测法等。比如，比例趋势预测法研究历史统计资料中的各种比例关系。例如部门管理人员与该部门工人之间的比例关系，员工数量与机器设备数量的比率。

（5）时间动作研究与劳动定额。比如，某机修经理在和公司HR经理抱怨，总认为自己部门4个机修工不够，而HR经理的解答和核算思路是：

1月1日，该部门修车2个人，每人修车2小时，共计4小时；

1月2日，该部门修车3个人，每人修车3小时，共计9小时；

1月3日，该部门修车3个人，每人修车4小时，共计12小时；

……

12月31日，该部门修车2个人，每人修车2小时，共计4小时。

该部门本年度大概需要修车4920个小时。而本年度，一个员工每天需要工作8小时，一周工作6天，1年52周，由此可见，一个机修工的一年工作时间是$8 \times 6 \times 52 = 2496$小时；因此，实际需要的人头数为：4920/2496=1.96人！而目前已经有4个机修工！因此可见，该部门机修工的人头预算已经超过了应需人头预算，不仅不能增加人头，相反，应该减少2个人头！

（6）行业比例法。行业比例法是根据企业员工总数和某一类人员总数的比例来确定岗位的人数。在同一行业中，由于专业化的分工和协作的要求，某一类人员和另一类人员之间存在一定的比例关系。这一方法比较适合各种辅助和支持性岗位人员的规划，如人力资源类、财务类和管理类人员。这些岗位很难简单套用确定生产工人人数的方法确定人头编制，因此，另外一个思路就是计算出这类人员的总数与全公司人员的总数的比例关系。比如有的专家指出每100个人，应该配备1个人力资源专业人员，每150人，应该配备1个安全专业管理人员。

（7）标杆企业对照法。标杆对照法是根据世界最佳典范和标杆值，并结合企业特性、作业流程、效率和业务量的整体考虑来确定岗位的人数。

（8）经验预测法。经验预测法适合于较稳定的小型企业，是一种利用现有的情报和资料，结合以往的经验，结合本企业的实际特点，来预测企业未来人员的需求。

- **不同类型的人员一般也会侧重用到不同的方法。**

就像上面讲的，越是基层的员工越适合用产量、数量、设备等因素做定量分析得出需要的人力资源人数；但越是办公室的人员，越是需要各种其他方法相互结合才能做得更准确。

- **统一管理与规划。**

人头预算与编制，应该在公司范围内统一规划统一编制，每年或定期对公司人力资源需求进行回顾，用尽量科学的方法做推理测算，减少管理上的随意性。

- **当遇到季节性或短期的任务时，不要着急招人，请先看看下列方式是否能帮你渡过短期的难关？**

  - 加班、调休；
  - 从别的部门或兄弟公司借调；
  - 临时工；
  - 外包；
  - 当前岗位职责重新分配；
  - 暂停或延缓某些工作任务，或对某些工作任务的要求进行简化，降低工作质量；
  - 平时培养多技能员工，等到要用的时候，立即动用这些储备力量。

○ 第六项
如何选用合适的用工形式

案例

某工厂今年在5月份雇佣大约3个短期割草工人来处理工厂里面路边的野草，一方面是为了绿化，使环境更美观；另一方面也防止野草过分茂盛藏着小动物，如老鼠、苍蝇、蚊子等。北方的夏季应该不会太长，于是运营总监批准与这些工人签订了4个月的劳动合同。时间过得很快，4个月过去了，厂里路边的野草在雨水与阳光的滋润下还是疯狂生长，于是公司又跟这些人续签了2个月的合同。这2个月又过去了，天气也寒冷了，公司以合同到期为由准备终止合同，可此时这些工人却不同意了，理由是现在冬天来了，公司要是不要他们，他们也找不到工作呀。再说，已经签订了2次固定期限合同，按照劳动合同法，公司不能单方终止。而公司的说法是，你们的岗位是清除和修理野草，现在没有这个岗位呀……就这样双方争执不下。无奈公司HR咨询了律师，的确合同连续签订2次后不能单方终止，HR经理很苦恼，于是找各部门经理商讨，看看谁能帮忙吸纳这些工人到其他岗位，可惜这些割草工人都是年岁大的，没有经理愿意要，最后无奈，硬着头皮找老板寻求办法……与此同时，还得继续给这些人发工资……

常见问题

● 当人手紧张时，部门经理一般都不加思索就张口要招人。

● 招人时没有HR把关，等用完之后，发现处理不了这些人，于是问题扔给HR处理。

部门经理招人很积极，也不要HR把关，招聘入职入岗在没有HR的参与下全部搞定。用的过程中发现有麻烦，开始想起HR来帮忙，或干脆就扔给HR，自己就不过问了。

● 部门经理在用人上没有规划，随机性强。

很多经理还停留在买方市场的思维，总认为能招之即来，挥之即去。殊不知，现在哪怕是基层的苦力劳动者都不是那么好招聘的，这就是"用工荒"。另外，新劳动合同法出台后，在处理劳动关系时有很多约束，并不能像以前那样挥之即去。

- **部门经理不了解用工形式可以多样化。**

很多经理会有一种惯性思维，活多没人做了，就理所当然要招聘新人。其实满足用工需求的用工形式有很多种，不同的用工形式有不同的利弊。

- **部门经理只看到某用工形式的好处，却没有看到背后隐藏的风险。**

有些经理道听途说，对某种用工形式只知其一不知其二，只看到有利的一面，没有看到不利的一面。比如看到非全日制用工灵活的一面，但没有看到这些员工没有归属感不忠诚的一面，结果悄悄偷走一些重要的资料或贵重物品。

解决方法

- **理解任务与用工形式之间是目标与达成目标的手段之间的关系。**

要完成的任务是目标，而具体用什么用工形式则是手段问题，而且这种手段不是固定的，不是单一的，是可以灵活多样的。

- **理解各种用工形式的利弊特征。**

理解各种用工形式利弊和适应情况，从而配合 HR 一起思考究竟何种用工方式最适合用人部门的需求。常见用工方式的归纳总结请见表 2-3。

表 2-3 常见用工方式的归纳总结

用工形式	适用情况	优点	缺点
合同工标准工时	适应工作时间相对固定需要长期雇佣的岗位，比如要标准化作业的产线技术工人，需要长期持续处理专业事务性工作的办公室白领，管理、研发和技术类的核心人才，或者其他能够构建公司核心能力的岗位。这种用工方式是当前使用最广的一种用人方式	1. 员工与公司有正式的长期劳动关系，员工有安全感和归属感，能增加敬业度和忠诚度。增加对核心人才的吸引力 2. 作为公司的核心队伍，能够长期磨炼和培训，从而打造成企业组织的核心能力/战斗力，形成竞争优势 3. 这些员工队伍适应了企业的文化，熟悉企业的做事方法和风格，队伍更稳定	1. 用工不灵活，在处理劳资关系时，处处被劳动合同法等一大批的法律法规所约束 2. 用工成本可能增加，比如加班，各种强制的保险和公积金，离职补偿等 3. 法律法规很多，很容易产生纠纷，且员工作为弱势的一方，被政策倾斜保护

续表

用工形式	适用情况	优点	缺点
劳务外包/劳务合同	适应于具有临时性、辅助性、替代性特点的工作任务，例如公司的保安、保洁、IT等部门进行劳务外包，承包给第三方公司。另外，一些短期性的专业性很强的技能短缺或一项临时任务，也可以考虑此形式，比如某些工程问题的解决、办公室装修、一次性装车缺料、不定期的一项打包任务，也可以与个人签订劳务合同，相当于承包给个人，比如咨询师、律师等	1. 企业可以把非核心工作任务作为一个任务包外包给对方，至于劳动工具、用多少人、如何完成等都是对方的事情。减少直接解决劳动纠纷的麻烦，降低企业用工风险 2. 企业用工更加灵活，有利于核心人员编制控制，也减少其他支持人员如人事和行政等 3. 也许能降低用工成本，因为对方公司或个人更有成本和专业优势 4. 如果是个人，无须承担加班，社保，离职补偿等用工成本	1. 这些人员如果是第三方公司的，可能在或不在你的工作区域内，你不能监督其工作质量和进度，如果有影响任务的交付，你不能直接干预。如果是个人，则不是你的员工，也不受你的监督，因此在不能完全监督的情况下，如何保证质量和进度？ 2. 如果对方是皮包公司，则当有纠纷时，你的企业可能受到牵连，这些用工人员表面上挂在这个皮包公司，但这个公司的老板要是跑路的话，这些人很可能找上门来 3. 如果这些劳务承包给个人，如果协议定义的不清楚，这种劳务关系没有定义到位，没有合法化，或者日常管理不合理，则这些为你的企业干活的个体，你认为是劳务关系，但在法律上仍可能被判断为事实的劳动关系，从而按照劳动关系来处理纠纷！
劳务派遣	适应于具有临时性（半年）、辅助性、替代性特点的工作任务，让被派遣的劳动者完成，这些劳动者与有资质的劳务派遣公司签订合同，并支付报酬，被派向其他有需求的用工单位。用工单位与派遣公司签订合同，并向派遣公司支付约定的服务费用	1. 降低一些人工成本。比如招聘费用，也可能是一些其他人工成本，比如社保，公积金 2. 用工方式灵活。用人单位能够根据工作任务的需要，灵活安排员工，将不需要的员工退回给派遣公司 3. 减少非核心业务支出。用人环节简单，大部分辅助性工作由外部机构完成，企业能够将主要精力用于那些对企业增值更高的工作 4. 减少用工风险。新劳动合同法的实施，使得无固定期限合同签订的机会增加，采取劳务派遣方式可以减少此方面的风险。另外，如果与劳务派遣人员发生争议，可以获得劳务派遣公司的配合帮助，减少直接面对和处理的劳资纠纷	1. 凝聚力不够。派遣人员的劳动关系在派遣单位，在用人单位工作，其对用人单位的归属感和凝聚力均会有所下降 2. 核心岗位不能替代。由于派遣人员只能在符合辅助性、替代性和临时性特征的岗位，如果工作要求连续性高、技能高、或涉及商业机密的岗位不宜安排派遣人员 3. 短期内显性用工成本增加。除了按照"同工同酬"要求支付员工工资以外，还需支付派遣单位管理费 4. 派遣的岗位一般是短期的，根据劳动合同法，只能最长是半年的期限，因此无法长期使用 5. 很多成本，比如社保或劳资纠纷产生的成本，表面上看是派遣公司在承担，但因为连带责任的问题，很可能最终还是用人单位在承担

续表

用工形式	适用情况	优点	缺点
实习生	从长期来看，企业需要建立人才储备库，建立老中青有效衔接的人才梯队，培养特殊专业技能的专业人才，聘用大量在校实习生，经过实习考察后转为正式员工；也有另一种情形，就是一些临时的短期的工作，可以在别人带领下协助完成的工作，也可以让实习生来帮忙完成	1. 很多实习生仍然是学校的学生，因此在实习阶段，可以充分考察学生的工作能力与道德品德，降低因为错误招聘带来的用工风险 2. 有利于提前发现好苗子，建立企业人才梯队的后备队伍 3. 丰富组织人员结构，活跃组织工作氛围，如果有有效的职业发展路径和规划，且有完整的培训体系，则这些年轻有活力的人才就是企业源源不断的专业人才和管理骨干的好苗子 4. 可以降低用工成本，实习生一般工资更低，没有五险一金的成本 5. 更灵活的用工。这种关系不是劳动关系，因此在录用与解除这种合作关系时，可以更灵活方便，更不会受到劳动合同法的约束	1. 实习生的承诺度较低，流动性和离职率较高，还没有稳定的职业定位，且有一种骑驴找马的心态 2. 企业若没有好的职业规划和培训培养体系，没有发展空间，则很可能留不住这些后备人才，或者人在这里心不在这里 3. 大城市有储备充足的大学生为实习生的备选，但很多偏远的地方，没有这些人才库。另外知名企业容易这样实施，而不知名的小企业一般不容易吸引这样的实习生，不易实施
非全日制用工	指以小时计酬为主，劳动者在同一用人单位一般平均每日工作时间不超过四小时，每周工作时间累计不超过二十四小时的用工形式。常见的岗位如保洁、厨师，或一些每天只需要几小时工作的岗位，如小时工	1. 可以降低成本，企业只需要为非全日制员工缴纳工伤保险而不需要支付其他保险，不要交公积金 2. 用工方式较为灵活，任何一方可以随时终止劳动合同。且合同也可以是口头的，因此没有双倍的风险	1. 只适合每周或每天都短时间内就可以完成的工作岗位 2. 这些人员的流动性大，稳定性差，说来就来，说走就走 3. 没有组织归属感，因为这类人员可以跟几个单位同时有劳动关系

续表

用工形式	适用情况	优点	缺点
借调	借调是一种人事安排，常见于政府及公营机构。被借调的人员会由原任机构或单位（原任单位）暂时"借"到其他机构或单位（借调单位）任职，以执行指定的工作。但在企业中，也可以用这种形式，比如在子公司之间，在与母公司之间，在部门之间，在地区之间，都可以借调。当然，借调也可以在企业之间进行	1. 一般借调都是在关联企业间进行，对被借调人员知根知底，因此用工风险更小 2. 被借调人员来自同一集团或企业，一般都熟悉企业的规章制度与文化，也认识很多企业内部的人员，因此工作较容易上手 3. 被借调人员一般是在原岗位被认可的，因此一般都更有责任心和主人翁精神，有归属感	1. 借调是用行政命令或单位之间的交情代替了市场关系，往往很复杂，一旦发生纠纷反而不容易处理 2. 在单位之间调动，涉及用工成本以及可能的工伤或医疗成本要有清晰的定义，否则容易产生纠纷 3. 被借调人员完成短期任务后，能否回到原岗位，待遇将会如何变化，劳动关系的归属，产生的额外费用谁来报销或承担，要有清晰的事前沟通与书面澄清，否则容易有错误的认识和误区，造成被借调人员工作积极性不高等
退休人员返聘	离退休人员再次被聘用到某个工作任务或工作岗位	1. 退休返聘人员均是行业或公司成熟的人才，能够立即投入工作，效率高，见效快 2. 这种人员一般是老员工或知根知底，责任心强、内部关系融洽，能与公司的原班人马高效配合和有效合作 3. 这些人员已经达到法定退休年龄，单位可以与他们签订劳务关系的合作协议，用工灵活，没有各种社保和公积金以及离职补偿的成本	1. 一般只适合于专业性很强的技术岗位，不太适合于需要体力的工人岗位 2. 毕竟年龄大了，发生安全事故的风险相对高 3. 如果需要迅速学习新的技能或知识，则或许这些人不太能适应新岗位的新技能
延长工作时间	即通过加班来弥补劳动力的不足	1. 现有的劳动力，技能成熟，不需要特别的培训，这些人也已经适应企业的文化和规章制度，团队内部也磨合到位，没有磨合期 2. 节省了招聘和培训带来的时间成本和经济成本，也省了因为额外增加人头的社会保险费用 3. 对于很多体力劳动者来说，加班是他们很愿意的，因为这可能带来更多的收入	1. 加班时间有法律上的限制，一般每日不得超过三小时，每月不得超过三十六小时，每周至少休息一天 2. 加班要付出更高的成本，工作延时加班付出150%的工资水平，休息日加班是200%，法定节假日为300% 3. 加班毕竟是8小时之外，这增加了安全与健康的风险，也可能因为疲劳而工作效率下降 4. 员工可以拒绝加班

续表

用工形式	适用情况	优点	缺点
综合工时制	综合工时制是指分别以周、月、季、年等为周期，综合计算工作时间，但其平均工作时间和平均周工作时间应与法定标准工作时间有相同的用工模式。适合有明显淡旺季的行业和岗位	1. 企业可以采用集中工作、集中休息、轮休调休、弹性工作时间的灵活用工方式，可以有效避免应对季节性的大量的用工需求 2. 减少加班费的支出。综合工时制中，对于超出标准工时的工作时间，都按照正常工资水平的150%支付工资（法定节假日除外）	1. 这种综合工时只是适合特殊的行业，如交通、铁路、邮电、水运、航空、地质及资源勘探、建筑、制盐、制糖、旅游等受季节和自然条件限制的行业的部分职工 2. 企业要是施行这种工时制需要当地政府的批准才能有效，而不同地方政府对这种工时制度的审批的宽严程度不同
完成一定任务的合同	这种合同完全以任务的完成为导向，没有具体的时间节点，因此适合于有明显任务结束标志的岗位，如项目类员工、建筑项目、软件项目岗位。本案例就可以用这种用工形式	完全以任务的完成为合同到期的标准，不再受合同期限的限制，也不存在到期要续签的问题	1. 需要注意要明确约定工作任务完成的标志或标准是什么，否则双方容易发生纠纷，不能结束这种劳动关系 2. 没有试用期了，因此如果一开始就表现不好，不能以不符合录用条件为由解除合同

- 在确定具体岗位或任务的用工需求和用工形式时应思考的因素如下几条。

（1）任务期限。长期任务？短期任务？季节性波动大吗？

（2）任务复杂程度。需要什么样的核心技能？是构建公司核心竞争力的能力吗？这种技能可以容易通过培训获得吗？对任职人员有什么样的能力要求？

（3）任务对公司产品或服务增加的价值。是公司核心流程的一部分？或者很边缘的辅导性的工作任务？

（4）人才可获得性。完成该任务的人才在市场上是容易获得的吗？还是稀缺的人才？

（5）人才的需求特征。这类人才的需求特征是什么？比如管理技术人才，可能在乎公司能与其签订长期雇佣的劳动关系，能有长期发展的平台，要获得安全感；

而清洁工，或许希望的是单价高点，但对长期合作不太在乎。

（6）人才成本。各类用工形式下的人才成本如何？

（7）各类人才适应的法律法规。是适应劳动关系相关的法律法规？还是适应一般合同法的法律法规？有哪些法律风险？

（8）用工灵活性。每类用工形式的灵活性如何？

第三章

招聘配置

- 第七项　如何创建岗位的能力素质模型
- 第八项　如何阅读简历
- 第九项　如何组织一次面试
- 第十项　如何面试软能力
- 第十一项　如何预判面试者未来的工作动力
- 第十二项　如何做录用决策
- 第十三项　如何看待心理测验
- 第十四项　如何设计一套测试题
- 第十五项　如何协助新任经理/主管度过试用期

○ 第七项
如何创建岗位的能力素质模型

案例

某化肥公司，正在重新梳理职位说明书和岗位的能力模型。关于能力模型，销售部的肖经理也知道一些。现在他下面有一个重要的销售专员岗位，需要他定义出核心的能力模型来。肖经理左想右想，销售专员最需要什么能力呢。肖经理想，销售专员花了很多的时间在开会和填写日常报表（如考勤报表，客户信息报表，每天的拜访区域情况）上，因此肖经理认为，开会和写日常报表两项能力很重要。但只有两项能力不够，还需要更多。肖经理想想，书上都说销售就是游说别人，因此能说会道的沟通能力肯定重要。另外，肖经理也看了看别的知名公司的能力模型，某知名公司的销售人员需要演讲技巧，因此，肖经理又加了一项演讲技巧作为需要的核心能力。这样，肖经理想出了四项能力、即开会能力、写日常报表能力、沟通能力、演讲能力，肖经理觉得能想出这四项挺不容易了。这就是肖经理要求的销售专员岗位能力素质模型了。

常见问题

- 哪个任务花时间多，该任务需要的能力就是核心能力。
- 照书上说的，书上说该岗位需要什么能力就是核心能力了。
- 某个在职人员成功了，其身上的能力就是核心能力了。

这种思路大致符合胜任力模型的基本思路，即成功者身上的能力概括为需要的核心能力。但关键是，如果只有一个个体，则一个个体展现出来的能力有代表性吗？

- 靠直线经理自己的刻板印象定义需要的能力。

比如说，一提到销售员，那肯定是能说会道的；一提到搞政府关系的岗位，就肯定是会喝酒拉关系的……

- 简单照抄知名公司的。

解决思路

- 初步搭建能力模型。

作为企业，可能不会请专业咨询公司或有很多资源投入来研究和建立适合本企业某类岗位或某个岗位的能力素质模型（或叫胜任力模型），但仍然能用下列基本的步骤和思路去搭建自己的能力素质模型。

（1）组成专家小组。专家小组成员包括资深在岗者、上级、上上级、专家、该岗位当初的设计者、资深 HR 人士。

（2）让每位小组成员罗列该岗位的主要挑战。当然挑战是未来的 1～3 年内很可能会面临的。这一步只罗列挑战，不罗列技能。比如只罗列"与客户的冲突""与供应商的冲突"等而不罗列"冲突管理""冷静思考"等技能。

（3）为了迎接这些挑战，什么能力才是至关重要的？专家组成员每个人列出对应于这些重要挑战而必需的重要能力。比如为了应对各种冲突，需要的能力是冲突管理、冷静思考、协商谈判等能力。

（4）按照少数服从多数原则决定能力。如果一项能力得到三分之二以上小组成员的认可，则初步确定为重要能力或关键能力。在这步中，通常 10～15 种能力就诞生了。

（5）同时允许每个成员可增加一项自己认为除了上述 10～15 项能力之外的能力，并做出说明。大家继续讨论，每个人可以增加自己认为很重要的能力，并做出说明，这些能力是用来解决什么样的挑战的。比如，某小组成员想增加一项精力充沛的能力，主要理由是该岗位必须常常加班到深夜，而第二天一早又要赶赴各种会议和面对客户，有的时候周六周日也必须为了应对客户而不能休息。

- 用问题来验证上述能力模型中各能力是否真的重要。

（1）合并类似能力。比如好几个人际交往类的技能，则概括为"人际敏锐性"作为一项典型能力，这样概括归类后减少能力的种类。

（2）有哪些能力能够区分出业绩优秀者和业绩平庸者？方法是，确定优秀组（比如业绩处于前 20% 的在职人员）和平庸组（比如业绩垫底的 20% 的人员），那么优秀组人员都有的共性的能力是什么？而这些共性的能力又恰恰是平庸组没有的能力吗？

（3）还有一个办法看能力重要与否，就是举例说明某某在职人员其他能力都有，就因为没有此能力而业绩不行的例子。这是一种反证法。

● 作为最后一步，一些组织也把自己的能力模型根据目标组织、竞争对手或标杆公司的能力模型进行比照，并适当修正，也可咨询外面的专家进行修正。

第八项
如何阅读简历

案例

某企业老板发现自己的团队近一年绩效不好，业绩发展缓慢，人员匹配不够完善，存在很大问题，想招聘一名实力很强的人力资源总监。在简历筛选中发现一名很有资历的候选人，该候选人曾经在某跨国企业担任人力资源总监，并且拥有某名牌大学的MBA学位，参与过重大人力资源体系建设与改革。于是该老板很快和该候选人进行邀约面试，候选人身经百战，很能说。老板对候选人的表现和回答表示很满意，没有再进行深入了解，深信候选人的才干。该候选人很快成功入职。

候选人入职3个月之后，老板发现不对劲，然后通过侧面打听，发现该候选人没有担任人力资源总监的经验，只是代理过人力资源总监，没有独立负责过简历中提到的各种人力资源管理体系的建设，只是参与了部分工作或担任了协调员的角色而已。老总拿出简历再看看，发现该候选人每一年或两年就跳槽一次，中间几段时间是空白的，而且这个人以前是做市场的，后来才转行做HR的！

老总左想右想，当初自己怎么就没有注意到这些简历上的细节呢？老总越想越生气，很快辞退了该员工。

常见问题

- 只看候选人担任过的职位头衔，不看候选人在该职位上从事的具体工作职责。

很多时候，部门拿到一份简历后，看到简历中的职位头衔，就凭想象认为对方理所当然应该已经从事过与该职位相应的常见的工作职责。殊不知，候选人在简历上的职位名称和你想象的工作职责未必相同。有些公司知道员工好虚名，为了投其所好激励员工，因此虚设了很多头衔的职位，比如总监、高级总监、资深总监、副总等，但这些职位实际的工作职责未必是市场上该职位常见的工作职责。也有些公司为员工设立各种高级职位头衔，是为了员工用此头衔好与客户或供应商打交道，比如采购类和销售类员工，他们被赋予类似工程师或高级工程师或资深顾问等职位头衔，这样的高阶头衔更容易引起供应商或客户的重视。员工在写简历时，当然会按照公司赋予的头衔全部放到简历上，因此，你作为考官，如果仅仅停留在其简历中的工作职位和头衔上，很可能被误导。

- 看到类似"总监""经理""主管"就以为对方有带团队和下属的丰富经验。
- 忽略职业生涯的逻辑性，没有思考背后的求职动机和长期职业取向。

比如某候选人从事过行政专员、人力资源助理、会计助理、客户服务专员、中介服务、翻译、外语老师等不同的工作。如果你作为考官正在寻找一个会计助理，你看到该候选人有会计助理的经验而录用该候选人，则该候选人很可能干不了多长时间，就心猿意马想试试别的职位而跳槽走人。

- 被某些奖项或业绩所迷惑。

比如候选人的简历可能呈现业绩描述"区域销售额冠军""业绩翻番"，考官一般看到此等描述心生好感，并且容易轻信。

- 被某些光环迷惑。

比如毕业于某知名大学，或者曾工作于某知名外企等，候选人有此光环后，考官一般会认为候选人其他能力肯定也很强，因此会忽略对其他软能力素质的认真考察，或者即使考察也只是走过场而已。

- 未注意到跳槽不合逻辑。

比如，有些候选人从知名外资企业跳槽到很小的私营企业，职位名称和工作内容相近，但是工资反而更少。你百思不得其解，为什么对方要跳槽到这个企业？

- 忽略简历中的时间空当。

有些候选人在简历中显示的工作经历有时间空当，如果你是细心的考官，则应该注意到这段未知的时间空当，否则，漏掉的这段信息，很可能是你应该关注和知道的。比如，或许对方在这段时间内从事过创业？或者有一份失败的工作而不愿意写上去？或者因为犯罪而坐牢？或者在处理一个未完的法律案件而官司缠身……

- 忽略应聘申请表的信息和简历信息相互矛盾。

很多公司通过电子邮件或猎头收到一份完美的电子版简历，同时，当候选人到公司来面试时，又要求候选人填写一份手写版的职位应聘申请表，这样，作为考官，你是否注意过两者的信息有时就出现前后不一、相互矛盾的现象？是否意味着有虚假信息？

- 忽略夸大的工作职责。

比如候选人可能在某个项目中只是帮助经理负责协调各方会议组织、记录会议纪要和跟踪行动计划的落实情况，但却在简历中把自己描述成某个项目的项目负责人。

- 忽略频繁跳槽。

候选人短期之内频繁换工作，如平均每年换一次工作，或者每一份工作的经历都不足2年。这可能意味着候选人在职业发展和生涯规划中还没有想明白自己到底要做什么职业，要么意味着该候选人的适应能力差，在哪里都混不了多久就被干掉了或混不下去了。

- 被忽略的潜力指标。

如果一个人在同一公司同一岗位呆了10年，意味着什么？如果候选人能够经过层层筛选进入知名外企，并在该外企因为业绩出色而不断晋升，或者不断扩大工作职责后，照样优秀，这又意味着什么？如果候选人在不同的公司不同的岗位都获得好的业绩，这些都意味着什么？

解决思路

- 不要被候选人的职位名称所吸引。

不同公司给出的名称有不同的含义和职责，不能光看职位名称，而是仔细了解背后的工作职责和具体的工作内容是否和你的岗位要求相匹配，深究候选人在特定项目或任务中的角色和职责，以及面对的挑战，而不轻信简历中模糊的角色描述。

- 识别工作经历的时间空当。

找出这方面原因的资料，并寻求合理的解释，有必要的话，要求候选人提供相关证明人。中断事业或学业的原因很多，比如裁员，配偶调往别处，为了生孩子，健康问题，放长假，事业转变等，但不要凭空去猜测，而是在面试中进一步求证、询问。

- 经常换职业，背后的跳槽逻辑是什么？
- 应聘更高的职位，能否有潜力？

这在以前的公司没有检验过，也没有在当前的岗位检验过，因此要探寻候选人的各项潜力指标，比如以前的业绩、以前的晋升经历、以前换一个全新工作职责后的工作成就，以及学习能力等。

- 作为考官，对光环保持头脑清醒。

作为考官，面对让你心动的光环（高学历、名校、知名外企、高职位、"海归"），要保持警惕和头脑清醒，坚持按照既有流程完成面试。要用事先准备好的面试指南认真询问，不可因为这些光环的存在而使面试流于形式，过早下结论。

- 辩证看待年资。

工作年资不一定反映候选人的潜力，有些人在同一岗位任职十年，仍然只是当初他受聘的工作；但另一些人则有明显的事业的发展，责任日渐增加。

- 辩证看待高学历。

高学历与工作能力的关联关系有的时候未必成正比。根据很多人的经验，对于刚毕业的学生，学人文管理/企业管理的高学历未必就真的是企业管理的能手；但对于学工科和理科的高学历，一般代表专业知识的扎实。另外，高学历一般意味着候选人的智商 IQ 应该不低。在实际的工作中，情商 EQ 和逆商 AQ 一样很重要，而高学历并不意味着高情商、高逆商！因此，这些都需要在工作中进一步检验。

- 成就和奖项。

一般来说，成就和奖项反映出候选人的主动性。有些人为自己定下很低的目标，所以成就不大。而另一些人从年轻时候就已经有出色的成绩，一直持续到后来在职业上的发展和事业上的发展。因此，成就和奖项是一个人对自己的职业目标有高标准严要求的表现，表示候选人有强烈的成就动机。

- 简历撰写与组织。

简历的安排、事实的罗列、格式和结构（整洁度、资料组织、文法、措辞、内在逻辑）等也可以在一定程度上看出候选人的撰写能力与组织技巧（当然，候选人让专门的机构编写的简历除外）。另外，有的简历一看就能辨别出，是候选人专门为某个公司的某个岗位所撰写的简历，这反映出候选人背后的心思缜密，细心以及强烈的求职动机。

- 学会从简历中的信息寻找各项能力的蛛丝马迹。

举例如下，如表 3-1 所示。

表 3-1　各项能力在简历中的蛛丝马迹

各项能力	简历中的（正/负）行为证据
说服能力／推销能力	＋ 获得销售成就奖 ＋ 营业额大 ＋ 拿下了一个大订单 － 在同一职位好久没有晋升
学习能力	＋ 硕士毕业，分数高 ＋ 主修艰难学科，成绩第一 ＋ 完成几项没有任何经验的复杂任务 ＋ 重点大学毕业 － 近 3 年频繁跳槽
主动性	＋ 被赋予一个特别的项目 ＋ 提出了流程改造，并获得重大效益 ＋ 主动申请对几个技术问题的攻关改造

○ 第九项
如何组织一次面试

09

案例

某企业老板发现近一年年度绩效较差，主要问题是产品质量不过关，于是想招聘一个质量经理。在 HR 的张罗下，质量总监今天要在办公室面试一个候选人。对话如下：

总监：你的简历上的经历那么丰富，我想在工作经验上就不要多问了，肯定没有问题的，是吧？

候选人：是的，我做了很多年质量了，没有问题。

总监：你现在也是经理了，带人都带了那么多年，带队伍应该也是可以的，对吧？

候选人：没有问题，我以前带的团队有 20 多人。

此时电话铃声响起，总监接起电话，对方是制造总监，找质量总监讨论关于产品质量改进的方案问题。双方讨论了十几分钟后，总监一边放下电话一边回想刚才问到了哪里。实在想不起来，总监只好硬着头皮继续。

总监：不好意思，让你久等了。我们公司正在蓬勃发展，前景一片光明，我们讲究以绩效为导向的文化，很多同事为了公司的发展都自愿加班，牺牲自己的休息时间，如果你来了，也可以加班吗？这样的工作环境你能够接受吗？你愿意牺牲休息时间来加班吗？

候选人：我还年轻，有的是精力，年轻人应该多付出，一分付出一分回报，我愿意加班……

总监：如果你们公司的产品有重大质量问题，你一般会如何做呢？

候选人：如果有产品质量问题，我一般会第一时间召集会议，进行全面透彻的"5个为什么"原因分析，找到根本的原因后，进行彻底整改，直到把问题解决为止。产品质量是公司的生命线，我一般不允许我们公司的产品出现重大质量问题，如果真出现了，我们有能力第一时间解决。公司一直倡导质量文化，全员质量管理，因此很多质量问题实际上在萌芽状态就被找出来了，就被整改完了……

总监对于候选人的回答暗暗高兴、满意。

总监又问：假如让你来担任这个部门的经理，你会如何做呢？

候选人继续侃侃而谈，总监对于随后的回答也挺满意的。总监最后问："你有什么问题要问我吗？"

候选人：我就想问公司的休息和休假政策，以及员工的发展晋升政策。

总监：我们的福利都不错，每年大概好像有20多天的年休假吧……至于培训和发展，公司很重视培训人才，比如可以读一个MBA或出国深造什么的……

常见问题

- 在电话声、敲门声、手机铃声中完成面试。

就像案例中，中途与其他总监电话中讨论问题，把候选人晾一边。

- 没有事先准备好面试的问题，想到哪里问到哪里，跟着感觉走。
- 用封闭式诱导式的问题代替开放式或寻找事实的问题。

就像案例中的，"你带团队是ok的，对吧""你的经验是没有问题的，对吧"，这些就是典型的封闭诱导式问题。这类问题得到的信息很有限，很多信息根本没有收集到，整个面试好像只是让候选人在做判断题或填空题，这种问题没有让候选人真正发挥。当提出诱导式问题时，候选人已经知道问题背后的动机和答案，因此候选人投其所好，顺杆爬，只要回答考官期望的答案就可以了。

- 用假的行为事例性问题替代真正的行为事例性问题。

就像案例中的，总监问"如果你是质量经理，会如何如何做……，如果有重大质量问题，会如何做"。这些都不是行为事例性问题，这样的问题，只能引起对方回答一些假的行为事例，比如对方回答"会召开会议、5why原因分析、彻底整改……"，这些都不是候选人工作中真正发生的行为！

- 用居高临下审犯人式的态度面试。

面试官自然有一种优越感，因此免不了用拷问的形式，显得咄咄逼人。这使候选人紧张而不能展示能力，导致发挥失常，收集不到真实有效的信息。

- 没有做笔记，靠感觉和片段的记忆做出录用判断。

部门经理在面试几个人之后拿不定主意，此时所有的可以用来做录用决策的信息都是靠头脑中一些模糊片段式记忆。

- 为了吸引候选人，创造一幅过于美好的图画和愿景。

很多考官，对于中意的候选人，偏向于把公司说得很好，创造一副诱人的假象。但候选人入职后发现公司的真实情况并非如此，要么立即走人，要么即使留下来也无心恋战。这种人进来，心不在焉，很可能与企业文化也格格不入！

- 过度承诺，或回答了没有把握回答的问题，结果候选人进公司后有一种上当受骗的感觉。

解决思路

- 任何面试，都需要流程来指导。下面整理了典型的面试流程大致如下。

（1）面试前：

✓ 考官熟悉岗位职责、岗位挑战、岗位要求及录用标准。

✓ 准备并熟悉《面试指南》，理解各问题背后需要考察的能力要点。

✓ 面试前阅读候选人的简历和《职位申请表》，熟悉候选人的大致背景，如名字、专业、经历、负责的项目及主要职责等，并圈出要提问的疑点。

（2）面试中：

✓ 握手欢迎，示意坐好。

✓ 寒暄，消除紧张气氛，阐述面试的时间安排及注意事项。

✓ 进行自我介绍、公司简要介绍、阐述岗位招聘背景。

✓ 提出第一部分问题：对简历中发现的问题和疑点进行澄清。

✓ 提出第二部分问题：侧重提出使候选人放松和具有刺探动机的一类问题。比如，关于这个岗位，你知道那些信息？能否介绍一段你职业生涯中最愉快的、工作效率最高的一段经历？这段经历中哪些因素最吸引你？你对这个岗位有哪些了解？对我们公司有哪些了解？你未来3～5年的职业规划是什么？你是否想过，如果工作在我们的组织中，你如何实现你的职业规划？是什么吸引你来本公司应聘？

✓ 提出第三部分问题：关于专业知识、专业技能和专业经验的一些问题。

✓ 提出第四部分问题：关于软能力的一些行为事例性问题，参考面试指南手册。常见的软能力如团队合作、自信心、分析思考、成就导向、沟通协调、责任心、学习领悟能力及调动下属积极性等等。

表 3-2 是一些行为事例性问题的例子。

表 3-2　行为事例性问题例子

即时学习
面对新问题时能快速学习；坚韧而才能全面的学习者；坦然接受变化；既分析成功，也分析失败，从中得到提高；喜欢试验，为了找到解决办法而去做各种尝试；喜欢挑战不熟悉的任务；很快就能抓住任何事物的本质和基本结构
问题一：　请讲述一段您印象最深刻的经历，这个经历是关于你在工作中遇到阻碍，没有现存的解决方案，那么这个时候，你不得不自己解决 问题二：　请讲述一段您印象最深刻的经历，这个经历是关于您必须快速学习新知识或新技能，并将学到的知识应用到工作中去

✓ 提出第五部分问题：与动力匹配有关的问题。比如，与工作内容相匹配的问题，与公司的管理及价值观相关的问题，与公司地点相关的问题，家庭支持、薪资期望、出差、工作时间等问题；当然，如果上面的几个问题候选人的表现很差，或许就可以省略或简略这些后面的步骤了。

✓ 对考官已经有意向录用的候选人，则再次介绍和推销公司与工作岗位。比如与公司相关的专业技术、发展前景等，比如与岗位相关的汇报关系、工作职责、工作挑战、培训机会、发展空间、工作环境、工作时间、出差要求等，并询问候选人还有什么问题和疑虑。

✓ 检查是否有遗漏的问题或资料，也给候选人提出问题的机会，并做出回答。

（3）面试后：

✓ 表示感谢，如有必要，送到电梯；或介绍到下一个选拔流程，如参观厂房；或进行下一轮面试；或进行其他的书面测试；但此时不要当场告诉对方是否应聘成功。

✓ 整理面试笔记，并对各项能力做出评价，总结求职者的优缺点，写明求职者的顾虑，提出需要进一步澄清的问题，明确所需信息的不确定部分，给出下一步的建议，做出初步的结论。

● 面试过程中需注意的常见要点。

（1）遵守时间，不要让求职者苦候；

（2）在一个安静的会议室面试，尽量不要在自己的办公室进行，以免被打搅；

（3）尽量用准备好的问题，而不是靠感觉；

（4）遵守二八法则，少说多听，并鼓励对方多分享信息；

（5）控制时间和进度，紧扣主题；

（6）即使你认为面试者的观点很荒谬，也不要和面试者发生观点上的争执，维护面试者的自尊；

（7）不试图强行矫正面试者的观点，不将自己的想法强加于人；

（8）好记性不如烂笔头，应该养成做笔记的习惯；

（9）不要过度渲染工作和公司来吸引面试者，可用职务预知策略以防对方有不切实际的幻想；

（10）不要把面谈变成审犯人的模式；

（11）对于无法回答或无明确答案的问题，不要勉强回答，交给知道的人去回答，如 HR。

- 提醒自己在打分和做录用决策时，是否受到下列常见心理效应的影响。

（1）刻板印象：什么人不能做什么岗位，什么省份的人不能录用，什么血型的肯定有什么性格……

（2）光环效应：比如学历高的，肯定其他能力也差不到哪里去。

（3）与我相似效应：比如面试者与你有很相似的一段经历，与你相同的学校、民族、出生地等。

（4）异性效应：考官受异性的外表、气质、打扮等因素影响。

（5）首因效应：面试官对候选人的第一印象作用很大。研究表明，85% 的考官在面试开始 3 分钟内，就已经基本做了决定。

（6）近因效应：考官很累，只对最后一个面试的面试者有印象，其他完全没有什么印象了。

（7）对比效应：明明一个面试者其实很不错，可惜因为前面有一个特别优秀的，这样这个面试者反而得分不高。

（8）趋中效应：打分打着打着，越来越趋于中间的分数，没有区分优良中差。

○ 第十项
如何面试软能力

案例

在面试中，老总问：工作中总是遇到一些意想不到的问题，当遇到这类复杂问题时，你一般会如何解决？

面试者：任何问题都有其背后的原因，因此首先要找到背后的原因。我一般会从各方面寻找产生问题的背后根源，我经常用"5个为什么"的思路，追根究底，像庖丁解牛一样剖析。透过现象看本质，透过表面的数据进行扎实分析再分析，就一定能找出隐藏在背后的原因。找到原因之后，该问题的答案就一目了然了，然后再采取果断措施，问题也就迎刃而解了。

老总甚是满意，该回答合情合理合逻辑。于是又想考察面试者带团队的能力。

老总：假如我给你一个100人的团队，你将如何带领？

面试者：假如我有一个100人的团队，我将首先思考这100人的组织结构如何搭建，每个人的职责如何划分。我善于利用需求问卷探索每个人来这里工作的目的，进行分析调查，然后有针对性地做出激励计划激发每个人的士气和动力。一般来说，对于公司的目标，我会层层分解、层层落实，用目标激励这些人不断上进和承担责任。当团队获得荣誉时我会分享胜利和成功，激励团队的士气；当团队遇到困难时，我会挺身而出做出表率，当团队有……我会……

老总此时更加满意，该回答简直就同教科书上的答案一样完美。于是又想考察面试者能否出差。

老总：公司的业务遍布全国各地，因此这个岗位需要出差，要能吃苦。你能长期出差吗？

面试者：（马上回答）没有问题，我相信我会喜欢这种全国去走走的感觉，我的精力很充沛。

老总：你以前出差的频率如何？

面试者：我一般都会去全国出差了解市场和客户情况，我还常常周末出差呢。

老总很满意面试者的圆满回答，没有拒绝的理由，能做的就剩下录用手续和谈工资了……

常见问题

- 提出理论性问题。

研究指出，当你提出理论性问题时，对方一般也依据理论来回答，且很多面试者善于用书本的理论知识来作答，说得头头是道，此时许多考官也容易信以为真。理论性的问题只能询问到面试者的理论观点，以及对一个问题的看法和主张，而不是在具体情况下做了什么。理论性问题如果纯粹用于探索面试者的思辨能力是可以的，但是如果用来识别和预测未来面试者在实际工作中可能的业绩表现，则是无效的或低效的。就像案例中的：

问："……你一般会如何解决？"

答："我一般会从各方面寻找产生问题的背后根源，我经常用'5个为什么'的思路……"

- 提出假设性问题。

部门负责人一般都是身经百战的老手，会执着于询问工作中出现各种挑战的情形下面试者会如何应对挑战。但问题是，如果考官问的是假设性的问题，则面试者大多也就从假设的角度出发来进行一些理论性或假设性的回答，而不是面试者在此真实挑战的情境下做了什么。就像案例中的：

问："假如让你带领一个100人的团队……？"

答："假如我有一个100人的团队，我将首先思考这100人的组织结构如何搭建……"

- 提出引导性问题。

引导性问题很多时候问题本身就含有答案或者已经折射出答案和考官期望，这促使面试者朝考官的期望回答，而不是他自己的真实想法。就像案例中的：

问："我们公司因为……所以要经常加班，你能加班吗？"

答："我能加班，我年轻，精力旺盛……加班绝对没有问题。"

- 提出含糊性问题。

比如，"你一般如何处理下属的加班请求？""在大多数情况下，你是如何处理客户投诉的？"当考官提出含糊性问题，面试者也做出含糊性的回答。

- **对面试者空洞的理论性或假设性回答信以为真，没有进行识别和矫正。**

有时，即使作为考官，你问了行为事例性问题，但面试者的回答却有意无意用理论性的语言进行回答。此时考官若信以为真，则容易让面试者瞒天过海了。举例如下：

问："你举一个近期的印象最深刻的例子，说明你如何解决一个质量问题。"

答："假如遇到问题，我一般会识别问题的本质……"此时，作为考官的你，是否能识别出这种无效的假设性回答呢？

- **对面试者含糊的回答信以为真，没有进行识别和矫正。**

有的时候，面试者的回答有意无意用一些含糊的语言进行回答，此时考官很容易信以为真。比如：

问："你举一个例子，说明你如何解决出现的一个质量问题。"

答："我们公司有很多质量问题都是我们来解决的，我们经常花时间去解决质量题，我们都会集中起……"此时，作为考官的你，是否能识别出这种无效的含糊回答呢？

- **对面试者主观的回答信以为真，没有进行识别和矫正。**

有的时候，面试者说着说着就把自己的个人信念、判断或观点/主张说了一大堆，而此时考官可能没有注意到这些言辞其实是面试者的一种主观信念或观点而已，并不是真正的能佐证面试者能力的行为例证。比如：

问："你举一个例子，说明你如何解决出现的一个质量问题。"

答："我特别重视质量问题。我认为酒香不怕巷子深。试想，如果我们的产品质量是一流的，哪还怕产品卖不出去？我们还需要这么大的销售团队吗？还需要花这么多广告费吗？……"此时，作为考官的你，是否能识别出这种无效的回答呢？这些都只是面试者的信念而已，不是具体的实际的行为事实！

- **面试者没有提供完整的行为事例，但考官以为这就是完整的行为事例而蒙混过关。**

比如：

问："你举一例子，说明你如何解决出现的一个质量问题。"

答："3个月前，我们的客户投诉量上升了50%，主要的质量问题就是手机黑屏。

我知晓此情况后，经过巨大努力最终顺利把此问题解决了。"此时，作为考官的你，是否觉得面试者的回答还缺少什么部分呢？

解决思路
- **理解能力和行为之间的关联关系。**

能力是一个抽象的概念，看不见摸不着，但我们知道其存在且在候选人之间有强弱之分，比如我们常常提到的决策能力、适应能力、学习能力……有上百种常用的能力。既然这些能力不能直接看见，又如何判断候选人在某能力上的强弱和高低呢？心理学家通过候选人在特定情境中能多大程度展现出期望的行为来判断其背后的能力高低。换句话说，能力是看不见的，但该能力展现的行为是看得见的，基于这些看得见的行为来推测背后的看不见的能力。举例如表 3-3 所示。

表 3-3 构建高效团队的关键行为指标

能力名称	关键行为指标
构建高效团队	为团队设定方向
	定义必要的工作流程和职责要求
	倾听声音，必要时邀请团队成员一起决策
	分享信息
	提供必要的资源支持
	坚持对团队的承诺
	身先士卒

我们不能直接用目测看见面试者构建高效团队的能力，但通过问问题，面试者在过往的事例中展现出上述看得见的行为，通过这些行为就可以推断该能力的强弱。一般展现的行为要点越多，则表示能力越强，反之则越弱。比如下面是一个询问**构建高效团队**的行为事例。

问："请举出一个最近的例子来说明，你是如何带领一个士气低落的团队走出困境的？"

答:"两年前,我接手一个新的团队,大家都相互抱怨,怨声载道,团队目标也实现不了,该团队经常在员工大会上被批评,团队的领导也是换了一个又一个,上面的指令变来变去无所适从……针对这种情况,我跟每个团队成员谈话,倾听他们的苦衷(倾听声音)。听完后,我了解到主要的问题是目标不明确、需要的资源不能到位、内部职责不明确、工作进度不互通只能靠私下打听……基于此我召开一个会议,重新设定了大家的工作目标和进度安排(为团队设定方向);对几个组长的工作职责重新调整(调整职责),并设立建议箱希望大家提出好建议;我承诺,只要有建议我一定在3天内回复(坚持承诺);另外,针对以前相互之间信息不共享的情况,我要求将每周的进展汇总到公共栏,定期召开部门会议分享进展(分享信息);同时我找了老板,争取老板在资源上的支持,比如其他部门的信息,总部给我们提供相关的培训等(提供资源支持)……三个月后,我的团队重新回到正轨,士气高涨,各项生产指标都能完成了。"

上述案例中,请观察:括号内斜线的部分就是面试者在实际行为事例情境中展现出来的行为要点:

- ❖ 倾听声音
- ❖ 设定方向
- ❖ 调整职责
- ❖ 坚持承诺
- ❖ 分享信息
- ❖ 提供资源支持

这些行为都是该能力水平展现出来的标志,该案例中面试者展现出了大部分期望的行为要点,该项能力(构建高效团队)很强。

- 如何探索能力背后的行为?用行为事例性问题。

行为事例性问题就是通过提出能引发面试者回忆过往行为事例的问题,引出面试者在特定事例或情境中表现出的行为,通过这些行为来推测面试者该项能力的强弱。在面试中,考官是发问的人,要考察面试者的某项能力,就要引导面试者回忆其过往的一段特定的行为事例,并引出与该能力相对应的关键行为要点。

那如何引出这些行为要点呢?"STAR"就是最常用的方法。"S"即

situation，是情境的意思。"T"即target，是任务目标的意思。"A"即action，是采取的行动。"R"即result，是在该行动之后得到的相应结果。概括起来，就是在什么样的情况下，要解决一个什么问题或要达到一个什么目的，面试者具体做了什么，采取了什么行动，并最终达到了什么样的结果。

举一个例子，作为考官，你想考察面试者遇到一个团队成员都士气低落时会如何带领团队走出困境，于是你抛出的问题是：

（1）先问情境（situation）："以前你是否遇到过整个团队士气低落的经历？"

（2）然后问任务目标（target）："在这件事件中，团队士气低落原因什么？有哪些表现？你为什么要改变这种状态？你希望达到什么团队状态？"

（3）接下来问行动（action）："你为了扭转这种士气低落，具体采取了哪些行动？"

（4）最后问结果（result）："最终结果如何？"

例如，某公司销售总监在对一名候选人之前工作的销售业绩进行提问时，候选人这样回答："我在原来的公司连续几个月都是销售冠军，销售量排名几乎一直是第一位。"此时，很多部门经理听了会很满意，心想这人很不错，但轻信这个回答可能有风险的。考官可以继续提问如下。

问情景："你以前是在什么情况下销售做得好呢？公司的氛围怎么样？产品怎么样？销售的区域需求量怎么样？"

问任务："你们公司的月销售指标是多少？怎样的销售量是优秀？良好？及格？不及格？"

问行为："你采取了什么行动来保证销售额？中间遇到什么挑战和挫折？你做了什么克服这些挑战？你的同事们如何看待你的冠军？你采取了什么不同的措施或非凡的努力实现此销售额？"

问结果："你的销售到底是第一，还是第二，具体的销售额是多少？第二名是多少的销售额？"

- **避免问假行为事例性的问题。**

一般有下列三种假的行为事例性问题。

（1）主观理论性问题：

— "你认为领导者必须有的基本技能是……"

- "你相信他们会如何评价你？"
- "你会如何安排这项工作？"

（2）假设性问题：
- "如果这是你的工作，你会如何执行？"
- "下次见到类似问题时候，你会如何处理？"
- "假如这个下属是你的，你会怎样辅导他？"
- "要是你是项目经理，你会对流程进行哪些改进？"

（3）模糊性问题：
- "你经常花时间理解客户需求，并使他们很满意吗？"
- "你多数时候能明白设备的毛病在哪里吗"
- "你常常加班到几点？"

● 把理论性问题变成行为事例性的问题。

问："你会如何解决一个质量问题？"

改为问："请举一个近期的印象最深刻的例子，说明你如何解决一个质量问题。"

● 把假设性问题变成行为事例性问题。

问："假如工作中遇到一个问题，你会如何解决这个问题？"

改为问："请举一个近期的印象最深刻的例子，说明你如何解决一个工作中遇到的问题。"

● 把引导性问题变成行为事例性问题。

问："我们公司因为……所以要经常加班，你能加班吗？"

改为问："你能说说你在前一家公司加班的频率如何吗？"

● 把模糊性问题变成行为事例性问题。

问："你一般如何解决客户投诉？"

改为问："举一个近期你如何处理客户投诉的例子。"

● 识别理论性、假设性、观点性、是非判断性、模糊性的回答，并用行为事例问题继续追问。

面试者理论性回答："我会用'5个为什么'来进行质量问题的原因分析……"

考官的追问："请举一例子说明，你是如何用'5个为什么'来分析质量问题原因的？"

面试者模糊性回答:"我一般周末都会到公司加班……"

考官的追问:"过去的11月份,有四个周末,你一共加班几天?"

面试者观点性的回答:"我深深认为酒香不怕巷子深……"

考官的追问:"很欣赏你的这些观点,但能否用一个具体的例子,说明你是如何成功解决一个质量问题的?"

● 识别一些残缺不全的行为事例,并针对残缺的部分继续追问,直到补齐STAR的四要素。

面试者答:"3个月前,我们的客户投诉量上升了50%,主要的质量问题就是手机黑屏。我知晓此情况后,经过巨大努力最终顺利把此问题解决了。"

很明显,该回答缺少STAR中的A要素,即没有行动描述,因此要继续追问:"你刚才提到你付出巨大努力,我想知道,你究竟做了什么?付出了什么努力?巨大,体现在哪些方面呢?"

○ 第十一项
如何预判面试者未来的工作动力

案例

- **案例一**

某财务经理需要招聘一名会计。经过面试，一位面试者良好的教育背景和世界500强的工作经验深深吸引了该财务经理。财务经理了解到该面试者刚刚生育小孩，有着较大的经济压力需要得到更高的薪资待遇，所以选择离开家乡来到外地工作，因此经理也觉得合情合理。于是该面试者很快上岗。在该面试者工作的两个月之内，经理发现每次让她出差，都找各种理由推脱，无奈，一年后经理终于忍受不了，合同到期让她走人。

- **案例二**

某经理在招聘一名机械工程师时，了解到该面试者毕业于某211院校，有5年的外企工作经历和扎实的机械自动化专业背景。于是很快约见该面试者，经理经过对专业的盘问，很是满意，正是公司设备需要的技术人才，于是火速入职。入职后的两个月内，经理发现该员工总是抱怨公司的内部管理混乱，没有章法，尤其对于要延时加班甚至周末还要来加班，更是牢骚满腹，还影响其他同事和团队士气……无奈，经理痛定思痛，让其走人。

常见问题

- 被某一个闪光点吸引，忽视对其他要素的考察。

比如良好的教育背景、流利的外语、负责过某大型项目，而忽略对其背后隐藏的动机进行考察，结果匆忙引进后很快发现其人在心不在，根本留不住。

- 想到哪里问到哪里，漏了要考察的要素。

很多时候，部门经理是在面试前被电话催促，临时打印一份面试者的简历，匆忙和面试者碰面。见到面试者后，漫无边际，想到哪里问到哪里，脚踩西瓜皮滑到哪里算哪里，很多该问的信息被遗漏了，而很多无关紧要的信息则不着边际地问了很多。

- **有完善的流程和结构化的面试题目，但根本没有用。**

部门经理经常跳过某些面试流程或者面试环节，凭着自己多年的经验很自信地不需要任何面试指南。或者有的经理，压根没有把什么面试指南放在眼里，我行我素，相信自己的直觉判断和眼光。或者有的经理，对面试者已经有好感，即使面试也只是为了完成面试而面试，纯粹走过场，结果漏了很多重要信息没有追寻。

- **压根没有识别面试者动机 / 动力的意识。**

很多经理只对一些硬性的技能（比如学历，经验，专业等）进行考察后，就一厢情愿认为面试者一定会来，并且很愿意来，来报到的肯定就是有诚意的。

- **仓促行事，顾不得那么多了，没有时间等待了，只要有人愿意来就行。**

刚开始招聘的时候，部门经理不着急，整天忙于日复一日地业务。缺人的问题慢慢积累，终于快熬不住了，突然很着急要面试者尽快上岗，于是管不了那么多了，只要是个人就可以入职！此时就会埋下重大隐患。

解决思路

- **理解工作动力与工作能力。**

动力即工作意愿的强度，能力即能完成工作的技能、知识、经验掌握的总和。一个人，光有动力没有能力不行，但光有能力没有动力也不行。人才的选拔就是围绕面试者的工作动力和工作能力来展开的。理想上说，我们要找一个既有很强工作动力又有很强工作能力的人。如果只有工作能力，而缺乏工作动力，甚至心猿意马，或持一种骑驴看马走着瞧的心态，业绩好不了。

- **识别影响动力的常见要素。**

哪些要素会影响面试者的工作动力呢？动力永远与人的需求相互对应，因此就要看看人们的需求是什么。在一份工作中，人的需求有数十种或上百种，但我们不能一一罗列并全部进行考察。根据我的经验，下面的是面试者比较常见的需求，会影响工作动力，也是面试者常常会在乎的，应加以识别：

- 工作职责

- 工资和福利保障

- 工作稳定

- 学习与成长的机会

- 晋升机会

- 职业发展规划

- 公司地点与周边环境

- 公司和行业的前景

- 公司性质与声誉

- 企业文化

- 工作与生活的平衡：是否需要出差、是否需要常加班

- 能施展才华的工作舞台

- 能照顾到家庭（单身，刚结婚，有男女朋友，有孩子，孩子多大，是否需要照顾父母）

- 上级领导风格与自己的匹配程度

- 自身身体状况

- 工作岗位的物理环境

- 面试者最在乎的或最想回避的任何其他要素

- 找出你所在企业会明显影响面试者动力的要素。

在真正实践的过程中，企业应根据企业自身情况加以侧重，进行考察和衡量，选出影响动力的主要要素。比如一个位置偏远的工厂要招聘员工，则要特别考虑公司的地理位置、通勤车等；如果是一个不知名的小企业，则要考虑你的薪酬、锻炼的舞台以及提供的发展机会等；如果工作岗位有很特别的环境特征，则要着重强调这方面的考察，比如需要长期野外作业，或长期在高温低温下作业等。企业也可以通过简单的 EVP 分析，找到能够吸引和保留某类人才的共性的因素，作为选人着重考量的因素。

- 应该让面试者有机会识别并准确理解企业关注的动力要素，并让其认真考虑后做审慎决定。

根据我的经验，一些面试者往往入职后才发现：

- 实际的工作职责与自己理解的不一样
- 实际的待遇与猎头或考官阐述的不一样
- 实际的环境比想象的差多了、艰苦多了
- 实际的出差和加班比理解的多多了
- 家庭对自己的牵制比原来想象的大多了
- 身体没有原来想象中容易适应这个岗位
- 人际关系比自己想的复杂多了
- ……

- 用四象限法可以大致判断影响动力强弱的因素，如图 3-1 所示。

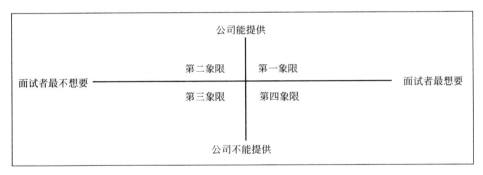

图 3-1　四象限法

- 第一象限越多越好，表示既是面试者最想要的，恰好又是公司能提供的。
- 第二象限应该越少越好，表示面试者不想要，但公司在提供。
- 第三象限无所谓，反正公司也不能提供。
- 第四象限的项目也应该少些好，如果有，公司尽量创造机会提供，从而提高动力。

通常询问这类动机的问题包括：面试者的追求是什么，在意的是什么，最需要的是什么，面试者最不愿意面对或最想回避的是什么，等等。

- 学会在选拔过程中见微知著，通过观察面试者的这些行为细节，判断面试者的动力强弱，如表 3-4 所示。

表 3-4　考察因素和正面行为表现

考察因素	正面行为表现
时间观念	准时/提前到达面试地点 如有突发事件会主动通知 HR 并且表示歉意
接电话态度	打其电话或发短信，会最快时间回复 电话中断会主动打过来
阅读面试邀请邮件	积极回复邮件，能够按照邮件要求规范自己的行为 按照约定时间完成相关在线测试
面试时间协调	能够牺牲自己的时间和利益来获得面试机会 主动提供可以面试的时间段
面试路费报销	为得到面试机会不在意面试路费，不会斤斤计较
面试地点的困难克服	能够想方设法克服面试遇到的重重困难 不担心路途遥远，食宿不方便
薪资谈判	为得到工作愿意在薪资方面做出让步
填应聘申请表	认真填写应聘申请表
相关资料准备	积极按要求准备需要的资料，如离职证明、收入证明

上述行为越多，则表示面试者的动力越强、素质越好，反之则越弱。

○ 第十二项
如何做录用决策

案例

某公司计划招聘一名安全主管，人事部招聘主管前前后后向安全经理推荐了18个候选人，安全经理面试后以各种理由难于做出录用决定。于是HR找安全经理去问个究竟，下面是安全部经理在面试后拒绝候选人的理由：

■ 面试人A，他工作经验丰富，有良好的外企背景、英语沟通能力。他太优秀且经验丰富，我觉得公司是留不住这样优秀的员工的。

■ 面试人B，英语能够达到书写要求，但口语却不是很流利，因此可能对老外的一些请求不理解。

■ 面试人C，各方面都好，可惜离家太远，肯定会恋家，因此很可能也留不住。

■ 面试人D，各方面不错，但期望的薪资较高，我怀疑面试人的求职动机不纯，纯粹是为了高工资而来，这动机不纯。

■ 面试人E，软能力还是可以的，人也机灵，动力十足，可惜仅仅有3年工作经验，没有经历过较大的安全审核，对于安全体系的完整性认识不足，还需要更多锤炼。

■ 面试人F，刚刚结婚，年龄也不小了，很可能近期会考虑生育问题，且家庭琐事太多，估计也无法集中精力于工作上，这种人进来后肯定工作不了多久。

■ 面试人G，经历经验够丰富，英语也不错，各方面也算优秀，但是安排面试时，该面试人总是找各种借口不愿意配合，而且好像架子很大，来工厂面试的时间都几番调整，这样的人要是进来，还不得像爷一样侍候才肯干活？

■ 面试人H，目前工资已经很高了，这么高的工资，经验和能力肯定都很强，比我的经验都多，我可能驾驭不了呢……

就这样，安全部经理一共面试了18个候选人，但真要下决心录用某个人呢，却做不了决定，下不了决心，犹豫不决……

常见问题
- 追求完美的面试者，但公司却不能提供有竞争力的薪资或环境。

某国际医疗机构招聘客户服务人员，要求如下：英语口语表达流利，能够克服英语地方方言，独立交流；本科及以上学历，毕业于全日制一本院校；有至少 3 年以上同行业的工作经验；服务意识强；善于交流和沟通；能够适应夜班和加班。按照这些要求招聘了很长一段时间，总是没有合适的人选，最后究其原因，其实有几个不错的面试者满足这些招聘要求，但月薪都要求 10000 以上，而公司能提供的水平在 5000 左右！相差甚远，如何招人？

- 一叶障目不见泰山。

就像案例中呈现的一样，只因一方面不足就对面试者彻底放弃，结果发现每个面试者都有不足，犹豫不决，很茫然，不知道如何做出录用决策。

- 根据面试者工资高低，判断其能力大小。

某公司老板是土豪，想招一名财务经理。经过几轮面试，一位面试者得到老板的欣赏，老板想要录用。人事经理很不解，于是问老板为什么选这个面试者？老板坦言，该面试者是目前这些面试者当中工资最高的，他能混到这个工资，背后肯定有能力作支撑，否则原来那个老板又不傻，能给这么高工资？

- 看到某光环而迅速做出录用决策，其他选拔手段流于形式。

比如被面试者某一点优秀的品质或特点所吸引，在此光环下，看不到或根本忽略掉对其他方面的详细考察，即使考察也只是走过场而已。例如长得漂亮或很帅气、很养眼等。

- 经验效应。

考官习惯于看到面试者有多少年的工作经验，简单用经验来衡量优劣，用经验来衡量工资水平的高低。

- 面试效率低下、面试程序过于烦琐导致面试者流失。
- 部门经理采用无科学定论的因素来选取面试者。

比如有的考官侧重用面相、血型、星座、掌纹、生辰八字、墨迹图、八卦等不科学因素来选取候选人。销售员蔡先生应聘某公司的销售岗位，面试过程中该公司领导很少问他有关销售的问题，却问他对办公室工作感不感兴趣。蔡先生好奇为什么领导会这样问。该公司领导倒也直率，说："我们从你的血型和星座判断，你并非最佳的销售人才。你是 A 型血，这个血型的人不太适合跟人打交道，且你是处女座的，这个星座的人也多是小心谨慎型的，这些特点都是从事销售工作的人很忌讳的。不过，你的星座和血型决定了你办事认真且细心，这就是当初我建议你从事办公室工作的原因！"

- 对专业性很强的管理岗位，过分看重面试者的专业技能而忽视其领导能力。
- 一厢情愿，只盯着最优秀的面试者，而忽略对方的动机。

考官常常会一厢情愿想着那个在能力上让他印象最深刻的第一个候选人，一门心思盯着，把全部注意力放在这个人身上，至于对排在稍后的第二第三个候选人，面试和考察都心不在焉。但结果往往是，给第一个候选人递出橄榄枝后苦苦等待，可人家却不来，空欢喜一场，此时才想起第二个第三个候选人。而此时第二第三名也有可能已选择了其他公司，最后不得不又重新搜寻面试者。很多时候要记住，很抢手的面试者未必是你的菜，而那些稍逊一些的人或许更适合你的公司，更能长久与你在一起。

- 面试者之间难分伯仲，各有优点和缺点，负责人不知道如何做取舍。

有的时候，看来看去，各有各的优势，又各有各的不足，部门负责人怎么也拿不准，左右为难！就像案例中的一样，A 太优秀，但可能留不住；C 各方面好，可离家太远；D 能力很好，但期望的薪资太高 E……

解决思路

- 部门负责人要思考清楚，岗位的选择标准究竟是什么？岗位是胜任力模型是什么？需要的核心能力是什么？
- 部门负责人需要建立合适的选拔标准框架，用事先定义的标准作为选择面试者的主要依据

举例如下，请见表 3-5。

表 3-5　选拔标准与选拔依据框架表

能力要求	选拔标准	得分	证据与说明
专业和教育背景			

续表

能力要求	选拔标准	得分	证据与说明
专业经验			
专业技能			
素质能力			
计算机			
语言			
性格			
身体素质			
动力匹配	选拔标准	得分	证据与说明
工作职责理解与适应			
工作环境适应			
对公司的理解			
薪酬福利满足			
学习成长机会			
晋升机会			
职业生涯发展			
公司地点与环境			
企业文化			

续表

动力匹配	选拔标准	得分	证据与说明
出差与加班			
家庭因素			
上级风格匹配			
其他顾虑因素			
……			

- 对照上述各项标准进行认真面试，走完所有必要的选拔流程后进行打分和评判，用上述结构化的方式对所有要素进行全面回顾与判断，避免忽略审查关键要素，避免以点代面看问题。

- 思考是否有一票否决的因素。

如果某面试者有，则立即排除此面试者。根据笔者的经验，常见的一票否决因素有：有犯罪记录、反复跳槽、被原（本）公司开除、明显不良的生活习惯、酗酒、赌博、黑社会背景、有流氓习气、有过违纪处理记录、没有诚信、某一重要或关键能力明显不符合职位要求等。

- 当上述步骤仍然不能对几个旗鼓相当的面试者做出区分时，继续用下面的问题给面试者做加分或减分。

（1）能力之间是否可以扬长补短？比如某面试者虽不善于某项专业技能，但该面试者学习能力强，则可以用学习能力弥补该项不足。

（2）是否可重新设计和调整工作职责及分工？

（3）欠缺的能力是否可以通过短期培训获得？

（4）如果能力上实在无法区分优劣，则看面试者，谁对工作的获取动力最强？谁要求的工资低？

- 辩证看待经验。

有的时候经验本身很重要，比如需要有经验的人来解决岗位存在的复杂问题，理清工作头绪，建立工作标准、流程和部门秩序等。但有的时候经验本身并不那么重要，比如工作中已经有很清晰的流程和标准，有明确的解决方法，工作需要的技能可以通过快速训练习得。

- 学会在能力与动力之间寻求平衡。

能力弱、动力弱的人，当然会被淘汰。因此，理想上，我们要招能力强、动力足的面试者，但如果两者不能兼得，如何做出选择呢？一般来说，如果这种能力是短期内急需的，且该能力是难于轻易习得的，该类人才也是市场稀缺的，该能力对战略执行至关重要的，则以能力为主要考量因素，动力即使弱一点也没有关系，可以想其他办法增强其动力。反之，如果该能力可以不太长期内培养，或是容易通过培训获得的，或是市场不稀缺的，则可以多强调一些动力因素，降低对能力经验的要求。

- 考虑是否要满足面试者的一些特殊要求。

比如某面试者要给其女朋友解决工作问题、要配专车、要配秘书、要一个大办公室、要弹性工作时间、要有明显超出岗位预算的薪资水平、要一个更高的职位名称等。这些要求是否要去满足，都要以该类面试者是否市场稀缺，能否为公司做出战略贡献作为主要依据。如果是实现公司战略目标至关重要的岗位，且人才稀缺，此时公司当然可以采取一些弹性的措施吸引该面试者加盟。

○ 第十三项
如何看待心理测验

案例

● 案例一

按照流程，人事部在干部任命前组织进行选拔和评估，其中一个环节就是针对高潜力的员工进行各种心理测评。但员工的部门经理很不高兴，并暗示该员工，不必参加这类测试，或者即使参加应付一下就得了。人事经理知道此信息后，找该部门经理理论。人事经理说："参加这种心理测试是对人才进行全方位评估和判断的依据之一，这种测试有助于公司对高潜力人才各项能力以及性格特质进行全方位理解和判断，有助于发现员工的潜力优势和短板，在此基础上把员工放到合适的位置上，并有针对性地发展员工潜力……"部门经理似乎根本听不进去，并反驳道："说实话，你说的这些大道理我听得多了，但我就是不信这些什么心理测试，我很排斥这些测试。你看看，某某，当初进公司的时候测试分数也不高，现在不也干得好好的吗？某某，当初你们的测评说他的智商挺高，现在干得反而不怎么好！还有我自己，我也没有参加任何心理测试，现在不也没有问题吗……让那些心理测试见鬼去吧！"

● 案例二

某公司组织一个大型活动，在活动期间，觉得有趣就从网上下载了一个智力测试。组织者给现场每人一套题目，做完测试分别上报分数，当场对每个人的测试结果进行分析评判。轮到某员工小张，上报分数后，组织者根据《分数解读指南》，宣布小张为智障！大家哄堂大笑，笑过之后没有太当回事。

但在随后的工作中，悄悄地，小张身边的同事总是言里言外对小张有一些格外照顾，且身边的一些人时不时传来异样的目光，小张知道他们目光背后的意思……几个月后，公司上下都知道那天智商测试的事，小张觉得实在待不下去了，最后选择辞职走人！

常见问题

- **直线经理对心理测试不信任，从内心深处排斥，否认测试的有效性。**

就像案例中的经理，对任何心理测试都有偏见或心存反感，觉得心理测试都靠不住的，都是骗人的且多余的。

- **随便从网上下载一个心理测试，处处唯测试结果论英雄。**

有些个人或经理，迷信和依赖于心理测验，用测试结果来判生死，来决定员工的录用、晋升、调岗、发展和辞退等。

- **因一个测试结果不理想而心理压力过大。**

某员工听说有项测验很准，于是偷偷拿来进行自我测试，测试结论判定他性格偏神经质！从此，这位员工整天魂不守舍，心理压力巨大，认为自己的精神不正常，一定有心理问题，工作业绩也直线下降。经理找他谈话，他也是支支吾吾，不敢直说是什么原因，经理也觉得该员工近几个月神神秘秘的，行为诡异。几个月后，该员工实在无心工作，辞职悄悄去找心理医生了！好好的一个人，一个测试把自己逼出心理障碍了！

- **随便编一套题目进行心理测试，并用于录用决策。**

很多公司招人，想要招聘一些高潜力的员工，于是公司人事部几个人编制出一套测试题，用来考试，并以此对面试者进行选拔，要么发现面试者成绩都很低，没有一个能被录用的；要么发现成绩都很高，个个是天才！因此，用这样的测试做重要人事决策是危险的！

- **经理对心理测试报告十分困惑，半信半疑。**

比如，同一个人，用第一套题目测试结果为智力正常，用第二套题目，测试结果为智障！还有，就像上面案例说的，不做心理测试也一样能取得好业绩，通过心理测试选拔出来的员工也未必都有很好的业绩呀！这些都让经理们困惑。

- **被轻易贴上标签。**

就像第二个案例中叙述的，当被贴上标签之后，身边的人总有一种特别异样的眼光，作为员工自己，也会有心理阴影。

- **仅根据某一心理（或生理）特征的少量经验数据作为选拔标准。**

比如有的企业老总，喜欢用自己的少数经验制订企业员工的选择标准，比如用一些诸如脸型、血型、星座、生辰八字等作为本企业的用人选择标准。

解决思路

- 先了解一下，一个科学而成熟的心理测验一般符合下列要求。因此随便网上下载一个，或自编一个测试，其结论能否可信真的有待商榷。

（1）编制和选择的测试题目，每道题目都有难度、区分度、相似度的科学分析。

（2）确保有足够代表性的题目数量，否则没有代表性就不精确。

（3）确保考试题目、材料、字号大小、印刷质量等标准一样。

（4）对测验实施的过程进行严格标准化。

（5）建立了常模，并对原始分数的解读进行标准化。

（6）被验证的效度，检查出两者之间关联关系的程度。

（7）被验证的信度，测试结果的可信程度能被检验，且是可靠的。

（8）操作测验和解读报告的人是被训练过的。

- 在企业管理实践中，心理测验有存在的必要性与现实意义。

（1）无数的事实证明，人的内在心理特征如个性、动机、价值观、能力倾向、智商、情商、逆商、职业兴趣等，是预测和决定其未来业绩和成就的重要考量因素，因此我们就必须了解和评估面试者的这些心理特征，从而提高选拔的准确性。

（2）心理测验能更好、更准确地帮我们评估人的心理特征。我们知道，考官靠主观判断总有其局限性，因为即使训练有素、选拔经验丰富的考官也会由于个人主观因素（如考官的阅历、主观偏好、疲劳、面试技巧以及一些偶然的因素）而看走眼，对面试者的评价产生偏差或错误判断，而心理测评则会帮助减少因考官因素而导致的偏差。

（3）人的心理特征有很强的隐蔽性。人类的很多心理特征都是属于冰山下面的部分，对此，考官是看不见摸不着的。而心理测评则可以帮助我们窥视面试者心理冰山下面隐藏的东西，从而对一个人的心理特征的判断会更客观准确。

（4）对人才培养和发展也有积极意义。一方面，可以更好地帮助员工理解自身能力的优势和劣势，更好地使用该优势，并且更有针对性地培养和发展自己的某项能力。另一方面，也帮助我们更好地管控自身明显的弱点。一个人可能有很多优点，但同时会有一两个致命的弱点。该弱点可能是致命的，也可能会对你的职业生涯和成就带来致命的影响。

（5）有助于团队成员优势互补。就像世上不会有完全相同的两片叶子，团队成员之间的心理特征是有差异的，如果能让一个团队成员之间的心理优势与劣势形成互补，扬长避短，就能发挥团队的最大功效。而如何知道成员之间的优劣势是否互补呢？系统的心理测验就能有所帮助。

- 实践当中，仅根据某一心理（或生理）特征的少量经验数据作为选拔标准是不可取的，也可能是没有意义的。

A公司的老总，招了2个国字脸的人，业绩很好，于是就马上给人事经理下令：今后就只招国字脸的人，不是国字脸的，不要推荐给我！B公司的老总则喜欢用血型、星座、字迹等来作为招聘面试的选拔标准……那么如何科学看待这些做法呢？

在统计学上，有一个大数定律，任何规律越是被大量的数据所验证，得到的规律越准确可靠；反之，越是被少数几次经验验证得到的规律越可能不准确不可靠。我们用一个案例来解释这个大数定律的道理：就像你随机抛硬币，如果连抛3次都是正面朝上，那么你基于这三次经验得出结论是：随机抛硬币落地后正面朝上的概率为100%。这样的结论只是建立在3个实验数据的基础上得到的，那么这样的结论显然因为实验的数据量太少而偏离真理很远了。因为我们都知道，随机抛硬币，只要次数足够多，比如一万次吧，则正面朝上的概率就会无限接近50%。因此，作为一个科学结论，有大量实验数据得到的结论才更可信！而只有3个实验数据得到的结论是不可信的！

同理，招了2个国字脸的人进公司后，业绩很好，就根据这2个数据就得出结论：国字脸的人就一定能有好业绩，这样的结论可靠吗？当然不可靠，不可信！因为实验的数据太小！

说到这里，可能有人说，如果我统计了200个国字脸的人的业绩，而其中有20%的人业绩很好，那么这个20%的结论就是可靠的了吧？是的，结论是更可靠可信了，但未必在企业管理中有实践意义！请继续看下面的分析。

在企业选拔人才中，我们用一个心理测验的意义在于提高预测效度。大家想想，如果上面的那个老板用国字脸来预测未来的业绩，这个老板很执着，招了200个国字脸的人，这200人中有20%的人业绩是优秀的，因此这个老板能得到一个结论，即国字脸这一特征能有效预测面试者未来业绩且预测效度为20%，即每招100个国字脸的人有20个人能取得好的业绩。这个结论本身我们不会太怀疑，但我们能否因此就说，在招聘中应该用此作为选拔的标准去选拔人才呢？未必！

因为，你想想：

第一种情形：假如某公司不用这个生理特征去正常招聘，被录取的人员中，能取得优秀业绩的人数占总人数的 20%，那么请问，用国字脸作为鉴定人才的标准，不是多此一举吗？有何意义呢？

第二种情形：反过来，假如在实践中，不用国字脸作为标准选拔人才，能取得优秀业绩的人数占总人数的 5%；而用了国字脸作为选拔标准录用人才，能取得优秀业绩的人数占总人数 20%，则表明使用国字脸作为选拔标准提高了 15% 的成功率！那么这多出来的 15% 就是国字脸作为选拔标准的贡献所在！这个时候，使用国字脸作为选拔标准才是有意义的！

第三种情形：不用国字脸作为标准选拔人才时，能取得优秀业绩的人数占总人数的 30%，而用了国字脸作为选拔标准录用人才，能取得优秀业绩的人数占总人数 20%，则表明使用国字脸作为选拔标准降低了 10% 的成功率！此时说明，使用国字脸作为选拔标准，不仅不能帮助提高预测效度，反而降低了预测效度！起了反作用！如果继续用它，那不是害自己的企业吗？

- **如何看待和理解高分低能和低分高能现象。**

我们可以用图 3-2 来解释高分低能或低分高能现象：

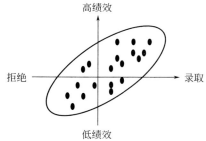

图 3-2　高分低能和低分高能现象

第一象限的人，是测评得分高且业绩也好的人，即高分高能，在选拔中属于正确录取的部分。

第二象限的人，是测评得分低但业绩很好的人，即**低分高能**，如果是录用选拔，就属于错误拒绝的部分。

第三象限的人，是测评得分低且业绩差的人，即低分低能。如果是录用选拔，就属于正确拒绝的部分。

第四象限的人，是测评得分高但业绩差的人，即**高分低能**。如果是录用选拔，就属于错误录取的部分。

没有一个心理测评能 100% 预测面试者未来的业绩，这也就能解释为什么总会有：测评得分高的人也会有业绩不好的；相反，测评得分低的人，也有业绩好的！这就是说高分低能或低分高能是在所难免的，这是正常的现象，不必大惊小怪，因为目前没有一个能 100% 预测准确的心理测评工具。

那么有人可能会说，既然不能 100% 预测，为什么还要用心理测评呢？是这样的，一个好的心理测评在人才选拔中使用的意义不在于是否追求到了 100% 的预测效度，而在于与原来的做法相比是否**有效提高了**预测效度！就像上面关于国字脸的案例，如果能提高预测效度，则在实践中就有意义！而不是非得追求 100% 预测准确才有意义！

- 为什么会出现低分高能或高分低能？

在实践中，心理测评得分与业绩的相关关系往往被其他因素扭曲，而这种扭曲导致低分高能或高分低能。笔者在企业里做了很多的领导力选拔，并对每个候选人进行标准的结构化面试，得到一个心理特征的评价得分。我们选取这个评价得分作为自变量，选取业绩指标（比如年度考核等级、奖金系数、晋升次数）作为因变量。笔者发现总体上两者的相关性还可以，但是有几个人明明测试得分高但业绩却不很好，同时也有几个人测试得分低，但业绩很好！为什么这样？后来，经审查，比如某工艺主管，测评得分很好，但业绩不好！究其原因，这个主管这半年和老婆闹离婚，所以无心工作。这才是他业绩不好的真正原因。因此，如不细细追究，表面上看，这个人就是高分低能了！

还有一个相反的案例，即一个安全经理，测评分数很低，但是他的直接上级是厂长，非常重视安全，很多的安全措施和理念都是厂长直接亲手抓，结果这年安全审核分数特别优秀！这就是低分高能了！套用笔者曾经总结的一个业绩公式：业绩 = 能力 + 态度 + 环境。当我们探索某项能力作为自变量与业绩作为因变量的关系时，往往受到面试者的态度以及外界环境变量的影响，而这种影响扭曲了能力与业绩之间的相关关系，从而表现出低分高能或高分低能的现象。

- 心理测评不可能 100% 准确，因此应把心理测验报告的结论和其他测评手段结合，相互验证交叉佐证。

○ 第十四项
如何设计一套测试题

案例

● 案例一

某创业公司最近刚刚获得一笔资金，准备大展身手，因此需要招聘大量人才。HR 经理小洪便在周一上午安排了 20 人进行测试。由于时间紧张，小洪来不及咨询心理学相关专家，直接在国外网站上下载了一份心理测试，草草翻译便打印出来，作为用于选拔人才的工具。两个小时的测试结束后，小洪和人力资源管理团队的同事比对评分表，惊讶地发现，根据测试结果，大部分面试者都获得了 95 以上的高分，而本次招聘只有 8 人能进入面试环节。小洪因此犯了难，分数都这么高，貌似大家都不错，选哪个人好呢？

● 案例二

某公司最近开发了一套心理测试题，应用于市场部人员的招聘环节。在本次心理测评中获得较高分数的人员在日后的工作中果然表现优异，业绩高于其他人。HR 经理受到了 CEO 的称赞和嘉奖。然而，一个月后，财务部的招聘中，这套心理测试题目却没有达到显著的效果，在测试中获得 90 分的人员竟然在工作中表现低迷，时常出现因粗心大意导致公司受损的事情。HR 经理一着急便换了测试题，新的测试题似乎难度很高，三位面试者都只有 50 分，因此都未能进入面试环节。HR 心里想，测试不到 90 分坚决不能进入面试程序，但财务部门要人着急，每天来人事部催人，HR 经理左右为难，怎么办呢……

常见问题

● 天花板效应。

每个面试者都获得了很低的测评分数，这些人能力都这么差吗？作为招聘者的你，是否应该拒绝所有的面试者呢？如果都拒绝，那就无人可用呀！

- 地板效应。

每个面试者都获得了很高的分数，结果你没法判断是否所有人都很优秀，或者这些人当中谁更优秀？这样的测试不能区分优劣！

- 测试题没有被验证过。

很多人都是在网上下载心理测验题目，并且直接用于工作实践中，这样没有被科学认证和验证过的测量工具是没有科学性可言的。比如这个测验是否经得起信度和效度的检验？是否被验证过能提高选拔的预测效度呢？

- 同一套题目第一次使用时很准确，再次利用时却不够准确。

就像案例二，有的题目可能这次使用不错，但面对另一帮面试者，却效果不好。或者用于预测某类人的预测效度还好，但预测别的群体预测效度立刻不行。

- 迷信原始分数。

很多心理测试都有一个原始分数，然而要对原始分数进行转换才有意义。但如果使用该心理测验分数的人不够专业，直接用分数来解读人的能力或性格特征，则这样的解读是没有意义的、有风险的。

- 没有考虑心理测验与绩效的相关性。

比如某企业很热衷于提高工人的素质，于是找了一套逻辑能力测试作为能否通过入职选拔的环节。但后来我们发现，得高分的人与得低分的人在业绩上并没有显著差别，且也没有发现有什么相关性！如果是这样，敢问，这个测试的作用何在？

- 同一测试被不同的人操作有不同的效果。

很多企业人多混杂，很可能是完全不同的人在操作同样的一套测试。往往因为操作测试的人有不同的操作经验和操作流程，导致测评不准。

- 题目泄露。

面试者通过其他渠道提前知道了答案或题目！而人事部不知道这些情况，还把这样的测验结果当成宝贝在用！

解决思路

- 设计一套简单心理测试题的基本思路与步骤。

（1）明确测试目的。

测试者首先需要从这样三个问题出发，明确这次测试的目的：

✓ 该测试题的开发目的是什么？

✓ 要测试什么能力？

✓ 该测试适应的人群范围是谁？

✓ 用该能力来预测他们的什么业绩或预测他们的哪一行为特征？

一般而言，你的目的会决定心理测验的内容，测量的目的可以是淘汰最差的，或选拔最优秀的，或仅仅用于区分优劣，或用于评价能力差异，或用于个人发展和自我认识，或用于招聘选拔等。

（2）与相关人员选择和开发合适的题目。

心理测量是一种间接性的测量，不可能像用尺子量物体的长度那么直接和客观，因此通常的测试编制者是有很丰富理论背景的专业人员，这些人员如果企业没有，则可以请外部的专业人员参与编制开发。

（3）寻找相关的人员进行测试。

对于草拟好的一套测试题，要寻找相关的人员，尤其是要找到与待测对象有可比性的人员进行试测，对那些企业熟悉的人员进行试测，根据试测结果可以分析所选题目的代表性、科学性和合理性。

（4）对单个题目进行项目分析。

项目，即每个题目。项目分析就是对每个测验题目的测验结果进行统计分析，确定项目的难度，鉴别区分度及一致性等特征。

难度分析。难度是指测试题的难易程度，即这道题目每100个人中有多少人没有通过？比如90%的人都没有通过，即难度系数为0.9，比如20%的人没有通过，则难度为0.2，依此类推。一般认为，测试题的难度系数在0.3～0.7之间比较合适，整份试题的平均难度最好在0.5左右，高于0.7和低于0.3的试题不能太多。分析难易程度是有价值的，因为如果题目全部较难，都考了0分，那有什么意义？反过来，如果都考99分或100分，又有什么意义呢？都不能达到区分优劣的目的。

区分度分析。同样一道题目，在该题目上得高分的人，是否在业绩上表现更好？在该题目上得低分的人，是否在业绩上表现较差呢？如果没有这种因果关系，那么这个题目的分数高低就不能预测未来的业绩好坏，没有价值。

内部一致性分析。内部一致性代表同一个人在某题目的得分与此人的总分之间的关系，通常可以用测验题目分数与测评总分之间的相关指标来检测内部一致性。

内部一致性代表的是该题目与其他题目之间的相关关系和总体关联性，最极端的情况是关联性为零，即该题目测试的心理特征很可能与其他题目测量的心理特征不是同一心理特征。举例来说，比如一套数学题目里面有一道测量音乐能力的题目，则这个测量音乐的题目的得分与总分之间很可能是零相关性的。内部一致性主要衡量的是某个题目与其他题目的同质性。

（5）基于不同的目的进行设计。

在编写和修改一套题目的过程中，要根据不同的测试目的（淘汰/选拔/选优）进行试题的选择。比如，如果这个公司要招聘大量的基层销售人员，只需要淘汰极差的面试者即可，则你的大部分题目的难度应偏低。反之，如果你是选拔最优秀的尖子，则题目的难度大部分应比较难。当然如果是正常的选拔，则题目难易程度的分布应控制在大部分题目在 0.3～0.7 之间，少数是容易的或很难的。

（6）建立常模。

常模是可参照群体在该套测试题上的分布特征。比如同样的一套逻辑推理题，使用大量可参照群体进行测试，得到一个分数分布特征，然后将来的任一面试者的分数与该群体的分数相参照，就知道该面试者的能力水平在群体中的位置了。

建立常模时的群体一定是有可参照性与可比性的，这样的常模分数才有参考的价值。

如何寻找到用来建立常模的群体或人群呢？可以从以往的工作中收集数据，扩大常模样本，比如来参加面试的面试者、目前在职的人员等。在建立常模的过程中，利用人力资源部门参与的便利条件，可以对常模群体从性别、年龄、学历(教育背景)、从业范围、地域民族等方面进行较好的控制。

（7）信度检验。

使用复本信度考察面试者的诚实与结果的可信水平。这是以两个测验复本来测量同一个体，然后求得面试者在这两个测验上得分的相关系数，这就像我们当初考试有 AB 卷，复本信度高，则结果可信，反之则不可信。

考察面试者答案的可信程度。面试者在做性格类测试题目时，没有什么标准答案，此时如何知晓面试者是否认真做题目呢？可以设计前后相互检验的题目。比如，第一题让对方回答是否喜欢吃苹果，而在第 100 道题目，同样是这道题目，如果面试者的答案相互矛盾，则表明前后不一致。这样的题目当然可以有 10 道或 20 道，一般信度在 70% 以上，则测评结论可信。

（8）效度检验。

这就是要印证该测验是否能有效预测面试者未来的业绩或行为特征（如出勤率、安全行为、正直诚实行为等）。效度是测试结果与测试目标的相关程度。在选拔中，最常用的是预测效度，即该测试成绩的得分高低与未来业绩或行为特征的关联关系。任何一套新开发的心理测试题，都要用实践中的数据和事实不断检验这种预测效度，从而不断完善测验本身，提升测验的准确率。一般效度在 30% 以上方可用。

（9）题目排版与印刷标准化。

这里的标准化排版包括印刷、字号、排版、设计风格、答题卡等。

（10）设计和建立标准化的操作手册。

外界条件（物理环境），比如物理空间，硬件设施如电脑、网络、噪音控制、灯光控制等，这些是影响测量效果的环境因素，应加以控制。

施测过程，标准邀请函、指导语、施测情境、时限、FAQ、施测自查等的标准化。

评分计分，符合客观、准确、经济、实用四项原则。

分数解释，即得到的原始分数如何转换成标准分数，做出合理解释，或参照常模进行解释。

- 施测过程要标准化。

上面已经建立了一套测试题目，剩下的就是需要操作者严格认真地操作，下面是某公司关于如何在现场引导参加测试人员的指导语、标准操作步骤和常见问题示例，如表 3-6 所示。

步骤 1，给予每一位参与者：两支铅笔、一块橡皮、答题纸（答题纸 A 向上）。

说："请在答题纸 A 的指定位置上填上你的姓名。先填你的姓氏，然后再填名字。"（停顿）

"填写今天的日期，今天是……"（停顿）

步骤 2，给予每位参与者小册子，说：

"我将会派发考题簿。未有我的指示，请勿翻开考题簿。"

（当你派发考题簿时，检查参与者是否已把姓名正确地写在答题纸上。）

步骤 3，……

表 3-6 常见问题示例

异常问题	回答
猜测会被惩罚吗？	很抱歉我不知道是如何计分的，请尽可能迅速准确地答题，但是避免乱猜
猜测和乱猜的区别是什么？	乱猜是指在不能确定哪一个选项是正确的情况下，随机地选一个 猜测是指在已经把备选限在两个答案中，然后从中选一个
有一个通过分数吗？	很抱歉我不知道如何计分
还剩 5 分钟时，你会告诉我吗？	不会。没有倒计时也是标准化流程的一部分

- **注意题目和测评结果等信息的保密性**

企业的测试题目一定要做好保密工作，否则不能起到测评的作用。在施测完成后，要记得把施测材料及时回收。另外，对于面试者的隐私，要做好保密工作，比如面试者的测评结果，就是一种需要保密的信息，一般的人不能去获得这些测评信息，最好有专人进行保管。

第十五项
如何协助新任经理／主管度过试用期

案例

● 案例一

小王"空降"至一个公司担任安全主管，在入职当天，厂长带他来到工厂进行全厂巡查。小王在巡查完工厂后，跟厂长指出问题：消防水管全部埋在地下了，需要立即整改。厂长没有立即反驳，只是建议安全主管继续了解工厂的情况。两个月过去了，在一次厂长主持的办公会议上，提到厂里的安全问题，安全主管再次高谈阔论，按照他的意见，全厂埋在房屋底下的消防水管要全部翻新改造，同时还责问当初为什么会把消防管道埋到地下去？厂长压住怒火，问了安全主管几个问题：你算过吗，如果要把地下的腐烂的安全管道全部翻新，要多少钱？如果你是这个工厂的老板，你会投入这笔钱来翻新吗？如果真这样翻新，造成的停工停产，有多大的损失，你算过吗？从专业的角度看，当前最急需做的，就是翻新消防管道这件事情吗？安全主管无言以对，傻眼了……厂长心想，这家伙做事根本不接地气，就会纸上谈兵。小王没过试用期就被赶走了。

● 案例二

张总是公司新任命的人力资源总监，新官上任三把火，雄心勃勃打算一展宏图。张总在仔细调查公司现行的绩效考核体系以后，决定进行大刀阔斧的改革，并向老板进行了汇报，也得到了老板的口头支持和允许。张总认为既然有老板的默许，就可以理直气壮推行变革了。某天在总经理办公会上，张总很自信地展示自己的绩效考核体系改革方案，并寻求大家点头或赞许的目光。然而，所有业务线经理都以各种挑战性问题提出质疑，都认为新的考核制度对自己的团队不适用……尴尬为难的张总只能把目光投向了曾向他提供默许支持的老板。老板知道张总的意思，但无奈阻力太大，老板也不好过分违背大家的意思，于是只好安抚张总说此事日后再议吧，由于时间关系，先讨论其他议题……张总一脸茫然，只好收手作罢。

常见问题

- **不被群体接纳。**

有的经理到一个新的环境中，顺风顺水，做起事来左右逢源。但有的新任经理到了陌生的环境中，与其他经理之间总是若即若离，像隔了一堵墙似的，总觉得自己像是外人，无法被群体接纳，在工作上无人响应，像一个人在孤军战斗，就像案例二。

- **与企业的价值观格格不入。**

每个人在成长、工作的过程中都会形成自己的价值判断。如果新任经理的价值观与其他团队成员或企业的价值判断有巨大分歧，这种分歧会导致很多工作无法开展。

- **不清楚上级领导对自己的工作期望。**

新任经理刚入职，总迫不及待想干出一番事业和成绩来证明自己的能力与价值。于是大刀阔斧开始干，但很多新经理不理解上级的期望，导致做了老板不期望做的事情。

- **不清楚当前的现实和挑战。**

新任经理刚进入一个新的角色、一个新的团队，很多事情都要从头学起。新任经理准备开展工作进行大刀阔斧变革时，是否对可能出现的困难有充分预估？是否对需要的资源有合理预估？是否对来自利益相关方的阻力有足够心理准备？

- **过于关注工作结果而忽略了人际关系建立与维护。**

新任经理把所有时间和精力倾注在如何完成任务、提升业绩方面时，忽略了关系维护，忽略了利益相关者的关切，就像案例二。此时，就像车轮没有润滑剂一样，会被处处牵制。

- **不清楚过往历史，过快下结论。**

新任经理对公司的历史问题和现状不够了解，简单根据自己之前的经验过快下结论，就像上面的案例一的安全主管，仅仅像背书一样把方案交给厂长，则被厂长认为太不接地气，过于书呆子。

- **存在心理防卫，过分自信自负。**

倾听就是最好的沟通。很多新任经理往往会胸有成竹地把"答案"带进新的岗位和企业，面对不同的意见或建议，本能地出现抵制或不屑的心理，结果发现身边人远离自己，提出的方案越来越离谱。

- **过于关注细节而迷失方向。**

新任经理的工作内容大多是需要为整个团队的业务和工作方向掌舵护航，如果过于关注细枝末节，就会陷入众多无意义的琐事，不能看清全局而迷失方向。几个月过后，看上去很忙，但老板一问有什么业绩，却寥寥无几。

- **近朱者赤，近墨者黑。**

新任经理刚进入一个团队，对公司的情况都知之甚少，没有判断能力，身边的人说什么信什么。若身边的这个人满身负能量呢？

解决方法

- **作为上级，需持接纳并帮助新任经理的态度，而不是等着看笑话。**

作为新任经理的上级，在接待新任经理时，要有诚挚友善的态度，为新任经理介绍新的工作环境和同事，协助新任经理更快地进入角色和状态。

- 扶上马送一程。上级有培养新任经理的责任和义务，需要帮助其建立各种关系，帮助其理解企业发展历史和背景，理解企业长远使命和企业文化，以及新任经理所在岗位在企业中的角色和使命；

- 澄清对新任经理的业绩期望；

- 为新任经理扫清障碍，提供方向辅导，提供工作所必需的各类资源。

- **定期组织与新任经理的沟通会。**

持续协助和引导新任经理思考和探讨如何有效度过试用期，融入企业。

✓ 第一次沟通会：向新任经理说明，作为新任经理应清楚可能会遇到的问题和挑战，从而提前在心理上做好准备迎接这些挑战，并知道如何有意识地克服前车之鉴留下的经验与教训；

✓ 第二次沟通会：为了能更好地度过试用期融入新团队，要求新任经理在 90 天之内要完成一系列行动计划，这包括：

- 要迅速熟悉企业的文化、产品、技术、行业背景；

- 本部门的团队成员状况、每个人职责、过往业绩、能力优势劣势、职业追求等情况；

— 识别与本部门业务相关的内部外部客户或利益相关方，并与利益相关方建立联系与关系，争取关键的利益相关方理解和支持自己的工作，形成高效的配合和合作关系；

— 理解企业和上级对自己角色的定位和业绩期望；

— 理解上级的管理风格，知道如何与上级管理者打交道，如何与上级密切合作与互动；

— 理解企业文化、规章制度、企业特色及其传统；

— 展现新任经理的优势能力，并获得部门内部团队和周边利益相关方的认可，并被团队接纳。

✓ 第三次、四次……沟通会。定期回顾与总结，确保新任经理能不断收到各方反馈，进行自我反思、总结和调整努力方向，不断与老板的期望对标，不断检讨与周边利益相关方的合作是否密切高效，不断检讨是否已经避免了掉入常见的问题陷阱。

- **帮助新任经理去识别与维护与利益相关方之间的合作关系：**

— 识别出关键的利益相关者；

— 建立与执行这种关系维护的计划；

— 新任经理为了和利益相关方建立有效合作关系，理解彼此的期望，提前准备好相关的问题清单。

- **协助新任经理评估该岗位所面临的处境、挑战、业绩期望与实现路径：**

— 协助新任经理理解和梳理岗位的主要职责，目标以及各种可能的挑战。

— 新任经理要评估自己是否明确上级领导的期望，可以用图 3-3 来判断：

期待	描述你现在的认知程度		
	不是很明确	比较明确	非常清楚
角色的关键可交付成果	□	□	□
绩效如何考核	□	□	□
接下来六个月的优先工作	□	□	□
你的角色和团队如何构建和发展	□	□	□
你的上司对成功的看法	□	□	□
财务指标、销售目标、盈利能力、成本节约、质量指标、人员指标等	□	□	□

图 3-3 新任经理是否明确上级领导期望判断图

— 引导新任经理思考长期目标与短期目标是如何组合在一起来迎接上述挑战的，从而达到上级期望的业绩目标。新任经理可能需要考虑要迎接上述挑战，3 年规划是什么？本年度的规划是什么？而近期三个月内能做的，要实现的目标又是什么？

— 引导新任经理思考业绩目标需要的资源是什么？巧妇难为无米之炊，作为新任经理，在明确上级对你的期望之后，随后要考虑资源需求是什么？如人权、财权、物权、信息权、专业决策权等。

- **引导新任经理定期检查与反省是否掉入下面的常见陷阱。**

— 过于关注细节而迷失方向，无法将每天琐碎的工作与战略愿景结合起来。

— 过度的心理防卫，不同的意见都听不进去。

— 过快下结论，没有充分理解历史与现状，做决策前没有咨询利益相关者意见。

— 过于注重结果而忽略人际关系建立。一心埋头工作，个人英雄主义，却发现处处受阻无人支持。

— 先入为主，讨论沦为形式主义，过于依赖自己过去的成功和经验。

— 不清楚当前的现实与挑战。

— 没有摸清老板的真实意图，以为自己在做正确的事。

— 没有理解上级偏好的沟通与管理风格。

— 行为方式及风格与企业价值观格格不入。

— 没摸清当前的实际状况与挑战而好高骛远。

- **引导新任经理理解关系背后的关系。**

在中国社会，关系网络和错综复杂的人情对工作的影响很大。新任经理刚入职时，对公司的人员安排及其内在关系不是很熟悉。在日常工作中，新任经理理所当然地认为可以按照常理安排和处理，但却在不知不觉中"触雷"和遇到"暗礁"，最后发现推行什么工作都阻力重重，甚至试用期没过半就被辞退了，最后都不知道为什么。

第四章

培训发展

- 第十六项　如何识别培训需求
- 第十七项　如何形成有效的培训发展计划
- 第十八项　如何使员工对自己的发展有责任感
- 第十九项　如何给员工画好职业跑道
- 第二十项　如何进行人才盘点
- 第二十一项　如何决定领导力素质模型
- 第二十二项　如何选出你的接班人
- 第二十三项　如何培养与发展领导力

第十六项
如何识别培训需求

案例

● 案例一

某环境经理有着十余年的专业工作经验,在污水处理技术方面深得运营总监的信赖,但是该运营总监对该环境经理仍然不满意,经常听到其他部门经理抱怨该经理心眼小,锱铢必较,心胸狭小,难合作。基于此,运营总监要求 HR 经理立即寻找相关的管理类培训课程,期待该环境经理能短期之内提高团队合作能力,并能和其他部门经理通力合作,能改变其心胸狭隘的毛病……

● 案例二

某公司发生火灾,事后副总认为员工的安全意识不强,于是聘请外面的安全专家进行培训;近期采购人员不能把采购的价格压低,副总认为员工的谈判技能较差,于是给员工组织谈判技巧的培训;某经理无论是上班还是开会总是迟到,副总认为该员工时间管理不好,于是请老师来进行时间管理的培训;部门经理行动拖拉,老是找理由完不成任务,副总认为他们的执行力不行,要求 HR 请老师培训他们的执行力……可惜,花了重金经过这些培训后,涛声依旧,该迟到的,照样迟到;该拖拉的,继续拖拉……

● 案例三

人事部下发年度培训需求表,要求各部门主管组织员工填写培训需求计划。质量部员工小张心理犯嘀咕,如何写呢?左思右想,有的员工写当下流行的"成功人士的 7 个习惯",有的员工写"在职 MBA",更有的女员工居然写成如何辅导孩子!质量主管想了想,干一行爱一行,我就写一个"ISO 9000 体系"吧。某翻译想了想,我就多学一门外语吧,当下流行小语种拉丁语,就写一个"学习拉丁语"……

常见问题

- 培训万能论。

就像案例一和案例二，只要部门或员工的业绩出问题，就认为是培训出了问题，就不加思索要求人事部组织外面的专家来进行相关的培训。

- 培训无用论。

领导开始对培训热情很高，但经过某些领导力培训后，发现丝毫没有起色，于是从一个极端到另一个极端，认为培训就是忽悠人的……

- 经理对优秀的下属找不到培训需求点。

对于业绩不好的员工，要培训的一大堆；但对于业绩优秀的，居然找不到培训需求。

- 一时兴起，想到什么培训什么。

很多时候，工作当中能够取得明显培训效果的培训没有得到重视，反而不能看到明显培训效果或培训回报率低的培训成了员工主导的培训需求，比如案例一。比如一个老板，一声令下，大力培训所有主管的英语水平，结果耗时费力、怨声载道，无丝毫效果！而日复一日地安全问题、产品质量问题、技术问题、标准流程问题却没有得到有效培训和解决！

- 无有效需求分析，当下流行什么就培训什么。

就像案例三。

- 上级把某些培训硬塞给下属。

有些老总，不管下属喜不喜欢，一厢情愿地让下属参加某些培训，下属很反感，不认为自己有这方面能力上的不足，无奈屈从于领导压力，只能硬着头皮参加培训。这样的培训效果可想而知！

- 老总不切实际地希望一次培训就能立即提升公司效益或彻底改变员工的行为习惯，就像案例一。

又比如说，有些老总看到一个关于执行力的培训，于是请老师来公司进行企业内训，期待培训后起到立竿见影的效果。很可惜，这些干部们没有像老总期待的那样有明显的执行力提升！

解决思路

- 从组织层面进行培训需求分析。

任何组织都是靠输出产品（无形的产品即服务）来实现价值的。那么任何组织生产出一流产品或服务并实现价值的能力，就是组织需要的能力。因此从宏观层面分析组织的能力就知道组织层面有哪些培训需求。那如何从组织层面判断组织的能力如何呢？

（1）从 KPI 指标业绩结果来判断是否是哪个流程的能力有差距。很多 KPI 指标就是一个检验能力的工具之一。比如常见的销售额、利润率、产品合格率、单位产品成本、新产品研发周期、库存控制水平、客户满意度、品牌（知名度、美誉度、忠诚度）、老客户流失率……每个指标都反映出组织背后的一些能力要素。KPI 不能达标，是组织的能力还是外界因素？

（2）从组织能力的差距评估来看。有的时候或许组织的业绩结果看上去不错，但这个业绩结果很可能不是因为内部运营能力导致的，而是外部环境因素让企业走了运获得的良好结果。因此，不能简单依赖业绩结果来做逆向分析。此时要分析的是内部需要的运营能力与实际评估的运营能力之间的差距，这种差距就是组织培训需求的来源。

（3）与竞争对手比较，我们是否有获得竞争优势的核心能力。企业要参与市场竞争，其核心竞争力是什么？这种核心竞争力就是我们提到的组织应该具备的核心能力是什么。而这种组织能力，需要组织不断进行检查、反省和思考，企业是否真的具备这种核心竞争能力。如果没有，那么差距是什么？差距在哪里？

（4）更长远地看组织战略实施需要的能力。企业有长远的愿景，有中期的 3 年目标，有近期的年度目标。而为了实现这些短期中期甚至长期的目标，有哪些战略举措？为了实施这些战略举措，我们的组织是否具备所需的能力？如果没有，则需要成长和发展什么能力？要补足哪些能力短板？培训和发展，在补足能力短板时能发挥什么作用？

- 从当前岗位/任务层面进行培训需求分析。

任务分析是分析工作岗位（职务）中的关键任务，以及员工为履行这些任务所必须具备的知识、技能、能力、态度和关键的绩效行为等。这就是我们通常进行的岗位分析并编写的岗位说明书。在岗位说明书中将详细描述岗位的关键任务和工作职责，以及为了顺利完成这些职责，任职者必须具备什么样的能力（知识、技能、经验）？而在岗者实际具备了什么能力？两者之间的差距就是培训需求了！

- 从个体层面进行培训需求分析。

（1）员工业绩分析。用一个公式（能力＋动力＋外部环境＝业绩）来分析员工的培训需求。在此公式中，如果是因为个体的动力不足或因为无法控制的外部环境导致业绩不好，则与能力没有关系，无须培训。反之，如果业绩不好正是因为某一能力不足，这就是真正的培训需求了。

（2）和未来的岗位需要的能力相比较寻找能力差距。为了未来能胜任一个更高的岗位，有哪些能力缺口？此时，要培训和发展什么呢？其实是一样的，通过判断目标岗位需要什么能力就知道要发展什么能力了。

- 当员工出现多个培训需求时，学会帮助其取舍，考虑下列因素确定优先顺序：

（1）是否与企业核心能力以及战略实施紧密相关。比如食品公司或许把高质量的食品安全作为自己的核心竞争力，因此与质量相关的能力是食品企业的核心能力。又比如化工厂，则与安全生产紧密相关，因此与安全相关的能力是化工厂的核心能力。

（2）是否能立即影响和提升组织和个体的业绩水平。有些培训如果不做，会立即影响该岗位在职人员的工作业绩；如果做了这些培训，则能立即提升在职人员的业绩水平。比如销售人员的产品知识和沟通技能，生产人员的安全知识、5S知识、生产操作流程SOP、设备维护保养等，这些都是很能立竿见影地影响业绩的培训。当然，也有些培训，并非一培训就能很快见到效果，提升多少业绩，比如，你想培养员工的责任心／主人翁精神等，如果预算和资源不足，则可以不着急做。

（3）该技能是否是容易学会和掌握的。有些技能是容易学习到的，比如产品知识，专业技能，如何设计目标，如何做工作计划等，但有些能力则很难通过培训获得，如心怀宽广、正直无私，有爱心，同情别人，EQ，IQ等。

（4）该技能学了后，是否有一个机制确保培训后的反复练习并巩固成日常的职业习惯？比如领导力课程中有关组建高效团队、做教练式领导、倾听、授权、沟通技巧、管理冲突等软能力的培训，光培训一次是远远不够的，要真正转变成能看得到的行为，需要一系列的后续跟进措施，否则前功尽弃。

（5）计算ROI（Return of Investment），即投资回报率。在现实工作中，或许你不能完全用数字来说明哪个培训的投资回报率大，哪个培训的投资回报率小。但没有关系，当我们的企业或者个人决定究竟要参加哪些培训时候，用投资回报率也是一种思考方法，即使没有具体的数字，你也可以用这个思维指导自己，从而投资于回报率高的培训。

○ 第十七项
如何形成有效的培训发展计划

案例

又开始写一年一度的发展计划了。

会计主管小张的发展计划是：

✓ 参加公司组织的相关会计税法的培训，如果可能，报一个学习班；

✓ 参加新概念第二册学习辅导班培训，大力提高英语口语和听力。

安全主管也在写发展计划，但安全主管想来想去觉得这不是自己的工作呀，应该 HR 来给我写这个发展计划吧，HR 不就是负责培训和发展的吗？

生产经理写的发展计划是：

✓ 向刘博士学习生产计划的知识，确保年度生产计划完成率 90% 以上；

✓ 向运营总监学习如何优化固定资产配置，确保提高 10% 的投资收益率；

✓ 跟设备供应商的工程师和现场主管学习新设备的运营原理，确保污水达标率 100%；

✓ 加强领导力发展，有效提升团队战斗力，达到国内一流。

常见问题

- 只要涉及培训与发展，就是 HR 的责任。

经理或主管通常会认为，只要涉及培训，就需要 HR 来安排和协调，一切和培训相关的工作等着 HR 来写来做吧。要培训什么，要发展什么，去哪里培训……统统找 HR 吧。

- 只要与培训发展相关的，就应该在教室进行才算是培训发展。

员工通常会认为培训工作就应该在教室、会议室通过老师上课的方式来进行，需要老师在教室内用黑板或投影仪上课，学员在下面听课认真做笔记。这才算是培训发展。

- 只要涉及培训，就应该高价聘请外部的专家来。

大部分人想到的是要么请外部的专家来公司上课，要么就派出去上公开课，或者去某某大学学一个什么 MBA、EMBA 等。

- 培训是领导激励员工的手段。

好不容易有一个名额可以去参加培训，领导左琢磨右琢磨，不是谁需要参加这次培训，而是觉得谁需要激励一下，就派谁参加某个培训。

- 把发展计划写成年度目标了。

比如上述生产经理的"向刘博士学习生产计划的知识，确保年度生产计划完成率 90% 以上""向运营总监学习如何优化固定资产配置，确保提高 10% 的投资收益率"。

- 对培训方式的选择，没有考虑实际需要的资源。

同样要发展一种能力，可以通过很多方式进行，有时选择一种需要大量时间和成本的培训方式，比如参加一个中欧商学院的 MBA，至于现不现实不考虑。

- 不够清晰。

很多时候，制订的发展计划很模糊，不够量化、细化，结果当回顾的时候，根本不能衡量取得了什么进展。比如案例中的"大力提高英语口语""加强领导力发展""争取达到国内一流""提升沟通和表达能力"。

解决思路

- 首先思考，你究竟要培训发展什么。

任何发展计划都是基于你的培训需求而来，而不是谁分派的。关于如何寻找培训需求，参见本书其他有关章节。

- 当有了发展需求后，则要决定优先要发展的顺序。

下面是应考虑的核心要点：

（1）优先考虑为了完成当前工作或即将要承担的工作而需要发展的关键能力。如果你是做部门经理的，则带领团队是你的关键任务。此时你既想培养带团队的能力，又想学习如何用 excel 画图表，则孰轻孰重不言而喻。

（2）如果你有好多个关键能力要发展，优先考虑能明显影响业绩的能力。看图 4-1，纵轴是该能力在某一水平时对业绩的贡献和影响，横轴是该能力在可比较人群中的相对位置。该曲线的意义是，当一项能力在可比较人群中低于 20% 或高于 80% 时，能力的提升对业绩的影响最为明显，即该能力水平升降与业绩显著相关。当能力处在中不溜的 20% 到 80% 时，该能力水平升降与业绩相关性没有那么明显。如果某项能力是为了完成关键任务而必需的关键能力，且目前在 20% 以内，则要加紧培训，否则变成影响你业绩的致命缺陷。另外，如果一个能力超过了 80% 的人时，也可以大力发展，此时的发展是为了让你的优势更突出，业绩更明显提升。

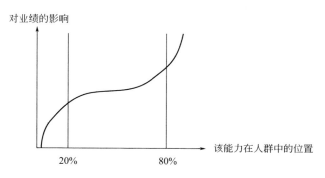

图 4-1　业绩能力在人群中分布曲线图

（3）先易后难，容易培养和发展的能力优先。有的能力很难发展，需要投入大量时间；而有的能力相对容易发展。一般情况下先易后难，先发展那些容易发展的能力项。

（4）思考投资回报。有的时候，或许你最想发展那些容易发展的能力，但你如果从投资回报的角度分析，或许结论不一样。因为，如果投入（时间、精力、资金）很多，长期回报也很大，则即使难发展也要发展，比如外语能力。因此，真正要放弃的是既很难发展，且从长期（业绩、收入、晋升、威信等）来看回报又很低的能力项目！

- 发展计划应该符合 SMART❶原则。

下面是一些例子，如图 4-2 所示。

---

❶SMART 原则：绩效指标必须是具体的（Specific）；可以衡量的（Measurable）；可以达到的（Attainable）；相关的（Relevant）；明确的截至期限（Time-bound）。

原发展计划 （笼统的/模糊的）	改进后的发展计划 （符合 SMART 原则的）
大力提高英语口语	（1）每天听 BBC 10 分钟，并把新单词记录到笔记本上 （2）每周至少找一次机会去英语角与外籍人员交流 20 分钟
加强领导力发展	（1）在年底前，参加公司组织的领导力训练营全部培训课程，回到公司后给本部门主管培训新学到的管理概念和思路 （2）在 6 月底之前，负责一个为期 4 个月的跨团队项目，重点练习在课堂上学到的管理概念和思路，如时间管理、授权技巧、影响力技巧等

图 4-2 原发展计划按 SMART 原则修改示例

- 运用"70/20/10"原则，制订发展计划。

"70/20/10 法则"是三种类型的学习方式，也是专家们的一项研究成果。该研究发现，人类的成长和发展，70% 的成长与发展来源于实践中的锻炼，20% 是来源于向他人学习、反馈与互动，而只有 10% 是来源于教室的中规中矩的课堂培训。让我们来进一步罗列三种学习方式的常见形式，以便你能更好地理解。

（1）10% 课堂培训。常见形式有：参加正式培训、MBA 辅导班、专业会议，阅读专业书籍、杂志、论文、文献，浏览专业网站、视频，考专业证书、执照、职称，阅读企业内部规章制度，参加企业内部的论坛与培训及加速提升管理的项目和各种会议，研究企业内部成功、失败的案例等。

（2）20% 相互学习与反馈。常见形式有：观察和模仿其他同事的做法，请同事对自己的工作进行点评评价，寻求对方的建议和反馈、360 度的反馈，找学习伙伴，选优秀员工作为自己的导师或教练，定期和某高管汇报工作并听取反馈，拜访同行和企业，学习最佳实践做法，担任讲师演讲并寻求他人对自己演讲效果的反馈，对别人的做法提出自己的点评和看法。

（3）70% 在岗锻炼培训。常见形式有：参与项目组，管理更多下属，海外外派，管理一个团队变为管理多个跨部门团队，跨部门轮岗学习，处理应急事件，处理异常复杂问题，变革管理（工艺、流程），扩大工作职责范围，从生产一线调入总部，从总部办公室调入一线工作，建立某方面的标杆标准，领导一个项目，评价其他同事，代理一个岗位，开辟新市场和新领域，处理一起事故，承担一个从零开始的工作任务，参与矫正错误，解决一个生产中遇到的瓶颈问题，接手一个糟糕的团队，和外国派来的外籍人员一起工作，和自己观点完全相反的人一起工作，和难缠和客户／领导／同事一起工作，做一个艰难的决策，部门轮岗，参加一项制订战略的行动计划，和大家认可的同事／专家一起工作，搜集整理某一方面的知识，汇总知识手册并且培训其他同事，重新拆装一条生产线等。

- 上下级双方的确认。

任何发展，都需要上级给予支持。因此如果员工的发展计划得到上级支持，则上级就能给员工提供更多学习和锻炼的机会，这样的发展也就有更多的回报。

- 发展计划贵于落实和执行，而不在于写了多少。

很多员工，写的时候天马行空，想到哪里写到哪里，甚至满满地写了十多个行动计划，恨不得一口吃成大胖子。作为经理的你，应该引导和提醒员工思考可行性的问题。根据笔者的经验，写二到三条发展计划且能落实到位就很不错了！很多员工报名的时候很积极，但真正要参加培训的时候，则找各种借口不参加培训！

- 把"要我学"变成"我要学"，增强员工对自己发展的责任感。
- 任何培训的行动计划，应该有背后资源的支持。

部门经理在给员工安排培训时，应该考虑能否在资金、设备、时间上给员工支持，如果做不到，就不要放进去。

○ 第十八项

如何使员工对自己的发展有责任感

案例

年初 HR 发出邮件要求大家写年度目标及发展计划。老李是一个在销售主管位置有 10 年多经验的老主管了。老李的经理作为例行工作的一部分要求老李写发展计划。老李一脸茫然，很坦诚地对自己的上级经理说："我在此岗位这么多年了，还需要学习和发展什么能力吗？如果我都不算胜任岗位那还有谁算是胜任的呢？过去几年的发展计划有哪个真正实施了呢？发展计划谁来关心过呢？我要上的几门课公司一直说会请外面的老师来讲，但到现在也没有来呀？再说了，就算我进步了，我也没什么关系后门的，我能上升到哪儿去呢？为什么非得发展呢？就现在这样不也挺好的吗？再说没有发展计划不也照样拿工资奖金吗……算了，我也不为难你了，我就把去年的发展计划再抄一遍吧，不然人事部又会来为难你，你当这个经理也不容易。"

老李的经理没有想到老李会有这一连串的问题。这些问题，他也从来没有想过，只是感觉好像身边没有人把发展计划当回事，即使写了几条，也是催了再催，没有人认真去思考这个问题。平时没有人提起，还想不起自己还有发展计划呢。发展计划渐渐变成一个工作的负担，没有人愿意主动说起自己的发展计划，只是被动地偶尔在会上说一下，实在不行要应付检查，则写上几条不痛不痒的发展计划上交了事……

常见问题

- 员工认为自己不需要发展。

就像案例中的老李，很多员工在一个位置待得久了，看不到自己能力上的不足，自我感觉良好，不认为自己还有什么要发展的能力，对自己的能力挺满意的，因此认为发展是多余的，那是别人的事情。

- 员工认为自己已经很忙了，哪里有时间发展。

员工容易把发展当成一项负担、一项额外任务，因此老觉得日常工作和业务就够忙的了，哪还有时间谈发展，哪有时间关心发展呢！

- **员工对发展计划没有主人翁精神（ownership），没有责任感。**

从写发展计划，到追踪落实计划，到计划完成情况的回顾，员工只是被动地在被催着走。员工自己不在乎发展计划，倒是 HR 对员工的发展计划的执行情况比员工还着急，真是皇帝不急太监急。但归根到底发展计划究竟是为了 HR 的政策还是为了员工自己能力的提高呢？

- **直线经理没有培养员工、培养接班人的意识。**

很多经理认为，发展是员工自己的事情，有的部门经理甚至说："我能把牛牵到河边，但我不能按着牛头喝水呀。员工不愿意学习我有什么办法？"当员工找经理说起发展计划的事情时，有的经理也持一种不屑的态度，很多经理认为下属能把目前的工作做好就"阿弥陀佛"了，还指望培养成接班人？做梦吧。

- **业绩差的员工往往更需要检讨能力上的不足，但他们更愿意找各种借口不承认自己有什么能力问题。**

- **没有发展的压力，做好做坏一个样。**

很多公司没有一个内在的激励机制，员工发展与不发展一个样，经理培养与不培养下属一个样，能力的进步与不进步一个样……这样的内在管理环境下，员工既没有发展前进的动力，也没有害怕落后被淘汰的压力，得过且过。

- **企业没有创造相应配套的学习资源和环境。**

比如员工的确想学习某些常用的能力，如 Excel、PPT、Word 的使用，企业又不能提供相应的师资资源，这也在客观上使员工丧失了积极性。

- **企业没有机制确保培训效果的全过程跟踪落实。**

企业花了很多钱送员工去培训，回来后就像什么也没发生一样，根本没有用到实践中去，那么这个谁来负责呢？培训报名的时候很积极，但后来老师真来上课时，又找各种理由不上课，导致师资浪费，这个谁来跟踪？谁来负责？

解决思路

- **让员工有机会看到自己的能力差距（Insight）。**

为了让员工对自身能力素质有更好的洞察力，作为经理，需要做一些基础性的工作。

（1）要想方设法澄清各岗位角色的能力期望。比如我们常见的在具体岗位中的能力期望：任职资格有清晰的定义，有领导力、胜任力模型，对各种初、中、高级职称的细化的能力要求，有一般员工的通用能力与行为表现的期待。这些都是管理的基础工程，如果能做扎实，就能奠定一个标杆的能力期望。

（2）要建立合适的能力评价与反馈机制，让员工有机会知道自己的各项能力有几斤几两。这些评价机制包括对照岗位的任职资格要求，不断衡量在岗员工是否达到或超越了该任职资格的能力要求，如常见的岗前考核、试用期转正考核、转正后对能力要求的进一步考核、针对带队伍的领导人员的领导力水平考核（如360度评价、测评中心、能力倾向测试）等。

（3）需要创造合适的文化氛围，引导出一种鼓励发展与成长的团队氛围。比如可以倡导：

- 敢于批评与自我批评的行为；
- 能够放下心理防卫，且主动从身边的人那里寻求意见反馈的行为；
- 主动寻求发展也寻求别人帮助发展的行为；
- 敢于暴露自己的缺点并勇于担当和寻求进步的行为；
- 时常以先进模范或先进企业作为自己的标杆，找出能力差距的行为。

- **想办法给予员工发展的动力（Motivation），提升其积极性。**

（1）设置各种转正前的过关考核考试。比如招聘选拔时的考核考试、入职入岗的考核考试、试用期期间的考核考试、转正的考核考试，换句话说，直到该员工能够通过某个分数线时才能正式转正。如果这样做，则员工的学习动力将是巨大的，因为这涉及其能否在此岗位干下去的问题，如果机制的设置是这样的，则员工将不用扬鞭自奋蹄，员工一定比上级/比HR更着急！

（2）员工转正后就万事大吉了吗？当然不！要与时俱进。即使能够转正，不代表他就完全掌握了该岗位需要的知识与技能，此时应该定期地考核考试，以考核考试的成绩来决定其工资和奖金的水平，从而驱动员工不断取得业绩，不断提高自己的业务能力。在我们的薪资支付的4P（岗位、市场工资、在岗者的能力水平多大程度胜任该岗位、业绩）模型中，其中一项就是任职者能力水平在多大程度上满足岗位要求的能力水平，因此即使同一个人在同一岗位上，我们也可以要求其不断上进，不断向岗位要求的能力水平努力！当然这里的前提是岗位的知识、技能、能力以及经验等要求是清晰的、可以衡量的，考核考试的结果能一目了然地反映员工的实际能力水平。

（3）设计清晰的发展路径。很多公司设计了从管理上的上升通道，也设计了从专业系列角度的上升通道，比如销售实习生→销售助理→销售业务员→销售助理主管→销售主管→销售助理主任→销售主任→销售助理经理→销售经理……每个级别都有在知识、技能、能力、素质、经验等方面的要求，对应的工资和奖金水平也随之上升。这样就驱动员工不断向上攀升，在能力上不断提升。

（4）用淘汰或警告等措施增加危机感。比如有的公司内部规定，销售部门必须对产品知识很熟悉和了解，并进行产品知识季度测试，如果考试结果落入最后的10%且分数不足60分的，则将自动被认为不胜任岗位，其工作岗位将被调整到更低一级，薪随岗变，薪资也将相应调低到更低的一个级别。当然也有的公司，对于考试不合格的在职员工，发红牌警告，并给予一个月的宽限期，宽限期内可以申请再次参加考试，考试仍不合格的，则按照相关的调岗调薪处理。这种通过增加一定的危机感的方式，可以适用于所有岗位的员工，包括管理岗位的领导者，他们的业绩以及管理能力，可以通过360度评价等办法进行考核评价。生于忧患，死于安乐。一个组织若要有活力，就必须有危机感并传递下去，这样的组织才更容易在竞争的大潮中生存。

（5）可以考虑先签订培训协议促使学习和知识应用的发生。比如核算好费用，去培训之前，先签订协议，如果回来后不能运用到实践中去，则培训费用不能报销！另外，我们常见的比如报名学习英语的员工，事前让这些员工掏钱请老师来上课，如果能坚持出席完成80%的课程，则可以申请报销费用，否则就不能报销！这样迫使员工认真思考究竟要不要报名，一旦报名就必须来上课，否则就自己掏钱！这种做法就增加了员工对发展的责任和承诺。

（6）用机制逼迫经理们考虑自己的接班人的培养。比如很多公司会规定，任何经理，如何没有培养出自己的接班人，则自己就不能晋升；或者即使晋升了也要花10%的时间来培训岗位的接班人！

（7）树立成长与发展的模范。比如某员工通过自己的努力学习而不断成长的事迹，可以大力宣传。捕捉这方面的事例进行宣传，倡导一种学习发展的氛围。

- **构建能力培养体系，并使员工有学习平台。**

（1）规划和开发符合公司业务与战略需求的相应课程体系。有的课程尤其是公司的专业课程，需要公司内部的专业人员参与开发，当然有些通用素质或能力的课程可以用"外脑"或外购这部分课程教材。

（2）开发学习平台。比如可以建立公司的一个通用网站平台，大家可以登录进行学习和自测，也可以追踪学习记录。

（3）企业建立自己的微型大学或学院。很多大公司有自己的大学或管理学院，专门用于培育和发展各类人才，尤其是管理人才。

（4）大力发展自己的师资队伍，并建立相应的激励机制确保这些员工愿意成为师资队伍的一员去分享自己的经验和知识。有的企业也对经理或主管们有硬性的要求，以每年度上完多少堂课作为人才培养必须完成的任务。

（5）企业应建立自己的内部知识管理体系。尤其是存在于员工头脑中的隐性知识，比如相关知识、技能、诀窍、流程或做事的方法技巧等。这些隐性的知识如果不加以管理，则很容易随着员工的流失而流失！这些知识往往离散、隐形、价值高、未来收益大，且能给公司带来竞争优势。因此必须有专人去负责收集、整理、挖掘这类高价值的知识，使之显性化并可存储，能在员工之间传播。

- **构建人与人互动的学习体系。**

（1）建立导师制（mentor），确保传帮带制度落地。比如在新进员工与老员工之间、在新上任的经理与老经理之间、在高级管理者与基层管理者之间、在高级工程师与初级工程师之间。

（2）对关键高潜人才，可以适当邀请外部的教练（coach）辅导其成长与发展，持续跟踪与激励。也可以在某类人群之间组建兴趣小组，比如一些持续被评价为不合格的经理们，可以放在一起发展，他们之间应该有很多共同语言。

- **做中学，学中做。**

研究人员指出，人的一生中70%的能力是通过实践获得的。因此，作为员工，应该不断把通过各种渠道学到的知识和技能运用到实践中去，不断加以消化吸收，不断巩固学到的这些能力。同时作为员工的上级经理，需要有针对性地安排合适的工作给这些员工，让他们有机会在实际的工作中应用学到的知识。比如在课堂上学习了如何进行项目管理，则作为该员工的上级是否应考虑一个合适的项目让该员工负责呢？

○ 第十九项
如何给员工画好职业跑道

19

案例

某公司研发团队，三年前只有几个人。随着公司的快速发展，研发团队迅速从几个人到了五十多人。刚开始的时候，公司发展很快，出于工作的需要，很多老员工都被提拔成组长或项目经理了。开始还好，先来的当个小组长或项目经理也挺满意的。但近3年公司发展进入平稳期，没有什么扩张，研发团队一直保持在原来的规模。这样问题就来了，没有新的岗位和空缺，导致很多员工在同一岗位呆了3年或更长时间，没有什么晋升，好像还在原地踏步，很多人越工作越觉得没劲，越没有方向感，整个团队的士气慢慢低落，不断求新和不断钻研的激情也慢慢消失。研发总监看在眼里急在心里，如何让这个团队重新有活力？这些人似乎对自己的前途很迷茫，似乎觉得该学的已经学会了，在这家公司也没有什么好学的了，要么看在工资的份上继续熬下去，要么改行，要么一边工作一边找兼职赚点外快……

常见问题

- 没有努力方向。

很多员工在一个职位上做了2年或3年后，做着做着有了职业倦怠感，向上没有爬升的空间，何去何从？似乎只能通过跳槽这一条路来改变自己了。

- 员工自我满足，看不到能力差距。

很多员工在同一岗位上，做着做着就自以为已经很胜任这个岗位了，于是觉得企业给的工资低了，在这里屈才了……既没上进的动力，也没上进的压力，始终有一种怀才不遇的心态。没有比较，没有镜子，很多员工都容易滋生这种心态，尤其是在公司混了很多年的员工，更容易有这感觉。

- 人才断层，人才结构不合理。

公司没有一套体系管理专业技术人才，从来不做认真的盘点分析。结果一认真统计发现，同一团队大多是很新的人才，缺少中间层或上层的拔尖人才，或者相反，光有中高层人才没有低端的后备人才作为储备。长此以往人才队伍的结构不是金字塔形,而是其他的畸形结构。

- **人才要么流失,要么混日子。**

就像案例中的一样,很多人才,如果没有给其画好跑道,没有跑道去引导他们在职场上不断追求,那么这些员工容易心猿意马,找不到方向,找不到成就感。于是乎,要么走人,要么混日子。

- **最佳经验没有被归纳、总结、传承、分享、复制。**

最佳经验就应该是被提炼成企业倡导的职业化行为。企业员工每天在一线实战,每天都积累了很多经验教训,而这些很好的经验却随着人才的流失而流失,没有被有效归纳总结,没有被有效复制到其他员工身上。即使该经验没有随人才流失而流失,也只是散落于个人头脑中,看不见摸不着,不能转化为团队的战斗力。

解决思路

- **搭梯子。**

划定和设立不同系列的职业发展跑道,用此不断牵引员工的注意力,不断牵引员工向上、向职业化的方向发展。例如某公司的专业线/管理线跑道如图4-3所示。

图4-3 某公司专业线/管理线跑道示例

表 4-1 营销专员专业线/管理线跑道示例

级别	能力		经验	业绩	行为
	知识	技能			行为表现
一级营销员	■ 了解市场营销、商务谈判、竞标业务、货款流程知识特点 ■ 了解数据通信、接入网、传输网和网络设备的相关知识 …	■ 能够在他人指导下制订客户公关计划，计划内容对客户状况后能够基本准确、提出措施在实施后能够提升客户关系 ■ 能够在他人指导下制订渠道公关计划，计划内容基本反映所在区域渠道分销的发展 ■ 能够参与实施能促进渠道分销的发展 ■ 能够参与技术交流会、品牌推广考察活动、对所负责区域公司品牌的提升有所推动 …	在公司从事营销、客服工作半年以上	■ 以项目成员的身份成功运作过5个以上的一般项目；或以负责人的身份成功运作2个子项目 ■ 完全胜任地区级单一行业客户的公关工作	客户拜访与交往： ■ 预先了解客户个人背景、性格特点、热点问题等；以确定拜访的重心 ■ 拜访前做好充分的资料、文件、会谈内容、仪器设备等的准备
二级营销员	■ 熟悉市场营销、商务谈判、竞标业务、货款流程知识 ■ 了解组织运作、财务管理知识 ■ 熟悉相关行业客户关系特点 …	■ 客户需求分析结论准确、全面 ■ 分析找出市场的主要机会、问题点 ■ 市场规划可操作、能够结合公司的市场策略和市场实际情况有机结合，对实际市场运作有指导意义 …	在公司从事营销、客服工作1年以上	■ 以项目成员的身份成功运作过5次以上的一般项目；或以核心成员的身份成功运作2个较大难度项目 ■ 完全胜任地区级多行业客户的公关工作	组织高层客户拜访： ■ 根据所分析的客户特点，确定拜访活动需要达到的目标 ■ 调动最合适的资源，并提前以规范形式做好资源申请
三级营销员	■ 熟悉市场营销、商务谈判、组织运作、客标业务、物流管理、财务管理知识、信息管理知识 ■ 了解人力资源管理知识 ■ 熟悉相关行业客户关系特点 …	■ 市场潜力及需求分析结论准确、全面 ■ 能准确地抓住市场的机会、问题，对问题有一定的预见性，并有相应的防范措施 ■ 市场规划可操作，对实际市场运作有指导意义，有一定的创新 …	在公司从事营销、客服工作2年以上；半年以上对外贸易工作经验	■ 以项目组组长的身份成功运作过5次以上较大难度项目；或以核心成员的身份成功运作2个成功的重大项目 ■ 完全胜任地区级多行业客户的公关工作	市场分析： ■ 全面、准确地掌握区域经济发展、人口状况、客户群客户能力状况、发展情况、竞争客户群之间的合作情况，据此进行市场潜力分析与预测
四级	…	…		…	…
五级	…	…			

- **树镜子。**

对跑道上的不同等级，从需要的知识、技能、经验、业绩以及职业化行为方面进行定义，从而让员工可以与期望的标杆做比较。举例表 4-1 所示。

树镜子的过程，就是对标杆员工的最佳做法和最佳实践经验进行整理、归纳、概念化、书面化以及系统化的过程，这就是公司要求的职业化行为和要求。

- **做尺子。**

通过适当的评价方式和手段对员工的能力与行为进行量化打分评价，从而把员工放到适当的级别中去。比如某公司对某类研发人员的考核评价方法，如表 4-2 所示。

表 4-2　某公司对某类研发人员的考核评价方法

能力			行为
知识	技能	经验 / 业绩	行为表现
■ 公司组织知识考试 ■ 学员参加公司统一组织的考试，并获得知识考试积分	■ 员工申请材料提供本人专业技能方面真实有效的证据，由评价专家小组在评价会议上集体鉴定 ■ 各职种任职资格评价专家小组可以根据能力标准要求，制订专业能力评价细则，指导评价 ■ 常见的证据：工作产品、关键事件、第三方评价、证书	■ 员工通过申请材料提供本人专业经验与成果方面真实有效的证据，由公司评价专家小组在评价会议上集体鉴定 ■ 各评价专家小组可以根据能力标准要求，制订专业经验与成果评价细则，指导评价 ■ 比如常见的研发类证据：上市的产品、关键事件、第三方评价、证书申请技术专利等；发表学术论文数；完成技术攻关项目；新产品开发数；不同岗位类别有不同的证据类型	■ 对照行为标准要求，检查员工是否在日常开展工作的过程中展现这些要求的行为规范 ■ 行为评价由直接上级在例行的业绩考评环节进行评价和反馈 ■ 行为评价也可以使用360度反馈得到的信息

- **开发培训教材并建立知识技能学习平台。**

当我们定义了各等级的知识技能模块之后，则接下来的任务就是开发相应的学习教材，开发学习平台，组织大家学习和发展，为员工学习发展提供方便。

- **管理等级，给予动力和压力。**

对已经被评定为某等级的员工，其薪酬按照薪资管理制度进行调整，这能给予动力。但另外，等级也不是终身制的，根据能升能降原则，企业每 2 年对已获得资格等级的人员进行资格升级、保级和降级的评定，这样就可以给予适当的压力，避免在一个等级上躺着睡大觉。判断一个员工保级、升级还是降级的依据是过去 2 年业绩积分结果，如图 4-4 所示是某公司的规定：

等级调整	业绩积分要求	年度业绩积分规则
可考虑破格升级	业绩积分 =8 分	■ 年度业绩考核等级为 A 的获得 4 分 ■ 年度业绩考核等级为 B 的获得 3 分 ■ 年度业绩考核等级为 C 的获得 2 分 ■ 年度业绩考核等级为 D 的获得 1 分 ■ 年度业绩考核等级为 E 的获得 0 分
可保级，也可申请高一级	4 分 ≤ 业绩积分 ≤ 7 分	
必须降级	业绩积分 <4 分	

图 4-4　某公司判断员工保级、升级、降级依据

○ 第二十项
如何进行人才盘点

案例

　　某大型互联网公司最近业务发展很快,公司老总计划在一年之内在全国增设20家分公司,要求各个部门经理提供一份可以作为未来分公司领导者的候选人名单。部门经理不盘点不知道,细细盘点才发现,最近半年被其他互联网公司挖走了太多的核心骨干人才,而新进的员工连当前岗位都还不足以胜任,何谈未来分公司领导者岗位?

　　公司高层其实很重视人才管理,老总在大会小会也要求大家重视人才管理,而且也一直要求HR制订切实可行的方案。可惜就是太忙,即使要开个会静下心来好好探讨一下人才管理的问题都没有时间!导致多名业务骨干被挖。

　　像大多数公司一样,这家公司年复一年为员工制订了发展计划,没有对员工的发展进行实际的管理、强化、支持和资源保障。公司有一个宏伟的管理培训生计划,不过这些人都挂在各部门经理下面,这些经理们平时光业务就够忙的了,哪还有时间关注管理培训生?因此管培生大多是放羊式管理,并没有得到相应的发展和关照。因此一大半的管培生都辞职走了,即使还没走的,也心不在焉,也没有经历多少锻炼,怎么能在此关键时刻放到重要岗位带兵打仗呢?

　　老总满腔抱负,公司业务成倍扩张,可猛然回首,人在哪儿呢?全部靠挖竞争对手的墙角?一来成本太贵公司负担不起;二来,就算能挖过来,也可能不适应本公司的企业文化。老总陷入沉思……为什么年年喊抓人才队伍建设,却不知不觉走到现在的局面?

常见问题

● 人才短缺,猝不及防。

　　很多时候,因为市场机会好,公司业务得到迅速扩张和发展,公司的发展速度每年恨不得翻倍或翻数倍地成长。此时,很快就发现,很多管理岗位或关键技术岗位根本没人可用!业务可以一年翻数倍的成长,可是背后作为支撑的人才呢?十年树木，百年树人。如果平时没有人才意识，等到临时抱佛脚，根本来不及。

- **等到骨干人才交辞职信时才想起要珍惜挽留人才。**

很多时候，经理们把太多的时间用来关注业务、关注业绩、关注日复一日地日常运营，很少关注一下关键骨干人才的内心世界和需求。这种过度以业绩为导向的做法导致日常管理中对关键核心人才的诉求视而不见。渐渐地，这些人才慢慢产生辞职的想法，如果此时刚好外面有一个好机会诱惑一下，则很可能一封辞职信就到了公司人事部或经理面前。

- **盘点归盘点，没有后续行动。**

很多时候，一年一度的业绩考核，也捎带着让部门经理们按照人才盘点的思路，进行了人才盘点，但接下去就似乎什么也没有发生了，没有后续的跟进计划。这样的结果只能是该走的还是走，没有发展的继续没有发展，而公司内部该填的表格继续照猫画虎填着……

- **经理很忙没有时间考虑人才的问题。**

要开会！没有时间！很多时候，要经理们坐下来想想人才的问题，那根本就没时间，甚至有的直线经理直说了："我只管业务，人的问题是你们 HR 去想的问题，你们 HR 想好了告诉我就行了，如果要填一个表格，我可以几分钟填好，别的就别来烦我了。"

- **没有一个清晰的人才标准。**

有的公司，在总经理办公会上，一提到关于谁可以重用和提拔，高层之间明争暗斗，各说一词，公说公有理婆说婆有理，莫衷一是，无法有统一的共识，最后不了了之。

- **告知或暗示了高潜人才，然后无下文。**

公司花了很多时间讨论和评价出公司的高潜人才，告知高潜人才公司会如何如何重视与发展，但接下去就没有下文了，而高潜人才却在等着公司找他呢……

解决思路

- **清楚人才盘点的目的。**

公司组织人才盘点，其根本的目的在于以下几点。

✓ 根据本公司的实践和情况统一人才标准；

✓ 完善干部的选拔和评价机制；

✓ 对现有管理干部和骨干员工的胜任能力／业绩进行摸底和评估，识别出高潜力的后备人才；

✓ 对高潜力人才，制订出有针对性的培养和发展计划，加速培养一支有战斗力的管理干部队伍和技术骨干队伍，并以此达到保留骨干人才的目的；

✓ 同时，也对不能胜任的在岗人员形成鞭策机制，必要时强迫其退出相关岗位，促进整个组织和整个团队的能力持续提升和健康发展。

- 不同的公司用不同的人才分类思路。

（1）我们最熟悉的是古代的用道德与才能两个维度进行人才分类，如图4-5所示。

图4-5 道德与才能维度示意图

（2）用业绩与潜力两个维度分类。当前在企业界，用的最为广泛的是用业绩和潜力两个维度进行分类，每个维度分成低中高三个等级水平。这样就得到下列9种类型的人才，如图4-6所示。

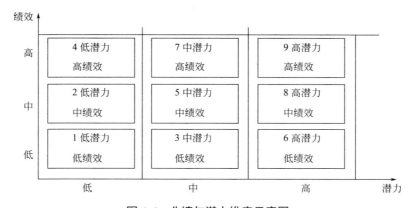

图4-6 业绩与潜力维度示意图

- 用恰当的标准衡量潜力。

不同的公司对如何评判一个人的潜力，有不同的定义和界定。下面是某知名猎头公司的界定思路，供参考。

（1）**够聪明**：学习力、适应力强，兴趣广，用前瞻战略的思维理解商业运作，足智多谋，能处理和解决复杂问题。

（2）**管自己**：正直诚信，道德模范，谦虚好学，敢于担当，抗挫折，负责任。

（3）**管他人**：能识别内外利益相关方，能影响和激励利益有关方并与之形成有效合作，组建高效团队。

（4）**管事情**：行动力强，克服阻力驱动业绩目标，有效计划组织协调控制并不断优化做事的流程与方法。

（5）**动力强**：高成就动机，不用扬鞭自奋蹄，为了实现职业目标而孜孜以求。

（6）**够敬业**：爱岗敬业，高度认同企业的文化和价值观，人在这里，心在这里，梦想在这里。

（7）**无缺陷**：比如在品德、关键能力、人际交往、团队建设、自我管理、智力等方面，没有明确的弱点缺陷。

- **用恰当的标准衡量业绩。**

不同的公司对如何综合评价个人业绩，有不同的定义和界定。下面是某知名猎头公司的界定思路，供参考。

（1）对公司知识和本岗位知识有深入的了解和掌握。

（2）每年的业绩考核等级都名列前茅，且非常稳定。

（3）在团队内部被认为是行业/技术/管理能手。

（4）在团队内部（或外部）都享有很高的荣誉或认可。

（5）在关键时刻能被依赖达成业绩。

- **业绩和潜力各分三等，构成九类人才，各类人才典型特征与关键行动计划如表 4-3 所示。**

表 4-3　九类人才示意表

类型	典型特征描述	关键行动计划
第1类 低潜力 低绩效	业绩达不到期望的水平，不能适应新的环境/新任务	■ 评估对组织价值 ■ 必要的 PIP 计划 ■ 调岗或减掉关键职责或辞退

续表

类型	典型特征描述	关键行动计划
第2类 低潜力 中绩效	业绩能达到期望的水平，对当前岗位很理解，但不能适应新的环境/新任务，专业兴趣狭窄	■ 继续在当前岗位 ■ 评估其学习能力与兴趣，决定是否安排一个更专业人员辅导之
第3类 中潜力 低绩效	可能刚入新岗位/新组织/或放错岗位，暂时没业绩，但有潜力承担更多角色或任务	■ 必要的PIP计划分配一些新任务或跨团队任务 ■ 可以找一个5类人员作为其辅导学习者
第4类 低潜力 高绩效	在所在特定领域持续业绩卓著，对岗位知识有深刻理解，对组织价值大，但对于专业之外的领域则很难适应	■ 部门领导关注其满意度，确保薪酬有竞争力 ■ 鼓励在专业领域深造，鼓励其与行业内专家多交流，并辅导他人传授知识或作为专业项目咨询者
第5类 中潜力 中绩效	能满足组织业绩期望，必要时能够适应新任务、新工作，并随着时间推移能做好	■ 7或8类人员作为其辅导者 ■ 分配一些更多样化的任务，着重培养对关键任务能力的发展
第6类 高潜力 低绩效	这群人或许刚到新岗位需要时间证明自己，要么因为某项重大失误而导致业绩不好，或者放错了岗位而业绩差，但他们潜力极强只要有时间或机会就能干好	■ 需要两级以上领导关注。检查其岗位或任务是否适合以及有挑战性。让其接触不同类型的人群，让第8类人作为其辅导者，有人跟踪和辅导其职业生涯
第7类 中潜力 高绩效	持续高绩效，在几个领域都出色，能够适应新任务、新挑战。可以考虑向专业领域或管理领域发展	■ 高层关注其满意度，促进其在内外专业领域建立联系，尽组织能力支付高薪留住 ■ 分派去领导一个专业领域或跨专业的一项任务 ■ 发展其领导力才能，有一个外部教练辅导其关键领导力的培养
第8类 高潜力 中绩效	能够满足业绩期望，有能力承担更大的挑战和新任务，有潜力使职业生涯发展变化和提升	■ 高层关注其满意度，保持薪资的竞争力 ■ 安排其在不同的任务、区域或不同的领导下去释放其潜力，外部教练协助发展关键领导力和持续评价与反馈 ■ 与高层保持接触互动
第9类 高潜力 高绩效	只要他承担的职责都能做得很出色，学习力强，能从一个领域到另一个领域快速过渡，并在时间压力大、资源有限的情况下取得成功，纵向和横向的职位变动都能成功	■ 最高层或集团层面要进行关注，有竞争力薪酬，以及长期激励计划 ■ 安排其在不同的任务、区域、业务范围、老板下锻炼其业绩，负责跨专业项目、跨公司项目 ■ 与高层互动，派一个资深高层辅导之，以及外部教练为其做关键领导力辅导，评估与反馈

- **公司应建立人才管理制度。**

作为一项长期的人才政策,企业应把人才管理当成一项重要工程来抓。企业的人才管理政策可能包括人才定义的标准,定期的盘点与回顾,量身定做的发展计划,专人辅导与跟踪高潜人才的发展计划落实情况,专项发展资金,高潜人才保留作为经理的考核指标之一等。

○ 第二十一项
如何决定领导力素质模型

21

案例

某人事部韩经理被送去参加了一堂免费公开课。课堂上老师大谈特谈领导力素质模型在人力资源管理的招聘、干部选拔、领导力发展、驱动企业战略实施等等方面的作用。很多知名企业的 HR 作为嘉宾，也在谈论自己企业的领导力素质模型……韩经理第二天找老板汇报工作，同时着重谈了在课堂上学到的新的知识概念，并游说老板应该建立企业自己的一套领导力素质模型。老板同意，并责成 HR 韩经理去草拟一个方案。韩经理左想右想，从网上搜了几家知名公司的领导力素质模型，并根据自己的理解从几家公司的素质能力中选择了十六个能力素质，交给了老板。老板看着还行，于是在总经理办公会上讨论。经理们各执一词，老板也不知如何是好，最后决定，大家投票吧，少数服从多数，得票最多的十个能力就是我们公司的领导力素质模型了，这样最公平了……

常见问题

- 赶个时髦，从网上抄一个就用。

当别的公司用领导力模型作为一种时髦的话题时，很多公司的人事部或老板也觉得，自己公司好像缺点什么，没什么叫得上号的，没什么体面的东西，因此也需要弄点时髦的模型出来。于是在网上搜了一番，随便找个看着顺眼的，就变成公司的领导力模型了。

- 从别的公司的抄来的。

企业的竞争过程中，自然有行业的领导者，而后面有无数的小企业的很多管理实践，也以行业的领导者作为标杆，这包括他们领导力素质模型。

- 从能力词典中挑选几个喜欢的。

也能有的企业看别的企业有领导力素质模型，心想自己也不能落后。于是就把能力词典翻开看看，左看看右看看，靠感觉，把几个自己能理解的或自己感觉还熟悉的能力，挑选出来，拼凑在一起，就成了企业领导力素质模型了。

- **一拍脑袋定的。**

更多的企业可能是人事部老说这个概念，老板于是沉思三秒，一拍脑袋，随口就说出了一些基本的对领导的要求，而这些就是领导力素质模型了。

- **几个人开会举手表决的。**

就像案例中的，让经理们自己思考需要什么领导能力，然后通过举手表决得到十个或八个能力，作为企业的领导力素质模型，并以此来要求企业的经理们。

解决思路

- **各国机构对领导力模型的探索与思考。**

（1）美国卡鲁创业家协会。美国卡鲁创业家协会对 75 位成功企业家进行调查，成功的领导人应该具备的共同特征是：

– 健康的身体

– 自信

– 控制及指挥欲望

– 紧迫感

– 广博的知识

– 脚踏实地

– 超人的观念化能力和整合能力

– 不在乎地位、不计较虚名

– 客观的人际关系态度

– 情绪稳定、坚强自忍

– 乐于接受挑战、承担风险

– 竭尽全力投入

（2）日本企业界。日本企业界要求企业家具有十种能力、十种品德。

✓ 十种能力：

– 思维决策能力

– 劝说能力

- 规划能力
- 对人的理解能力
- 判断能力
- 解决问题的能力
- 改造能力
- 培养下级的能力
- 洞察能力
- 调动积极性的能力

✓ 十种品德：
- 使命感
- 责任感
- 信赖感
- 积极性
- 诚实
- 进取心
- 忍耐
- 公平
- 热情
- 勇气

（3）GE领导力模型。通用电气GE公司对企业领导人的4E要求如下。

- Energy：第一是要有对付急剧变化节奏的"精力"。

- Energizer：第二是能"激发活力"，就是要有能力使组织兴奋起来，能激励鼓动人们去采取行动。

- Edge：第三要有"锋芒"，要有自信和勇气去面对棘手的问题，要说"是"或"不是"。

- Execute：第四就是要"实施"，即永远都要兑现承诺，决不让人失望。

（4）全球知名猎头光辉国际Lominger领导力模型。全球知名猎头公司，专门挖猎全球的CEO和高管，他们经过30多年的追踪研究，将领导力素质模型大致概括如下。

✓ 智慧
- 理解商业运作：商业洞见，客户导向，商业敏锐，技术悟性。
- 商业决策：管理复杂局面，决策质量，平衡各利益方。
- 变革与创新：战略与概念思维，培养和鼓励创新。

✓ 管事
- 大胆变革与创新
- 行动导向
- 有效计划组织协调控制
- 足智多谋多点子而使问题解决
- 持续的流程优化与改进

✓ 管人
- 建立合作关系：建立人际网络，有效管控冲突，有效维护合作关系，有良好的人际技能。
- 组建高效团队：善于识别、吸引、使用、发展和保留人才。
- 激励与影响：善于激励团队，善于激励个体，高度的组织敏锐度。

✓ 管自己
- 品质过硬：正直、勇气、可信任、敢担当。
- 谦虚好学：良好的自我认知，积极进取。
- 适应性好：能适应新环境，能承受挫折。
- 执着进取：对目标和事业执着，有激情。

（5）是否有明显的脱轨因素：比如有道德问题，过分野心，情绪失控……

✓ 万科领导力模型：战略思维／市场敏锐／关系能力／有效决策／组织执行／用心尊重／教练辅导

✓ IMB 领导力模型：与客户战略合作／拥抱变革／赢得信任／驱动业绩／发展人才／激情敬业／战略冒险／决策质量／横向思维／协同影响

- 企业领导力素质模型构建的一般思考流程。

✓ 企业的竞争战略和目标是什么？
✓ 驱动战略实施的关键成功因素是什么？
✓ 企业需要的核心能力是什么？

✓ 领导层需要什么样的核心能力？究竟哪些能力最能影响目前在职经理们的业绩从而使其脱颖而出？比如，初步选出前 15 项能力。

✓ 用一些问题来检验是否是核心领导能力：

✓ 过往面临的常见的挑战是什么？

✓ 能使在岗经理们有效迎接这些挑战的能力是什么？

✓ 如果没有某项能力，会造成什么样的灾难性后果？

✓ 分析企业内部在职的优秀经理们,他们身上具有什么样的共性的能力与特质，从而使他们比别的在职经理更加优秀？

● 企业高层、中层和基层的领导力素质应该是不同的，有所侧重的。

比如你的企业是一家制造业企业，高、中、基层领导力素质分别侧重如下。

高层：国际视野，商业敏锐性，应对不明朗局面，管理愿景与目的，创新精神，统筹规划，战略管理。

中层：识别与培养人才，组建高效团队，建立综合工作体系，构建合作关系，追求成效，变革与创新，激励他人，组织敏锐，业务专业。

基层：流程改进与落实，5S 现场管理，计划组织协调控制，问题解决，落实变革举措，专业与业务精进，管理和衡量工作。

● 同一企业中，不同的专业部门，也可以有所侧重。

○ 第二十二项
如何选出你的接班人

案例

某公司经过多年的快速发展，发现人才短缺。于是老总一声令下要求各经理推荐中层以上领导岗位的接班人。

财务部经理很困惑，选谁呢？部门里面这二十多人，都有各自的优点和弱点。经理左想右想，最后他选了一个在跨国公司干过的员工。因为在财务经理看来，有这样的背景，将来公司走向国际化时该员工的背景正好用得上。

制造部经理也在想，选谁呢？最后制造部经理选了一个在公司有10年工龄的老员工。制造经理的想法是该员工很敬业，热爱工作，勤勤恳恳，只有这种敬业精神才能起到领导的带头和模范作用。

销售经理也在想，选谁呢？左想右想，最后选了一个今年刚来就拿了个人销售冠军的员工。销售经理想在销售这样的部门，全部都是业绩挂帅，只有业绩才能服人，业绩就是能力的最好证明！

采购部经理为此事很为难。部门里有一个叫小刘的员工其实很优秀，各方面都好，但就是太爱财了，总是喜欢收一点回扣。另一个叫小张的员工也很优秀，就是普通话不太标准，说话总带些地方口音。最后，采购经理还是选了第三个，小赵，原因是小赵这些年虽然没有什么太突出的能力和业绩，但也还算过得去，至少一直很稳，没有什么明显的缺点⋯⋯

常见问题

● 以一个闪光点作为标准选定接班人。

很多经理在选择自己的接班人时，可能只看到下属的一个闪光点就做出了选择。比如该员工有高学历，或善于对外经营关系，或能写一手好文章，或有一段光鲜的跨国公司工作背景，或名牌大学等。

- 一叶障目不见泰山，看到某项不足就全盘否定。

比如脾气不好，或长相不足，或普通话不准确，或大龄未婚，或太内向，或大嗓门，或有时不守时，或有时不遵守规章制度，或急性子，或计划性不强等等。

- 用短期的业绩或只用业绩作为接班人的全部参考因素。

很多部门经理人告诉我，不管白猫黑猫，只要能抓到老鼠的就是好猫。一切业绩挂帅，唯业绩论英雄。能完成指标的就是英雄，不能完成指标的就是狗熊，狗熊还能当接班人？

- 对员工的评价靠自己的有限接触和直觉。

很多经理人，管理人数众多的下属，平常很忙没有机会和下属员工打交道，对下面的管理就像放羊一样。有的经理人，甚至几个月都见不到几次下属，还谈什么对下属的了解呢。如果什么都不了解，那这样的评价结论还可信吗？

- 对一个员工的评价只基于自己的片面认识，没有从其他渠道了解该员工的表现。

有的下属，很会在领导面前表演，领导在的时候是一副嘴脸，领导不在的时又是另一副嘴脸。其能力与品行很差，只要与该员工有接触的同事、客户、下属以及其他同事甚至地球人都知道，可惜就是该员工的直线领导不知道！周围的同事对其抱怨都满天飞了，可惜其直线经理完全被蒙在鼓里！

- 现在是接班人是领导身边的红人，但半年后领导一换，就又不是接班人了，甚至要被新领导开除。

企业的组织结构常常变，领导人或管理人员也走马灯似的换来换去。同一个员工，在该领导看来是天才，但换一个领导看来就几乎是白痴。不同的领导有不同的偏好，因此每个领导人都用自己的眼光和自己的标准、自己的感觉进行主观判断。

解决思路

- 用领导力素质模型来全面衡量员工的领导潜力。
- 辩证看待业绩与能力（潜力）的关系。

这是一个业绩为王的时代。业绩固然是一个判断员工领导潜力的重要参考要素，但绝不是全部要素。

✓ 首先，业绩的好与不好，都是与目标标杆相比较而言的，是相对的。比如，一个跳高运动员能跳 1.8 米高。如果你把标杆调为 1.7 米，则这个运动员能一跃而过跳出 1.8 米，很优秀！反之，如果你把标杆调为 1.9 米，同样跳出了 1.8 米的成绩，但你的结论却是未达标！何以有完全不同的结论？原因就在于当初目标设定的合理性问题，如果设定为 1.7 米是合理的，则我们应该认为该运动员很优秀。反之，如果设定为 1.9 米才是合理的，则我们应该认为该员工不达标！同理，企业也一样，在你完全以业绩成败论英雄的时候，是否想过该员工的目标是否合理呢？如果不合理，那这样的业绩等级（优良中差）有什么参考意义吗？

✓ 就算你认为目标是合理的，员工也超越了目标，那该员工就是能力优秀的吗？也未必！举例说吧，一个在海南卖制热空调的销售员，其实这家伙很无能也很懒，但刚好今年冬天遇到百年一遇的寒潮，他卖出了很多空调，完全超越了当初设定的目标，我们能说这个员工因为超越了当初的业绩目标而得出该员工很优秀能力很强的结论吗？

✓ 就算目标合理，没有环境因素中的运气成分，业绩不好也不能说该员工的能力就低。大家想想，继续刚才的运动员设置标杆高度的案例。如果设定的 1.7 米高度是合理的，请问，是否该运动员跳不过就一定能力不行呢？未必！因为，这可能跟运动员的意愿和努力有关。如果运动员不努力跳，持一种无所谓的态度，则跳出的业绩展现的能力也不是真实的。

✓ 用一个公式来表达上述这种关联关系：业绩等级 = 实际达成的业绩水平（能力 + 努力 + 内 / 外环境因素）/ 合理的目标水平。

● **让员工有释放领导潜力的机会，也让领导有观察潜力的机会，这就是相马不如直接赛马的思路。**

俗话说，是骡子是马拉出来遛遛。有企业老总也说，相马不赛马。企业要识别人才，就得把人才放在具体的有挑战性的工作任务和工作情境中去检验，这才能有效识别人与人之间的能力差距。

企业的部门经理们是否想过让下属经历一些既能锻炼下属、检验下属能力，又能为企业带来改变，同时也能激发员工释放潜力的机会呢？比如用下面的挑战性任务来鉴定接班人的潜力水平，如表 4-4 所示。

表 4-4 鉴定接班人潜力挑战性任务表

够聪明	放到一个需要快速学习的新任务中去 制订部门或企业竞争策略 解决一个棘手的复杂问题 从一线现场到总部办公室从事战略研究和政策制定
管自己	放到有利益冲突的位置上 放到需要抵挡诱惑的位置上 放到有机会撒谎的任务中 放到一个容易扯皮、工作职责不清的环境中，或制造困难使之失败
管他人	担任需要跨部门协调的项目经理 处理人际冲突 带领一个士气低迷的团队走出困境 领导一次变革
管事情	承担一个工期紧、任务艰巨的任务 解决一个顽固的历史问题 围绕降低成本的目标，落实各项整顿和流程改造 接手一个效率低下的生产线

- **兼听则明，偏听则暗，多维度多视角评价员工潜力和能力，而不是领导的单一视角和单一评价。**

俗话说，群众的眼睛是雪亮的。如果一个经理，光坐在办公室靠与下属的有限接触而判定下属的业绩表现以及能力水平，那肯定是片面的、不客观的，该结论也是不可靠的。但如果能从多个角度进行评价，则这种综合的评价信息会更客观和更可靠。

- **辩证看待员工的缺点或不足。**

金无足赤人无完人，水至清则无鱼。如果要死套领导力模型，要找到一个能满足模型全部要素要求的所谓理想人才，则很可能你的企业就真的没有人才了。某经理告诉我说，张三脾气不好，李四普通话都讲不标准，王五老后院起火跟老婆闹离婚，……有的太内向，有的不诚实，有的没有勇气只做老好人，有的不会电脑连一般的PPT/Excel都不会用，有的说话声音大，有的逻辑思维不行，有的没有上进心，有的长得丑，有的写的字难看，有的不会时间管理，有的不会组织会议，有的没有号召力、影响力……环顾四周，无人可用！

任何人才都是有不足、有瑕疵的，那如何正确看待这些不足呢？

✓ 该不足是否是影响领导潜力的主要能力要素，是否会明显影响领导力发挥。比如上述提到的字写得难看会影响领导力吗？声音大会影响领导力吗？都不会，因此，不能以此而否定员工。

✓ 该不足是否表面看是不足，但本身就有两面性且有优势的一面？比如上述的太内向的人固然不善于人际交往但为人真诚，有善于学习自省的优点。又比如上述提到的爱骂人，这本身也有两面性，爱挑毛病意味着对人对己的要求高，能严格要求下属，不能容忍业绩低下的表现。

✓ 该不足是可以有效控制的吗？比如员工自己有此不足，但有自知之明，能有效管控此不足。比如某员工爱骂人，但能很好地控制自己。或者在某个岗位上，该不足得不到放大。

✓ 该不足是否能够被有效提升改变。比如时间管理，比如组织会议等，这些能力很容易通过培训获得提升。另外，员工的长处有时也可以弥补某些不足，比如善于学习且努力学习，就能弥补很多能力的不足，并获得快速提升！但有些能力或品质，是不容易学习而获得提升的，比如解决复杂问题的能力，比如诚实，比如勇敢正义等，后天的培训很难提升这些能力！

✓ 还有一种情况，即一个人的总体优势非常明显，从而大大掩盖了或抵消了不足带来的负能量，那仍然是一个好苗子，也值得企业培养。就像一张考试卷，即使有一两道题目做不对倒扣分，但总体上仍然能得高分一样。这种情况下，优势带来的正能量远远高于不足带来的负能量，此时该不足不至于对总体带来严重的或灾难性的后果。

✓ 识别会影响领导潜力的致命情形，此时需要一票否决。

有些不足可能是非常致命的，当一个不足满足下列情形时，需要一票否决：

✓ 该不足恰恰在领导者必须有的关键能力上，比如难与人相处；

✓ 该不足不能够被轻易培养，或者很难培养，比如心眼小，自私自利；

✓ 该不足很明显，足以大大影响该领导者的业绩，比如懒惰没有上进心，追求安逸；

✓ 该不足没法被有效控制，比如情绪总是易失控。

● **适当用一些外面的评价工具进行客观衡量。**

在外部的市场，很多人力资源咨询公司都能帮助企业进行领导潜力评价，比如DDI，PDI，MERCER等机构。当然也有很多本土的咨询公司能帮助企业做这样的领导力评价。常用的评价方法有企业内部的360度评价，人才测评中心常用到的智力测试、语言能力测试、数理能力测试、公文筐练习、角色扮演、小组面试、无领导小组、性格测试等，这些都是帮助企业对员工潜力做出评价的常用工具。

○ 第二十三项
如何培养与发展领导力

23

案例

某公司老总对中层干部的领导力很不满意，迫切希望能立即改变现状。人事部于是向老总推荐了能提供领导力全方位培训的咨询公司，该公司能提供诸如执行力、流程管理、战略管理、销售沟通技巧、团队建设、激励下属、时间管理、会议管理、授权等大部分领导力课程。老总一看，很高兴，按照培训公司的建议，花巨资让所有经理进行为期半个月的全封闭培训，企图通过这次培训恶补一下，全面提升中层以上干部队伍的领导力水平！

培训过程中，某经理 A 找 HR 经理抱怨道："这些培训花的钱真很浪费呢。我不知道我还要学习什么，说实话，我都已经学习过哈佛的管理课程了，还要学这些吗？"

某经理 B 也找 HR 经理抱怨："我在上一家公司就学过这些理论了，我担任经理都十年了，都能当老师了，还需要学这些小儿科的理论？就这点东西谁不会呢"

某经理 C 也找 HR 经理抱怨："老总知道，我半年后就辞职了，还学这些干啥呢？"

某经理 D 也找 HR 经理，悄悄抱怨："最应该学这些课程的人，其实是老总自己！"

半个月飞快过去了，老总带着热切的期盼，期盼着奇迹会发生……

可惜事与愿违，课堂上那些精彩的理论，那么多管理大师的智慧，这些经理们回到工作中却还是老样子！经理们之间，原来该扯皮的照样扯皮，会议效率照样低下，执行力也没有什么提升，该授权的照样不会授权，该推卸责任的照样推卸责任……老总心想，这么好的领导力课程，很多知名公司的中层干部也参加，为什么这些知名公司的经理就能学有所用，而本企业的干部就不行呢？老总一脸茫然……

常见问题

● **高层认为中层干部的领导能力欠缺需要大力培养，但中层干部却不这样认为。**
很多经理认为自己带团队当领导也已经有十几年了，带队伍嘛，已经很老到了，没有必要学习了，应该是自己去培训别人才对呢！

- **很多经理总觉得干得没劲，没动力去提升什么领导力！**

很多部门经理深深知道自己欠缺领导力，但干着没劲，做一天和尚撞一天钟，眼看周边那么多比自己还烂的经理不一样在混着吗，不一样拿工资拿奖金吗？再说，这些经理早就身在曹营心在汉了！

- **经理认为最需要提升领导力的是老总。**

在日常的工作中，我经常发现，老总很重视培养干部的领导力。但在培训过程中，这些干部就说了："老师，你讲的这些都很好，不过最需要听这门课的，不是我们，而是我们的老总！你先给他上上课吧，否则我们学了也派不上用场，光改变我们没用，要改变的其实是老总自己！他要是不学，那我们跟他谈话就是对牛弹琴哪！"

- **没有培训，也没有时间培训，靠自己的悟性成长。**

很多经理和干部们提拔得太快，直接连升三级放到很重要的领导岗位上，平时工作太忙，实在没有时间学习发展。这些经理的老板还鼓吹说："在战争中学习战争，工作本身就是最好的培训了，你们自己悟吧，我就是这样过来的！"

- **选错了人才，结果就像培养猪爬树那么艰难。**

很多时候，领导在选拔干部和储备干部时，仅仅根据下属的业绩、学历、平时模糊的印象或某一技之长做出任命决定。结果在实践中，花了很多时间培养发展其领导力，仍然收效甚微，事倍功半。

- **以为参加了领导力课程，领导力就会有立竿见影的飞跃式提升，就像案例中的老总。**

有的公司老总被忽悠，于是花大价钱搞封闭式学习培训，恨不得一口吃成一个大胖子。殊不知，领导力岂非一日之功？

- **照搬照抄其他知名公司做法，但只知其一，不知其二。**

很多中小企业盲目学习一些大企业的方式方法，比如开一个自己的大学，开个管理学院之类的。这的确学到一些形式，但要真正有效果，可不仅仅就这几堂课的功夫。而这些大企业在其他方面下的功夫，中小企业也看到了吗？也做了吗？

解决思路

- 培训之前，让干部们对自己的领导能力有清醒的认识（Insight）。

很多时候老总认为公司的干部队伍领导力太弱，需要大力整顿和提高，需要恶补才能和对手竞争。这或许是事实，可是这不等于是领导干部对自己的认识呀。很多情况是，领导干部并不认为自己有什么领导力不足，尤其是资格老的领导干部，更是很自信自己的领导力没有问题。此时，如果缺乏这些基本的自我认识，就盲目送他们去学习什么领导力课程，他们带着一种鄙视、自满和抵触的情绪上课，培训效果还能好吗！

- 要有激励机制（Motivation），确保这些中层干部学了以后，在日常的工作中勤加应用。

很多公司花钱大力组织了很多形形色色的领导力课程，也请了很多知名的专家来"洗脑"，这些干部们也很认可这些专家的管理理念，但这些领导干部回到工作中，有动力去应用这些学到的管理理念吗？真的下工夫改变自己的工作模式和行为吗？没有！因此，课堂上再好的东西，如果学了不用，对企业来说，有什么意义呢？因此，公司需要做的是考虑如何调动这些干部的积极性去学以致用。

老总或公司高层可以站在中层干部的角度，从正反两方面思考这些问题：

✓ 如果用了，我的业绩真能提升吗？如果不能提升，谁能帮我扫清障碍？

✓ 如果用了，我的业绩和能力的提升部分，可以看得见吗？如何衡量与评价？谁告诉我？

✓ 如果业绩和领导力提升了，上级在乎吗？会看到吗？对上级的工作业绩有何影响？

✓ 如果上级知道我的业绩和能力提升了，对我有什么好处吗？

✓ 如果学以致用，领导力提升对我的职业生涯发展有什么好处？

✓ 如果不学以致用，后果是什么？会被公司淘汰？被降级？降工资？

✓ 如果不学以致用，考试不通过，上那些培训课的钱，就不能报销了吗？需要自己承担？

✓ 如果不学以致用，团队的业绩会如何被影响？团队士气会如何被影响？我的年度考核等级将如何被影响？

……

基于这些认识，公司领导就该思考应该出台什么样的政策，才能激励这些中层干部们不断学以致用。

- 领导能力（Capability）的发展不是上课就完事，上课只完成了发展旅程的10%！

我们很容易想到领导力需要在课堂上培养，需要先树立新观念、新思维。这没有错，但这还远远不够！一些相关研究指出，人们能力的获得只有10%是从课堂，另外20%从人与人的互动中学习习得，还有70%是从实际的工作中获得的。因此作为领导力培养的整体计划，需要基于10/20/70法则来设计培养发展计划。下面是一个案例分享，看看这家公司是如何运用上述10/20/70法则设计一个完整的发展计划的。这家公司计划在一个月内培养销售主管小张的产品推销能力。具体培养计划如下。

第一周，课堂学习：学习产品知识，产品门类，销售渠道，主要客户，公司历史，公司制度文化，如何演讲与沟通，如何推销产品等等能力与知识点，并参加考试测试，直到通过为止。

第一周到第四周，全过程的自我提升与学习：学习公司销售政策，公司历史，产品知识大全，如何演讲与沟通，如何推销产品，如何做咨询式营销……自学后，参加在线测试，直到考试通过为止。

第二周，前3天：小张拜访客户前，根据公司提供的挑战案例，自我模拟练习。

第二周，第4、5天：小张实际拜访客户4次，并写下实际拜访后的心得体会与待提升方面，遇到的挑战，进行自我总结，并和自己的经理（或伙伴）谈谈心得体会以及遇到挑战如何克服，寻求伙伴的反馈意见。

第二周，第6、7天：在老师或销售经理的陪同下拜访客户4次，并给出即时点评与反馈，小张写下感悟、进步和能力增长点，以及其他心得体会，进行自我总结。

第三周，第1、2、3天：根据前面的经历，体会与总结，小张继续上路拜访4次客户，并继续写下心得体会、遇到的挑战、技能的成长点，以及待提升的技能。

第三周，第4、5天：带着新问题，继续由销售经理或老师或有经验的主管陪同拜访客户2次，拜访完后立即给出点评与反馈。小张继续总结这些点评、反馈、感悟与体会。

第三周，第6天：小张准备自己的案例，并将在公司组织的销售冠军经验分享会上发言，分享自己的成功与失败的案例，并倾听其他销售主管们的案例，以及他们的点评与经验分享。小张继续在会后写下心得、体会与总结。

第三周，第7天：聆听销售冠军们的产品推销体会与经验分享。小张继续在会后写下心得、体会与总结。

第四周，第1天：小张准备PPT，要结合自己的案例上台演讲"如何进行产品推销"。

第四周，第2天：小张在新销售主管与后备干部的会议上，演讲如何进行产品推销，同时旁边坐着有经验的销售主管，对其演讲进行点评、反馈。小张总结演讲，分析收到的反馈，哪些做得好，哪些做得不好。

第四周，第3天：在线学习如何辅导别人的相关知识与能力。

第四周，第4、5天：小张扮演有经验的销售主管陪同新销售主管去拜访客户2次，并在拜访后，对新销售主管的推销过程进行全程点评与反馈，同时培训和辅导这些新进销售主管的产品推销能力。小张继续写下自己作为别人的辅导员的经历、感受与体会，进一步发现自己待提升的能力要点。

第四周，第6、7天：小张在辅导完前面的2次后，基于自己的总结，继续陪同新销售主管去拜访客户，并根据自己的经验做出点评和反馈。小张继续写下自己的心得、体会与感悟。

第五周，第1、2天：公司设置了一个模拟的角色扮演考试，考考小张的这一个月来的推销技能，也用问卷考考小张的理论知识、产品知识、公司知识等。如果全部通过，小张就算顺利通过了该能力的考核，获得公司颁发的一张产品推销能力合格证书！工资也相应做出一些调整！

上面的案例完美展示了某知名公司是如何利用10/20/70法则设计了完整的培训发展计划。一项软能力的培养，是需要经过这一系列步骤才能逐渐培养到位的。上面的案例中，用的时间是一个月，但在实际工作中，领导力的培养可不是一个月就能培训发展到位，而是要经历更漫长的过程，才能形成一种习惯化的职业化管理行为。

● 职业经理与干部的培养发展，需要高层领导的重视、承诺、长期坚持，并且从自己开始，履行自己培养后备干部的责任（Accountability）。

我们来看看GE的韦尔奇是如何培养干部领导力的，GE到底有什么秘诀，培养了这么多世界级的CEO人才呢？韦尔奇说，培养企业领导人是一把手的最主要工作。

韦尔奇曾经说过，领导人是我们最重要的产品。韦尔奇至少花费一半的工作时间用于培养领导人。韦尔奇在任的 21 年时间里，他每月都要到位于美国克罗顿维尔（Crotonville）的 GE 领导力发展中心两次，与 GE 最优秀的员工、后备干部、经理和高层主管面对面地交流，并为他们上课，从没有落下一次。他一到领导力发展中心，就向那里的学员提出这样的问题："GE 的优势和劣势在哪里？""你们最大的挫折感来自哪里？""如果你们明天被任命为 CEO，在最初的 30 天里你们将做什么？你们准备好了吗"他还鼓励学员向他挑战，通过讨论来澄清问题。

韦尔奇亲自负责很多高层管理人员的绩效评估和职业生涯规划。他每年都非常仔细地审读 GE 最高层 500 名领导人绩效评估的结果及他们的职业发展规划。同时他经常利用战略研究会、预算研讨会和人员回顾会等机会来辅导高层主管。

据 GE 员工分析，韦尔奇唯一重要的活动和时间分配，就是培养领导人。在他的影响下，GE 其他的高层领导都把培养企业各个层次的领导人放在举足轻重的位置上。

作为一般的企业，或许没有 GE 的条件去做这些，但至少也要思考，在后备干部的领导力培养与发展方面，高层领导和各级别经理的角色和责任是什么？比如作为后备干部的上级经理，你的角色和责任是什么？作为公司的最高层老总，角色和责任是什么？作为公司的 HR，能做什么促进公司干部队伍的领导力发展？作为后备干部，他们自己的角色和责任是什么？由谁来清晰界定这些角色，并负责持续跟踪落实？

- 把干部们放到现实世界（real-world）去锤炼和发展。

领导力的发展中既然 70% 都是靠实践中获得，那么作为经理，就应该多考虑把你的员工或后备干部放到现实的工作情境中去锤炼。哪些工作最能锻炼人才的能力成长呢？光辉国际❶进行了很多研究，并认为培养领导力最好的 15 个实战项目是：

- 负责一个有艰巨挑战的项目
- 组织负责一次艰难的变革
- 作为一次危机事件的负责人
- 调到一个完全陌生的岗位或部门
- 管理一个烂摊子
- 执行一个跨国短期任务
- 从一线调办公室总部

---

❶ 光辉国际：是一家提供人力资源解决方案并且专注于高管搜寻的公司。

- 从总部突然调往去承担一个一线/前线的工作岗位
- 担任一个重要项目组的成员
- 负责一个需要做重要战略思考与战略决策的任务
- 负责一个在人员或流程或层级等规模突然放大很多的岗位上
- 突然负责一个既复杂又陌生的业务或项目或岗位
- 管理一支有庞大人员队伍的团队
- 承担一项没有直接权力只能靠影响力去完成的艰巨任务
- 承担一个从零开始开疆拓土的工作

- **建立领导干部的评价反馈机制。**

很多企业都会定期做360度评价，并反馈给领导干部本人，这主要用于发展目的，而不是用于和奖金挂钩。360度评价就是让干部的"上下左右"对该干部的行为进行评价，从而发现差距。另外，述职报告也是一种很好的自己反思自己、自己评价自己、自己找自己的不足，并提出改进措施的方法，这也是很好的一种定期报告与反馈的办法。

- **选择针对性的能力进行培养发展。**

饭要一口一口吃，我们不能指望一个领导干部如坐火箭般提升领导力。这需要一个过程。那么从哪里开始呢？一般每个干部都有几项能力是优势能力，当然也有一些是弱势能力，不要求在同一时间对全部的领导力都特别培养。而更有效的做法是，侧重对一或两项优势能力进行发展，并对一些有明显影响业绩的弱能力进行培养。这样以先进带后进的办法，更容易进行。另外，如果从投资回报的角度看，对于在优势能力（即该能力高于同类人群的80%）或明显弱势能力（即该能力低于同类人群的20%）的投资回报率更高，如图4-7所示。

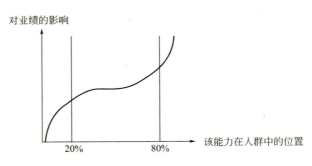

图4-7 能力与业绩回报示意图

第五章

业绩
管理

- 第二十四项　如何正确认识绩效管理
- 第二十五项　如何建立与分解绩效目标
- 第二十六项　如何适时和合理调整工作目标
- 第二十七项　如何用扎实的过程管理让目标落地
- 第二十八项　如何进行绩效诊断与改进
- 第二十九项　如何进行绩效反馈面谈
- 第三十项　　如何选用合适的考核工具激励员工
- 第三十一项　如何管理工作流程

第二十四项
如何正确认识绩效管理

案例

● 案例一

一年一度的目标设定又开始了，过去一年的目标完成得很好，于是老总组织各大区的销售总监们开庆功会。酒过三巡，正是大家兴奋、带着几分酒劲和冲动之时，老总上台大声喊话：各位弟兄，去年我们销售额是 30 亿元，今年我们就翻一翻，实现 60 亿元，争取进入行业前三名，各位说有没有问题？台下的销售总监们齐声大喊，没问题！于是新年度的目标就算定完了。销售总监按照双倍的思路，给下面的层层经理主管们按照去年的目标乘以 2 即完成了目标设定。

销售张经理感觉不公平，因为自己负责的区域经济不发达，维持当前水平都困难，还翻倍？那不就等着被末位淘汰吗？这样下去，奖金肯定没戏呀！张经理很委屈，找总监，可总监还叫苦，说自己的目标也翻倍了。张经理想想，目标是改不了了，于是找总监看是否能多要一些广告费和多招几个销售员。可总监说这事以后再说，要张经理赶紧先签订目标协议书，人事部和老总在催呢。张经理无奈，只能签字。

更让张经理难过的是，他的朋友在市场部担任经理，其目标几乎和去年是一样的，根本没有什么难度啊！真羡慕市场部的经理们，他们的市场总监给他们定的目标都这么容易！真是同一公司不同命啊！

● 案例二

又快到年底了，人事发邮件通知大家要做考核了。会计主管小刘找了半天，终于在一个箱子底部找到了当初定的目标协议书，弹一弹上面的灰尘，仔细看看当初的目标，发现几乎一半的目标不合理，很多目标后来因为现实情况的变化都变了，这些目标实际上已经毫无意义了！罢了罢了，还是赶紧填完这张表交上去吧，反正上级领导是知道这些的。小刘在这里干了那么长的时间很了解上级的管理风格，考核等级是轮流坐庄的，今年该轮到我了。想到这里，小刘开始盘算拿到奖金如何过春节呢。

此时此刻，销售部的小王心情更好，他虽然没有怎么努力，年年挨批，但今年冬天受到厄尔尼诺现象影响，遭遇百年一遇的寒潮，他负责的海南区域的变频空调供不应求，前几年的库存全部卖光！按照目标协议书，他的业绩大大超越目标，是全公司近10年来最好的！今年他的奖金是往年的数倍！

常见问题

- **我是领导，你的目标我说了算。**

很多经理都认为，下属的目标就是上级领导一句话的事。一年一度的考核目标靠老总的感觉或主观的意愿拍脑袋而定。上层经理定了目标后，层层往下拍脑袋定更下级的目标。

- **考核是什么？考核是：**

— 年头年尾填表格、打分数的形式而已，流于形式，没有实质；
— 公司用来淘汰员工、修理员工的一种手段而已；
— 公司领导用来给喜欢的员工加薪发奖金的合法工具和借口而已；
— 公司不想兑现奖金、扣奖金的合法工具，是公司提前设置的一个套；
— 轮流坐庄，风水轮流转，谁都能轮到得高分和低分的时候；
— 看谁的情商高能哄领导高兴，领导高兴了考核得分自然就高了；
— 论资排辈，看谁熬的年头长；
— 一把激化内部矛盾的利剑，本来好好的一个团队，因为考核的存在而弄得内部矛盾重重，相互猜忌，钩心斗角。

考核真是害人害己啊！

- **目标分解 = 做加减乘除。**

很多领导拿到自己的目标任务，一看销售目标涨了50%，不加思考，下属的目标也照样统统涨50%；或者简单地乘除，自己的销售额1000万元，那么下面5个销售员，则每人200万元。

- **目标实现 = 好运气。**

好的运气，当然有好的结果，就像刚才的案例二中的小王。目标实现了，那也是运气好的结果。

- 跳一跳够得着＝领导的主观评估＝领导的一厢情愿。

正因为每个领导都有自己对"跳一跳够得着"的理解，因此出现了其他的部门目标容易实现，自己的目标却很高，难于实现，宽严不一！在严的部门，员工只能自认倒霉了！

- 大家都负责＝大家都不负责。

这就是"一个和尚挑水喝，两个和尚扛水喝，三个和尚没水喝"的最好诠释。比如一个产量指标，本以为全公司人人负责人人挂钩，但最后很可能是没人负责，人人都不负责。

- 会哭的孩子有奶吃。

比如有的经理很会来事，喜欢装穷叫苦，常常找老板一哭二闹三上吊，找上级要资源，要财权、物权、人权……上级感到很无奈，算了，多一事不如少一事，于是就变成要的多给得多，要的少给的少，不要的什么也捞不到。

- 目标是目标，日常工作是日常工作，两者八竿子打不着。

很多员工认为目标是为了应付公司政策必须设立的，但平时该怎么工作还怎么工作，两者没有关系，也不必有什么关系。因此，员工对于自己的绩效目标没有责任感和紧迫感，反正绩效目标的设定和回顾只是为了应付公司，反正自己的什么考核等级，什么奖金水平，领导早已胸中有数。领导都不在乎这目标，我还在乎它干什么。

- 目标设定＝讨价还价。

你看见过菜市场买卖菜的吗？卖的说 9 块，买的说 4 块；卖的说，8 块钱，买的说 5 块钱……最后 6 块钱成交。关于目标也一样，领导希望定得越高越好，下属则希望定的越低越好；而关于实现目标的资源，刚好相反，领导希望相同的目标需要的资源越少越好，而下属则希望拥有的资源越多越好！

解决思路

- 绩效管理究竟是什么？

（1）传递和链接企业的宗旨、战略方向、战略目标和价值观，保证组织行为、团队行为和个体行为的方向一致性。一个 10 个人左右的企业，每一名员工都会理解公司老总的战略目标和想法，而一个 1000 个人的企业呢？考核就是要使每名员工明确自己的工作重点、工作目标与方向，让员工以最有效的方式、尽最大努力来做"正确的事"，确保员工的工作行为及工作产出与组织的目标相互一致。

（2）优化、激活部门的人才队伍，并为公司的人事决策提供数据支持和法律依据。作为部门经理，需要不断提高部门员工的活力，加强团队建设，这就需要不断思考，谁应该留下来？谁应该晋升？谁应该淘汰？谁应该转岗？谁应该降职？谁有什么明显的能力短板？谁有什么能力优势？所有这些问题背后的依据是什么？绩效管理与评核可以为这些问题提供答案。

（3）持续促进组织和个人绩效的提升。管理者通过绩效监控、辅导、沟通及时发现下属工作中存在的问题和出现的业绩偏差，督促低绩效的部门和员工找出差距改善绩效，给下属提供必要的工作指导和资源支持，下属则通过工作态度改进、能力提升以及工作方法的改进，保证绩效目标的实现。

（4）员工工资和奖金分配与增长的决策依据。谁应该得高分或低分？谁的奖金应该多些或少些？谁的工资多涨一些或少涨一些？这些都需要一个运行有效的业绩管理评价系统来支持。

（5）倒逼和促进业务流程的持续优化，不断完善基础管理，不断发现问题，不断改进。企业的业绩目标不会凭空而来，要提升业绩，就必须不断在内部基础管理上苦练内功。业绩指标好不好就是内部管理做得好与不好的晴雨表。

- 态度决定一切，很多时候，经理们对待考核管理制度的态度决定了制度本身能发挥的效能。

对于企业的各项规章、制度、流程以及各种表格，各级经理要是认真执行，这些规章制度就能起到当初设计的作用，实现期望的管理目的。反之则相反。很多公司，出台的制度一大堆，但制度几乎都流于形式，没有哪个经理拿这当回事，那么再优秀的制度有何用？最后，还反过来责怪是制度不好、不科学！

另外，不要忘了，上层领导的态度决定了你的下属的态度。有些老总总说考核很重要，可是一年到头居然找不到半天时间来好好设定一下年度的考核目标！上层领导的态度决定下属的态度，上层领导的执行力决定下属的执行力！如果作为上级的经理，你每天关注目标，那你的下属还能不关注？还能不当回事吗？

- **目标大小，行动举措以及资源支持，三者密不可分，作为经理，能理解这种逻辑关系，并善于承上启下，把目标层层分解下去。**

目标的大小究竟该如何定位？目标，是空中楼阁遥不可及，还是实现更高目标的途径？具体用什么途径去实现目标？需要什么样的资源支持？目标又该如何落实与分解到下一层级的员工中去？带着这些问题，请参考本书关于如何分解目标的章节。

- **考核等级＝数据对比，不是人与人比，而是实际业绩结果与当初的目标相比。**

考核等级最好是员工自己就可以算出来，就是完全基于数据的客观的对比，能拿到什么考核等级，只要对比数据，就一目了然。很多经理把员工的业绩、能力和态度、价值观、360度评价等揉成一团，混在一起，然后综合成一个考核等级！这样做的结果是，员工不知道，这个考核等级是反映了自己的业绩？还是反映了自己的态度？还是反映了自己会做人？还是今年运气好？还是……

另外，作为经理应该明白，考核不是人与人的比较。而很多经理却有意无意这样做比。这样的比较的结果很难令员工信服，这样的考核结果是很难经得起考验的！此时，经理就容易对考核结论不自信，怕下属来认真计较，如果员工真来计较，经理则只能和稀泥了！

其实，作为一种机制，经理可以思考：比如奖金的50%只是与业绩挂钩，完全数据化没有上级任何主观成分，奖金的50%专门用于衡量工作是否努力与配合，允许领导和同事的主观评价；而发展、晋升调岗和辞退，则用360度评估作为辅导的工具用于评价。如果这样，轮流坐庄就少，主观打分、人情打分就可以减少，用数据说话的成分就大大增加！

- **理解能力、努力、外部环境与业绩之间的关联关系。**

这种关系可以表述成一个公示：能力＋努力＋外部环境（公司制度、市场变化、政策变化、物理环境变化、资源支持、领导支持）＝业绩。

总体来看，员工的业绩能否实现取决于能力大小，努力程度以及外部环境的制约因素。很多时候，员工会觉得能否实现目标，就是运气。其实，运气的确是外部环境的一部分，的确有运气的成分在！也正因为如此，所以，我们不能简单地认为业绩好的人就一定很有能力，就一定很努力。

- **看待上级给出的评价结果时应明白，领导或经理是人不是神，因此考核过程的主观因素难以避免，该用平常心看待。**

是人就会有一些主观因素存在，比如在把握目标的难易程度时，下级认为目标已经够难的了，但上级认为还不够难！比如在分配资源时，上级认为这些资源已经够用了，但下级认为还不够呢！比如在支持和辅导下属的力度上，在打分评定时，在评价下级的能力与潜力时……这些都有上级主观的成分在里面。因此大家要接受主观因素引起的考核上的偏差，不能因为有这些偏差就全盘否定公司的业绩管理体系。作为经理，更应该需要站在更高的角度去看待这些问题，积极引导员工，并向公司提出改进建议，而不是一味吹毛求疵！试问全球 500 强，有哪个公司不做业绩管理与评价呢？难道他们的考核体系就能让所有员工满意吗？当然不是！

- **很多时候，不公平的感觉是由人的认知偏差导致的。**

公平理论研究的结果表明，80% 的人都会高估自己的投入而低估自己的回报，相反，会低估别人的投入而高估别人的回报，因此总会感觉不公平！这样的研究结论告诉我们，即使客观上是公平的，但主观上仍然会感觉不公平！

第二十五项
如何建立与分解绩效目标

案例

● 案例一

某公司正在讨论设定年度的重要销售额指标。

销售经理认为：公司的销售额需要公司生产的产品质量作为保证，只有生产合格的能满足市场需要的产品，销售部门才有可能完成自己的绩效目标。

生产经理认为：影响产品质量最重要的因素是原材料是否合格以及能否研发出高性能的产品来，还有设备维修部门需要控制停产时间，老是停产维修机器哪能按计划生产出产品呢。

采购经理则认为：老总有指示，我的第一目标是要不断降低成本，因此我的目标就决定了采购的原材料的质量会有所下降，你们生产部就要考虑某些元器件用更便宜的代替，还有，财务部不能及时付款，导致很多好的供应商都不理我们了，这也是一个重要的影响及时供货的原因。

财务经理也发话了：我们财务之所以不能够及时付款是因为资金周转有问题，那为什么资金周转有问题？因为销售回款老是不到位，还有生产的库存太大，占用了太多的资金。

研发的经理也发话了：研发部门就那么5个关键人才，两个月走了3个，现在人呢，一个也没有招上来呀？再说，就现在这点工资，恐怕留下的2个也难保跑了。

人事部经理也有话说了：现在的工资水平根本都没人投简历，就算收到几个简历你研发经理也看不上呀！再说老板跟我说了，我们的人工成本太高，要减员增效，要控制人头预算的同时控制薪资水平，现在市场这么难做，没有销售额没有销售回款怎么能涨工资呢。

就这样绕一圈，最后的责任似乎又回到销售部门了！

坐在一旁的老总都听见了，老总明白不管什么原因，产品的质量还是要抓的，否则就等同于自己给自己判了死刑。于是宣布，所有经理，不管哪个部门，第一个考核指标就是质量目标，即产品合格率为99%。可此时的财务经理、人事经理、后勤经理、市场部门经理、销售经理以及质量部经理虽然不敢说话，但个个都暗想，这个质量指标好像跟自己没有什么很大关系吧，为什么要考核我们？

老板看了看大家的脸色，终究是"老狐狸"，一看就知道这些经理们内心深处想的是什么。那此时的老板，该如何化解这些经理们的心结呢？

● 案例二

某销售总监的年度销售目标为1000万元。该销售总监有下辖5个大区，分别为东北、华北、华东、华南、西南。销售总监想，华东、华北、华南是同时成立的三个大区，历史几乎一样悠久，现在人员规模也差不多，去年销售额也差不多，于是决定将各大区目标定为300万元。而东北和西南都是新开发的地区，则每个区50万元的年销售额即可。总监自认为很公平，于是把指标分发下去。

谁知道，先是华北的大区经理有意见，他认为华北大区地处北方，不靠近公司总部上海，很多资源都不能到位，不应该和华东定一样的目标。

而华东区的经理也不高兴，他认为华东区是饱和的市场了，去年的销售额为200万，但目前市场已经很饱和了，且主要的竞争对手都云集在华东地区，竞争异常激烈，要增长50%到300万元，简直是天方夜谭！

华南大区的经理也不高兴，他认为西南大区的销售目标才50万元是否太容易了？都第5年了才50万元？想当年他刚来开发华南大区的时候，第一年就到了50万元，即使西南落后一点也不至于第5年才50万元吧？

西南大区经理听到这些声音也发话了："你们各大区人才济济，而我这里穷乡僻壤的，想从你们那里要一个好一点的销售主任都不肯，还说我的目标容易……"。

就这样，似乎没有大区经理是高兴的，都感觉目标定得有问题，感觉不公平。销售总监满脸愁云，怎么办呢，这样的目标分解导致团队分崩离析呀……想了一夜，终于想出了高招。第二天销售总监宣布，我和5个大区经理的目标都是1000万元，我们也就捆绑在一起了，大家有福同享有难同当，实现了目标一起拿奖金，实现不了一起挨罚，这样就能促进大家精诚团结相互促进了。总监为自己的高招暗暗骄傲……

可真的能奏效吗？

常见问题

● 同一指标，需要各部门之间密切配合才能达成，但恰恰这种需要彼此配合的指标变成了部门之间无限抱怨的源头。

就像案例一中提到的那样，达成目标的压力促使部门之间相互抱怨指责对方，造成部门之间相互对立，相互拆台，相互有情绪，相互之间很难有效合作形成合力。

● 目标脱离实际，天马行空。

要么太难了，像摘星星；要么太容易了，像踩在地板上；要么太随意了，没有严格的思考过程，一拍脑袋就决定了目标。

● 不符合 SMART 原则。

定的目标指向不明、很模糊，不能有效衡量。比如很多企业定的目标很笼统模糊，举例如下：

- 大力提升团队的凝聚力和战斗力
- 及时完成月度的财务报表
- 建立一套完善的考核制度
- 有效提升产品合格率

● 消极面对自己的绩效目标。

很多员工认为目标就是上级说了算，上级说多少就是多少，目标就是上级下达任务，下级乖乖签字就好了。作为下级的消极心态：你作为上级，要给我定什么目标你定就是了，我作为下级会配合签字了事。目标的沟通就是一种形式，履行程序而已！还有很多员工认为目标根本没有必要花那么多时间去设定与思考，计划赶不上变化嘛，随便定个就行了。

● 上级给的目标无法进一步分解下去。

就像第二个案例中说，销售总监以为把目标分好了，以为很合理公正公平，但下面的人不买账，无法进一步分解下去！

● 目标过于短期化导致短期的行为。

很多公司过多强调奖金的刺激，导致很多短期化的行为。比如安然公司过多强调股票上涨带来的奖金和利润分享，因此财务造假事件就发生了。其他企业也有类似现象，如果过多强调一些短期的销售额，则可能导致销售经理们甚至用杀鸡取卵（比如欺骗客户、虚假承诺）的方式获得短期的目标，而忽视这种短期行为可能影响公司长期的可持续发展。

- 某 KPI 指标大家都负责，结果大家都不负责。

比如案例一中的产品合格率大于 99%，如果认为这样做就能迫使大家都负责 / 都在乎产品质量了，那这种想法很天真。

- 指标间相互重复或相互冲突。

比如，一方面强调产品质量要达到行业的第一名，但另一方面又强调采购成本也必须全行业最低，这样的两个指标就可能相互冲突。

- 下级简单把上级的目标抄一遍，变成和上级的目标一样，完全走形式，或完全吃大锅饭。就像案例二中的一样。

解决思路

- 厘清目标的来源。

一般的目标来源于以下方面：

✓ 公司战略目标从上到下的层层分解，这保证了大家为了实现公司战略的需要而设立自己的目标；

✓ 内部外部客户的需求，很多时候，你的目标是客户驱动的；

✓ 本岗位职责决定的。

- 如何决定目标值大小（方法 1）。

很多时候，你或许从教科书上或者 HR 的前辈那里被告知，目标要设置为**跳一跳够得着**的程度，但这种方法还是很主观、很模糊。除了这种模糊靠感觉的方法外，下面的思路或许也能给你一些参考。

✓ 市场趋势。比如说，过去 2 年或 3 年，你的销售团队没有做出特别的努力，但销售额都增长了 30% 以上，那么销售目标增长 30% 就是情理之中的事情了，且这不应该有什么特别大的难度。如果要增加难度，则必须在 30% 以上，比如 40% 或 50%。

✓ 竞争对手。比如你的目标是为了与竞争对手拼市场份额，那么你就必须紧盯对手的销售额增长，如果对手增长在 20%，那你必须也要在此之上，否则就意味着市场份额减少。当然了，在参考对手的目标值时也需要参考对手投入的资源。

✓ 历史数据。公司的大部分指标都有自己的历史数据，这样自己与自己比，提出保持或超越自我的目标就在情理之中了。一般来说，没有特殊情况，总不至于一年比一年差。

✓ 标杆企业。如果你的企业在追赶一流标杆企业过程中，则你可以考虑每年进步一点，在某些指标上逐渐靠近标杆企业的目标。

✓ 行业标准。很多成熟的行业，行业协会或者某些政府机构或者第三方机构会发布这些行业的态势报告，报告中就有行业内部要求的标准作为参考。

✓ 政府要求。比如污水处理的企业，政府都会来检查，并且政府的文件中就明确定义了各种需要达到的污水排放标准，因此该标准就是企业的执行底线。

✓ 战略目标分解。很多企业都有自己的清晰的5年或10年战略规划，然后有年度战略目标，而为了支撑该年度战略目标的实现，则各部门自然就能根据自己的职责思考该设立什么样的部门目标去支撑战略目标的实现。

- **通过目标对话来决定目标值的大小（方法2），借助 GROW❶ 模型。**

上面的方法1或许让你大概知道了定目标的思路和方向，但这还是不够的。这里可以借助 GROW 模型进行目标对话。该对话大致思路是，为了实现期望的目标，该如何做？需要做什么才能达到此目标？需要什么样的资源支持？可以总结为表5-1所示。

表5-1　GROW 模型目标对话思路示例分析表

影响目标实现的 关键因素	去年销售额： 3000万元	假设今年销额目标： 5000万元	新年关键举措 与资源支持
重点客户数	30家	55家	新开发25家
宣传费用	50万元	80万元	增加30万元
销售代表人数	13人	20人	增加7名代表
举办活动场次	7场	13场	需要市场部支持，以及3万元额外广告费
媒体广告费	100万元	150万元	增加50万元

---

❶ GROW 模型：即帮助员工成长。G（Goal Setting）代表员工业绩目标；R（Reality Check）是现状；O（Options）是寻找解决方案；W（Way Forward）是制订行动和评审时间。

续表

影响目标实现的 关键因素	去年销售额： 3000 万元	假设今年销额目标： 5000 万元	新年关键举措 与资源支持
市场情况	去年市场自然增加率为 15%	今年为 10%，市场渐趋疲软	开拓东部新市场，做 2 次促销
…	…	…	…

上面这个分析表，就能引导上下级双方在目标值的大小上根据目标实现的影响因素做出细致的分析，并对资源需求做出评估与分析，而不是光靠感觉来讨价还价。

这里可能有人会说，即使按照上面的思路，其实也仍然有一些模糊的靠感觉靠估计的地方呀？的确，很多时候，上下级双方即使按照上述思路做了详尽分析，但不可能所有的需要的信息都能收集到位，总会有一些需要靠经验和直觉估计的假设，这是在所难免的。因此，目标的设定，即使走了这个流程，仍然不能 100% 全部定量确定。但上述目标对话的过程至少让上下级双方有一个表达观点，同时迫使双方认真严格分析实现目标可能的路径和需要的资源支持，这样使双方按照相同的思路去分析问题，会更容易达成共识，并减少偏差。无论如何，总比完全凭感觉来讨论目标的大小更科学、更靠谱吧！

- **如何对共担指标进行分解，防止出现：大家都负责变成大家都不负责。**

比如上述案例一提到的，公司层面的产品合格率如何分解下去呢？可以用共担但有差别责任的原则进行分解。

（1）共担原则。即大家都有这个指标，各主要部门经理都应该承担该指标，因为每个部门的努力都或多或少在影响该指标的实现，因此就必须担当这个责任，承担这个指标。

（2）有差别的责任原则——**权重**。这种差别体现在不同的权重上，比如生产部门、采购质量等部门对该指标影响大，所以权重可以大些；而 HR 和物流等部门对该指标的影响相对较小，因此权重就可以小一些。

（3）有差别的责任原则——**纵向分解**。这种差别还可以纵向分解并体现在其他更细的部门责任上。比如要达到产品合格率 99% 的目标，则对各部门的要求是什么呢？各部门需要做到什么才能确保公司的产品合格率 99% 之上呢？可以按照这个思路纵向细分下去（这也是 Google OKR❶ 绩效模型的思路）。

✓ HR：确保熟练工人保留率 90%，新员工 100% 通过 SOP（标准作业程序）才能上岗，研发队伍空缺岗位在 1 个月内到位等。这些就是对 HR 部门的具体要求。

✓ 采购：联合对当前的所有供应商进行回顾并决定是否续签合同，对关键的 30% 的零配件，至少保证有两家供应商可随时供货，区分出能明显影响质量的零配件，对这些零配件的抽样检测比例从 10% 升到 15%。

✓ 质量：年内推行 ISO 9000 体系并通过第三方审核，每月全面检查影响质量的重大隐患并通报，100% 落实整改措施，每月通报质量改进计划落实情况并执行对应奖惩措施。

✓ 生产：生产线的保养计划 100% 执行，所有工人进行岗前考试，且 100% 保证只允许有上岗证的工人上岗操作。

✓ 研发部：……

上述演示的责任分解方案就体现了虽然大家都为合格率这一共同指标努力奋斗，但每个部门的侧重点又各不相同，在逻辑上，只要各部门都达到了上述这些细化后的 OKR 目标，各部门做好自己的事情，则实现公司总体合格率 99% 的目标也就是水到渠成的事了！

这样的区分，就可以分出各部门的具体责任，明确各部门具体要做什么，要做到什么程度。这就减少了像案例一中那样，在部门之间的扯皮与推诿。

- **确保目标符合 SMART 原则。**

（1）S-（Specific）明确的，不会引起理解上的歧义的，大家对该目标表述的理解是一致的，没有偏差。举例，比如某经理的目标之一为"**增强客户意识**"。这种目标表述就不具体、不明确，因为每个人对增强客户意识的理解可能都不同：

✓ 张三认为增强客户意识就是想办法减少客户投诉；

✓ 李四认为增强客户意识就是提高客户服务的速度效率；

✓ 王五认为增强客户意识就是用更专业的方式服务；

✓ 赵八认为增强客户意识就是增加……

---

❶ OKR：全称为目标和关键成果，是企业进行目标管理的一个简单有效的系统，能够将目标自上而下贯穿到基层。

(2) M-（Measurable）可衡量的，有两层意思：

第一层意思是说该目标表达为可以用量化的办法来衡量目标的完成程度。比如下面的目标描述对比，如表 5-2 所示。

表 5-2 不可衡量的目标表述与可以衡量目标表述对比

不可衡量的目标表述	可以衡量的目标表述
尽量减少重大客户投诉次数	把重大客户投诉次数减少到 10 起以内
及时回复客户的投诉	在 24 小时内回复客户的投诉
准确完成财务报表	完成的财务报表没有数字上的自相矛盾，没有错误的数据
进一步做好工人上岗证管理	工人 100% 持证上岗
加强质量意识教育培训	90% 以上的员工至少参加一次质量意识教育培训

第二层意思是数据是可追溯的、可得到的、可信的。任何指标数据都能在适当的部门或适当人或适当的管理系统中提取，比如销售回款可以在财务部门得到具体的数据，人员离职率可以在人事系统中得到具体的数据。但有些指标，看上去很美，但实际上数据是无法获取的，比如有的公司为前台制订的目标之一为"微笑时露出 8 颗牙齿"，这个指标看上去很具体很量化，但真正执行起来，谁能真正去数一数前台微笑的时候是否准确露出了 8 颗牙？因此这样的指标是不可衡量的，需要的数据也是得不到的。

(3) A －（Attainable/Agreeable）双方协商一致同意的，体现在以下几方面。

✓ 目标是协商一致的结果。具体思路参考上文提到的"借助 GROW 模型，通过目标对话来决定目标值的大小（方法 2）"。

✓ 在实现的难度上，通过努力是有可能实现的。首先体现为该目标是在职者可以影响的。注意，说的是可以有效影响，而不是说能 100% 控制！

在实际的工作环境中，大部分的目标并不是在职者本人可以完全掌控的，比如上级的支持，比如相邻部门的支持，比如外部市场环境的影响，比如国家宏观政策的变化等等。说到这里，可能有人会说，既然在职者不能完全掌控自己的目标那为什么要其承担完成任务的责任呢？其实，这是大部分岗位目标的共同性质，任何在职者都不可回避，最高层领导比如 CEO 面临的目标也一样有不确定性，也一样不是 CEO 就能完全掌控的，这就决定了该目标分解下去的更细的目标也有不确定性。

就像我们以前探讨过的，业绩的公式，业绩 = 能力 + 态度 + 内外部资源与环境。因此我们要承认，目标能最终实现与否，除了个人的能力和态度外，的确受到内外部环境的影响。这就是说，业绩能否达成是有一定的运气的成分，有不可控的成分。

✓ 目标不能太容易，否则没有挑战性，同时也不能是不着边际的假大空或不切实际的太难的目标。太难的目标，只能让下属沮丧或者干脆放弃，因为在下级看来，即使努力或者就算不睡觉也实现不了，那下级就会干脆什么也不做，采取脚踩西瓜皮滑到哪里算哪里的态度！有专家把目标值大小的设定形象地描述成：目标值的大小应该是跳起来"摘桃"的目标，而不是跳起来"摘星星"的目标。

（4）R -（Relevant）相关性，体现在以下几个方面。

✓ 该指标与战略目标实现的相关性，即结合岗位职责制订的指标应支撑战略目标的实现。

✓ 合适的权重反映了指标的重要性。一般来说考虑两个因素，指标越是对公司战略目标的实现重要且在职者越能控制和影响，则权重越大，反之则越小。

✓ 利用敏感性分析确定是否放弃。比如在讨论公司的成本控制时，人力成本占公司的总成本为 5%，日常的采购成本占总成本为 80%。因此，如果同样成本下降 10%，哪个成本指标贡献大？当然是后者。贡献大的即为敏感性强的指标，应该采纳并付出努力，而敏感度小的，可以考虑权重小或者干脆放弃考虑。

✓ 指标之间的关联性矛盾性分析。很多指标之间是相互依存与相互关联的，如果一个指标能代替另外一个指标，则考虑舍去一个指标。同时指标之间也可能是相互矛盾的。比如公司一方面要控制采购成本，另一方面要提升因元器件质量而导致的产品质量低下问题，这样两个指标间是对立的，一个指标提升可能导致另一个指标下降。

（5）T -（Time-bound）有时间指向性的，体现在下面两方面。

✓ 很多目标的实现是有时间限制的，有的半年内，有的几个月内，有的是在某个特殊的日子之前，有的是在财年内。

✓ 在时间跨度上，该目标是贡献于长期的战略目标，还是贡献于短期的战略目标。当所有的目标都贡献于短期的战略目标时，容易驱动员工过分集中于短期行为，而很多短期行为虽然能帮助公司实现短期的利益目标，但可能会伤害公司长远战略目标。

- 需要认识到绩效目标不是一成不变的。

绩效目标可以根据公司的战略调整而做出调整，也可以根据公司内部的规定和流程进行调整和修改。但任何调整都需要遵守相关的规则和程序。

○ 第二十六项
如何适时和合理调整工作目标

案例

某人事招聘主管小王年初定的目标为：①在7月底之前完成20个销售代表的招聘；②在5月底前完成大学生校园招聘，从985高校引入20位管理培训生；③联系10所大专院校，并确定其中的3所高校作为试点，建立奖学金合作机制，并签订协议；④10月底之前开发完成技术工人招聘的面试指南；⑤与企业周边的社区建立良好的合作关系，100%落实雇主品牌计划，从而提升公司在周边的影响力；⑥3月底之前建立试用期管理制度，并推行落实到4月以后新进人员的试用期管理中去。

时间过得很快，小王也很忙。春去春回，花谢花开，很快一年就过去了。小王没有看自己的目标的习惯，但很听话，上级指哪打哪，因此深得上级的信任。12月份了，该进行年度目标回顾了。小王和上级从系统打开目标一看，哎呀，发现小王过去一年实际忙乎的，都不是这些当初的目标啊。

具体分析来看，第①项目标执行到中途就撤了，因为公司改变了销售模式，不需要销售代表了。第②项目标，小王开始根本没有做，忘了这事。后来在一次一起吃饭的过程中，小王的上级偶然问起这事，小王才想起有这目标呢。小王尝试和一些985高校联系，但苦于企业品牌魅力不够，没有学生投简历，小王给上级也解释了，上级见状回复"能招几个是几个"。最后小王勉强招了3个管培生。第③项目标，小王很努力尝试着这样做，但后来要批准奖学金具体钱数的时候，公司老总迟迟没有回应，这涉及钱的问题，当初没有跟公司老总确认这一块需要的资源支持，现在只能不了了之。第④项目标，技术工人招聘指南倒是全部做好了，这是目标当中唯一落实到位的。第⑤项目标，本来要推行，但后来因为企业排放污水导致企业周边的村民不满，因此只能暂停实施。第⑥项目标，小王刚着手做的时候，上级让其先放一放，因为一个负责培训的主管辞职，要小王先顶替培训主管跟进几个重要的培训项目……

就这样，当小王回头看自己的目标时，他实际做的与当初的目标完全不同！小王心想当初的目标好像没有什么指导意义呀！而作为小王的上级经理也左右为难，因为如果对照目标完成情况来看，小王的目标个个都因为左左右右的外部原因而耽误，小王的考核评级就会很差。但上级经理明白很多因素跟小王没有关系，不是小王的责任，小王做了很多目标之外的其他很重要的事情，但这些目标之外的事情压根不在这需要完成的目标清单里面……那小王的等级评定该怎么办呢？这究竟是出了什么问题？小王的上级发现，不仅今年这样，其实该公司年年如此！由此带来的结果是没法根据当初定的目标来理直气壮地打考核评分！久而久之，目标归目标，做归做；目标说一套，实际工作做一套！下级也不看当初的目标了，渐渐明白，看目标没有用，还是回到老套路上：上级说什么，我就做什么就行了，让目标待一边去！

常见问题

- 计划赶不上变化，因此干脆不要计划。

就像案例中显示的一样，一年之前定的目标，一年之后回顾时，在职者实际做的与当初的目标相比，已经完全不同，对在职人员的工作根本没有指导意义，如果用来衡量在职人员的业绩等级很离谱和荒谬。因此，在职者慢慢地不再在乎目标，又回到上级说什么就做什么的老路上了。

- 设定目标时不认真，没有得到利益有关方的参与与确认。

在目标实施的过程中没有有关方的确认，当需要资源支持的时候，很可能相关方不能有效支持。比如上述老总对奖学金的迟疑，小王的上级没有在当初就与老总确认好，在突然要钱的时候才知道老总其实不肯在这上面花钱。

- 目标设定太轻浮随意，遇到困难就轻易改目标。

在目标实施的过程中，一遇到困难就退缩，就像上面从985高校引进管理培训生一样，有困难时，就退缩，上级也不加思索就更换了目标。那目标的严肃性何在？如果可以这样轻易变更目标。那谁把目标当回事？

- 目标设定太死板，定了就不能改。

任凭外面的世界如何变，但设定的目标就是坚持不变！这种做法有好处，符合很多公司的口号"把目标写在钢板上，把方法写在沙滩上"，也打消下属们随意想更换目标的想法，但如果目标所依据的客观情况发生重大变化，光有这种人定胜天的精神是不够的，也是不合理的。

- 没有定期回顾目标，导致实际情况与目标偏离越来越远时，没有机会修正目标。

就像上面的案例呈现的，其实小王的目标如果被定期回顾与定期修正，就能反映出其真实的要做的事情，更能反映外部变化和客观要求的改变。

解决方法

- 从公司总目标到各部门的目标，再分解为下面各层级人员的目标，同时，下级目标的更改可能会影响上级目标的实现。

任何一家公司都不是孤立存在的，公司的目标会因为外部环境的变化而变化调整。而围绕目标的实现，公司的战略路径也会变，这样导致各部门的目标会变，从而各层级人员的目标也会变，这是一脉相承的变化。

- 公司应该建立从上到下定期对目标进行回顾与调整的机制，确保目标的适宜性和合理性。

比如公司层面的目标每季度回顾一次，部门经理和员工目标每月回顾一次，在回顾的过程中就可以发现当初的目标完成情况以及该目标继续存在与维持的合理性，从而修正某些目标。

- 任何一个目标一旦确定就是严肃的，就需要认真执行。

那么一般情况下，除非有下列情形出现才考虑调整目标：

（1）该员工上级的目标已经做了调整。

（2）外面出现了不可抗力的因素并影响到目标的实现，比如遇到地震、海啸、火灾、台风、大罢工、政治事件、百年不遇的寒潮或炎热等自然灾害因素。

（3）国家或行业政策的变更影响到目标实现，如行业规则变更（如购房政策出台了限购政策）。

（4）当初依赖的假设发生根本变化，比如原来假设市场规模自然增长30%，但实际上因为种种原因，市场规模自然增长只有10%。

（5）目标实现的资源投入与支持承诺有重大变化，比如上述案例的奖金到位的问题，比如某个供应商突然倒闭影响生产。

（6）有新的更重要的任务目标出现，则可能要取消原来设计的一些目标或调整某些目标。

（7）其他组织内外无法预期的意外因素出现，比如项目组成员突然失踪，比如公司总部有新的政策出台等。

（8）上述提到的不可抗力、政策变化、假设、资源投入、意外因素等出现后，影响的程度以及这一因素出现的概率也是作为是否应该调整目标的依据之一。比如第（7）条的项目组成员出现意外情况的例子，在轻微的意外情况下，或许对项目的执行没有什么大影响，就不至于要调整目标，比如某个项目组成员请了几天病假，这就不算什么重大意外，不能以此作为理由去调整项目目标，项目经理和团队成员克服困难就可以了；但反过来，如果真的是某个重要的项目技术骨干辞职或发生意外，这种事件发生的概率极小，这就是一种很不正常的意外因素出现了，此时如果真的一时找不到替换人员，则申请调整项目目标或延长项目时间就是情理之中的事了！因此，作为员工的上级要把握分寸。

- 树立"目标写在钢板上，把方法写在沙滩上"的理念，强调在方法上多做文章。
- 不同岗位定不同期限的目标。

越是高层，越是可以定义稍长时间的目标，比如半年目标或年度目标，同时把这些目标分解到季度和月度，这样短期也可以衡量。越是基层，则越可以定义短期的目标，比如季度目标、月度目标，甚至周目标。这样，频繁修正目标的可能性就更小。

- 目标的调整不能随意，至少两级批准，确保不会因为下面的目标修正而影响部门或公司的整体目标。

必要时，要求客户方和第三方参与进来一起重新设定。这主要是考虑目标的调整是否影响公司战略目标或其他人员的目标的实现问题。

第二十七项
如何用扎实的过程管理让目标落地

案例

● 案例一

一年一度的年度目标设定开始了。生产总监的目标是比去年多生产100万台智能手机。按照惯例，总监把此目标也下达给了车间主任、设备部经理、物流经理、质量经理以及采购经理。总监是有20多年经验的总监，心里明白，要多生产100万台，需要新建两条生产线，但考虑到投资过大，且订单不稳，脑海里有一个初步的计划就是只建一条新生产线，这样自己能多生产50万台，剩下的50万台可以外包给第三方制造。

时间过得很快，转眼2个月过去了，一次总监偶尔发现车间主任和设备部正在测绘、画图、布线建两条生产线呢。总监马上叫停，并解释了自己只想建1条生产线以及外包的计划！同时，采购经理也正按照两条生产线的思路与供应商签订采购合同！好在及时发现了，立即刹车。现在这些经理们才知道总监的战略意图……

正当车间主任和设备部理所当然地在原生产线旁边圈地时，研发部不同意了，他们也想用这块区域建立一个小实验室！如果从物料运送的角度，这块区域最适合用来组建新生产线，可好像几年前老总答应这块区域给研发部，因此研发部就认为这是自己的地盘了！这个问题一直拖了2个月，最后是老总海外归来才得到最终解决。

经过一个多月的加班加点，生产线终于要上线了，突然发现原计划要招聘的30名工人迟迟没有到位。人事经理没有想起这几年民工荒，因此临时抱佛脚找职业介绍所紧急帮忙。还有就是车间要5名设备工程师，车间主任惊讶人事部怎么没有动静呢？一问才知道，人事部认为当初讨论过，设备管理部可以从海外工厂借调，因此不要招了。可设备管理部说，海外工厂要借调也得人事部门安排完成一系列的手续才能调入啊，两部门相互推诿……就这样过了大半年生产线才建起来，推迟了整整 6 个月！今年指望这条生产线生产 50 万台手机是不现实了……

● 案例二

快到年尾了，人事部又开始发邮件要求大家填写考核评价表。对于每个目标，表中一般都有两栏，一栏是自我评价，一栏是留给经理写评价。某销售部陈经理有三个指标，其做的自我评价如表 5-3 所示。

表 5-3 考核评价表

目标	员工自评	上级评价
手机销售 500 万台	本年度实际额：300 万台。主要原因是：①促销力度不够，市场部的促销，大部分都集中在电视广告，而几乎没有通过运营商的促销；②今年的市场，没有往年好，小于原来的预期增长；③本部门的几个销售骨干流失，导致几个月没有人到位，HR 没有及时找到人；④市场上出现了好几个新的竞争对手，这是我们没有预料到的；⑤我一直主张要多招一些促销员，放到大卖场，可是上层一直不能同意！一边要实现目标，但上边又不给人，就像让我打仗不给子弹，这仗怎么打？巧妇难为无米之炊	…
90 天内回款率大于 80%	实际回款为 90%。今年我们提前做了很多工作，一改多年解决不了的回款难题。我们提前做了很多努力：提前有共同行动共同承诺的计划、提前思考需要的资源与支持（如各类销售报表合格）、提前预警、提前沟通、建立大客户付款工作组、提前评估各种可能的收不到款的风险分析（如不同银行转账难）、提前跟有 DA 的领导打招呼、遇到问题 24 小时内立即成立临时工作组、定期回顾难点以及需要支持承诺、定期监督进展并把进展分享给大家、对相关人员的财务知识和敏感度进行分析和有针对性的培训、对 SAP 系统分析员进行特别培训，确保能熟练操作等	…
客户满意度：小于 10 起重大投诉	实际为 15 起重大投诉。今年客户投诉率上升，主要是因为随着市场竞争激烈，客户越来越刁钻，再就是隔壁部门的客服团队不稳定，好几个客户服务的员工都休病假，工作效率低下，有的怀孕怕电脑辐射老不上班，还有几个人沟通能力也不行。我一直主张，招几个实习生来代替她们，开始公司也支持我的主张，后来这事就不了了之，我是想既然公司高层都不在乎，我在乎也无济于事，再说又不是我管理的部门，我能怎样。还有啊，客户和我们销售部门之间的沟通一直不顺畅，本来都是手机客户的一些小问题，但因为我们两个部门之间的沟通不顺畅导致客户的问题没有及时解决，这样又增加了几个重大投诉，比如一个客户的问题，1 个月过去了，还没有反馈给客户，最后演变成一个严重的投诉	…

常见问题

- 有目标，没计划。

很多时候，公司高层／中层，只有纸上空洞的目标，没有具体可行的可见的行动计划去支持目标实现！就像上述案例，总监胸中有数，想到哪里做到哪里；遇到问题了，再被动地去解决问题。而下面的人员也不知道总监心中的宏伟计划，大家都按照自己的理解各行其是！

- 认为没有必要订计划。

很多人光有一个目标，喜欢靠经验，跟着感觉走，不喜欢被计划束缚。理由是计划赶不上变化，因此干脆不要计划。

- 有计划，但没分享与共识。

经理们很细心地做了工作计划，思考了很多。但他下面的人，同一水平的同事以及上级，不知道他的具体计划，到执行的时候，相互之间不知道如何配合，最后是各唱各的调各吹各的号，出了问题相互指责。

- 没有识别资源需求以及获得相关各方的支持承诺。

经理们根本没有意识去识别为了实现目标而需要的资源和支持，结果等到要用到相关资源的时候，相关部门根本不知道或没有意识到要如何配合才能有助于你的目标达成，最终失败了则责怪相关各方的不配合、支持不给力、资源不给力。

- 没有进行人员能力分析。

人＋流程＋外部环境＝业绩目标。任何工作任务都靠人来完成，那么我们是否识别出了执行相关任务的人员都具备了需要的知识、技能、能力与经验？

- 监控与及时反馈不到位。

很多问题开始是小问题，但如果没有及时被发现，没有及时被解决，慢慢就演变成大问题，最后影响到整个目标实现。另外，没有监控执行过程中的实际进展，导致偏离目标就越来越远，最后面目全非，最后怪罪老板设定的目标不合理，或者找一串遇到的客观困难作为不能完成目标的借口！

- 问题解决效率低下。

任何企业任何人在执行和落实工作计划的过程中，都会碰到无穷无尽的问题，而任职者的价值就在于不断识别出问题，并推动相关各方去解决这些问题以实现自己的价值，而不是简单把这些问题罗列出来当成完不成目标的借口！就像案例中，生产部和研发部争抢地盘，这个问题用了 2 个月的时间才协调解决，这就说明解决问题的效率低下！

- 没有分析行动方案背后的潜在风险。

任何事物都有不确定性，都有给工作计划带来冲击和影响的风险，哪能都一帆风顺呢。只会单纯罗列需要执行的行动计划是不够的，因为，万一该行动计划因为某种原因落实不了，该怎么办呢？比如，你需要的设备无法准时进口，该怎么办？你要的人员不到位，该怎么办？你要的某关键原材料不能及时供应，怎么办？不做这种应变的风险分析，目标实现与否，就只能撞大运了！

- 年终写回顾时，目标完成得好，归因为自己的努力；完成得不好，全归因为外部因素。

在第二个案例中的目标中，员工自评就是如此。只要完不成的，就简单归因为其他相关部门支持不力、相关人员技能不足、上层领导给的资源不够、外部市场环境变化大、政府政策不利。有功劳时，赶紧往上凑；有责任、出问题时，急着撇清责任，躲得远远的，跑得比兔子还快。

解决思路

- 寻找实现目标的路径和行动计划。

古人云"业精于勤荒于嬉，行成于思毁于随"，这说明提前精密思考的重要性，不盲目行动，磨刀不误砍柴工。作为职业经理，应该了解现实和目标之间的差距，在行动之前，用头脑风暴法先思考所有可能实现目标的途径。可以运用以下的 GROW 模型和头脑风暴法，来进行思考和收集方案：

- 分析行动计划需要的资源及其可获得性。

一般来说，能力 + 态度 + 工作环境 = 工作业绩。这里的工作环境包括公司的制度支持、上级支持（花多少时间出席的一个会议，批准一项权力，授权可以调动的一些资源）、周边部门的配合、下属的配合、外部政策、外部市场环境、内部资源可获得性、外部资源的可获得性等。常见的资源比如人员、设备设施、材料备件、信息、可使用的成本和可支配的财权、各种权力即 DA、各部门以及上下级支持等等。记住，巧妇难为无米之炊！因此，不断思考实现目标背后需要的资源支持显得很重要。举例说明，某销售经理为实现销售目标增长 50%，其资源分析如表 5-4 所示。

表 5-4 行动计划资源分析表

行动计划	人员	设施	设备	物料	其他
重整销售队伍	多招 10 名销售员	—	—	—	老总来宣布此计划
培训 100 小时		大培训室用一个月	投影仪	总部的打印机以及 A4 纸张	
搞 2 场促销活动	市场部派一人来协助忙策划	—	—		总监批准 2 万活动经费

- 分析行动计划的潜在风险。

哪些行动计划会是高风险、高影响的行动计划？背后的原因是什么？预防性行动是什么？如果风险真的发生，紧急预案是什么？下面看一个案例，如表 5-5 所示。

表 5-5 招工计划潜在分析表

行动计划	风险 高可能性/ 高影响	可能的原因	预防性行动	如果风险发生， 紧急预案是
招 30 名工人	不能及时招聘到这些工人	● 职业介绍所不出力 ● 薪资没有竞争力 ● 民工荒	● 重新考虑职介所的合同 ● 在特殊季节增加月奖金 ● 提前到民工大省建联系	● 到相邻工厂借 ● 两班倒变三班倒 ● 部分外包业务

- 将行动计划责任到人，并获得这些人员的支持承诺，如表 5-6 所示。

表 5-6 招工计划责任分配表

行动计划	HR 招聘主管	培训主管	用人部门主管	HR 经理	行政主管	职业介绍所	…
招 30 名工人	招聘计划以及主持招聘选拔流程	入职培训材料开发，入职培训	派主管组织二轮面试	重审与职介所的合同	来回交通安排，宿舍安排	推荐大致合格的候选人	…

- 制订完整综合的行动计划。

该行动计划包含落实上述行动计划、落实资源需求、风险预防需要的行动举措等。

这里包括全部要完成的行动计划，谁负责，什么时候完成，要完成到什么程度等。

- **贯彻行动计划以及实时监控与反馈。**

基于已经制订的行动计划，有很多方法可以帮你及时监控进展，比如甘特图❶、KPI、各类定期的报告报表、定期的报告会等。监控的目的是让你及时了解进度、掌握新遇到的问题、发现偏差，进而你能有针对性地采取补救措施进行纠偏或先采取应急行动，有必要时对原计划进行调整以适应变化了的环境。

- **完善的沟通与反馈机制。**

应该有定期或不定期的沟通机制，确保各方知道目标的进展、出现的问题、偏差、有哪些新障碍、采取了什么办法解决问题，有什么行动计划的变更，需要谁的进一步支持等。这样做是为了让相关各方知道这发生的一切，并参与其中协助思考新的办法，协助解决新遇到的问题。

- **随时检查清单检查和评估在管理自己的目标与行动计划方面是否做得足够好？**

可从下面的 8 个方面来评估：

- 目标清晰：我以及相关各方都清楚我的目标以及目标的价值。
- 方案可行：实现目标的路径以及行动计划是经过各方推敲过的，是务实可行的。
- 各级支持：我的上级以及其他相关方知晓我的行动计划以及支持我需要的相关资源诉求，确保资源到位。
- 责任到人：各行动计划都有清晰的责任人，责任人有很好的认知和承诺。
- 人员到位：行动计划实施过程需要的各类人员人数、能力、知识经验等符合任务的需要。
- 进度监控：有进度监控计划，有相应的方法进行监控，及时知晓进度，以及及时发现问题。
- 沟通反馈：各行动计划实施的相关人员按计划知晓进度、知晓出现的问题、知晓需要的纠正措施，知晓需要的配合与帮助等。
- 问题解决：问题能立即识别以及被高效解决，不影响目标的实现，不影响整体计划推进。

---

❶ 甘特图：又称为横道图、条状图。以图示通过活动列表和时间刻度表示出特定项目的顺序与持续时间。

第二十八项
如何进行绩效诊断与改进

案例

● 案例一

张小姐是某公司研发部经理，一年前到任。她一边从事技术研发工作，一边担负部门管理工作，管理5名技术员和1名办事员。由于十年来的出色表现，张小姐也是研发团队最资深的员工，因此很自然地担任了这个管理职位。因为她的技术能力非常好，所以她不愿意放弃自己已经参与的很多研发工作。于是当她的部下工作不得力时，她只得靠加班加点来弥补下属的工作。她70%的时间埋头于技术研发工作，而只有少部分时间用在具体的管理工作中，部门的一个产品测试流程与质量部长期有分歧，下属的研发能力和技术能力一直也上不去，无奈，张小姐害怕自己技术落伍被看不起，因此一心专于研发，实在没有时间管理其他事情。半年后，研发的几个项目还是落后了，张小姐的上级陈副总，不得不按照公司考核流程，给张小姐一个不达标的考核结论，并给予口头警告。言下之意，如果张小姐不能把研发进度赶上来，将被撤职！张小姐很郁闷，想想这十年来含辛茹苦，可能就在此公司待不下去了。想来想去，与其被辞掉，还不如自己辞职更体面些，于是选择用脚投票走人……公司损失了一个很有经验的研发人才！

● 案例二

因为本季度销售额下降，A公司的总经理很生气，于是组织季度绩效分析会议。

营销经理说："最近销售做得不好，我们有一定责任，但是最主要的责任不在我们，竞争对手纷纷推出新产品，比我们的产品好，所以我们很不好做，研发部门要认真总结。"

研发经理说："我们最近推出的新产品是少，但是我们也有困难呀，我们的预算很少，就是那点少得可怜的预算，也被财务部削减了！"

财务经理说："是，我是削减了你的预算，那是因为公司的采购成本急剧上升"。

这时，采购经理跳起来："我们的采购成本是上升了20%，为什么？因为俄罗斯的一个生产铬的矿山爆炸了，导致全球矿产价格上升。"

"哦，原来如此，那我们大家都没有多少责任了？"HR经理说："这样说来，我应该去考核俄罗斯的矿山了！应该去考核普京才对！"

总经理脸色铁青，但又无言以对，会议就在这样的扯皮声中结束。

常见问题

- 上级只管业绩结果，不管过程。

就像上述案例一中的陈副总一样，上级只要看到下属的业绩不好，结果不理想，只会机械地对照当初的目标给出一个考核结果，并恼羞成怒用大棒鞭策和恐吓，至于下属为什么实现不了目标，该如何改进，一概不问，甚至认为那是下属自己的事情……这样做的结果是一位优秀资深的研发人员流失了。

- 绩效分析会议变成问责会议，没有反思问题和解决办法。

就像上述案例二中的情景一样，很多公司的季度或半年绩效会议变成了秋后算账的问责会议，变成该打谁的板子的追责大会，经理主管之间，都把自己的责任推得一干二净，相互踢皮球。问来问去，问不出一个所以然，问题依然存在，绩效差距依然找不到半点解决办法。

- 下属习惯于把绩效失败归因于外部环境，与自己没有关系。

就像案例二一样，作为一种保护自己的心理防卫和本能，都是习惯于把原因归因于与自己无关的外部因素上，比如资源不够，比如市场环境变化，国家政策变化，自然灾害因素出现，竞争对手变化，消费者习惯变化，上级支持不到位，别的部门不配合等，但就是不说自己。

- 上级习惯于把绩效失败归因于员工本身。

大多数上级会把绩效失败归于下属，尤其在对待不喜欢的下属时，更是如此，更不能客观公平地看待这种业绩差距，更容易给下属扣帽子，责怪下属。

解决思路

- 用一个绩效诊断模型来进行全面而系统的绩效诊断。

模型的简单公式为：目标＝人＋流程＋环境。更具体表述为：目标（目标与策略）＝人

（能力与态度）+ 流程（流程与支持体系）+ 环境（资源支持与不可控变量）。举例如表 5-7 所示。

表 5-7 绩效诊断模型示例

绩效变量		组织层面分析	个体层面分析
目标与策略	目标	■ 组织的目标与政治、经济、文化、技术、市场等方面的当前社会现实是否仍然相适应？	■ 个人的目标与部门或团队的目标相互一致适应吗？ ■ 目标是基于合理分析得到的吗？反映了 SMART 原则吗？ ■ 该目标仍然适合该员工吗？
	策略	■ 为了实现目标，组织的战略/策略是否反映了组织外部的威胁和机遇以及组织内部优势和劣势？ ■ 是否仍是实现目标的最佳途径？	■ 个人的目标该如何实现？当初讨论的策略和举措是否有效？需要如何修改吗？ ■ 需要什么新的举措或策略吗？
流程组织与支持体系	流程组织	■ 为了实现目标，是否所有相关的职能都已经到位？ ■ 当前职能部门之间的投入产出流程和逻辑步骤是否合理高效？ ■ 组织结构是否能够支持公司战略？ ■ 流程之间的衔接是否顺畅？	■ 实现目标的流程是否合适高效？ ■ 工作的方法是否正确？ ■ 流程之间的衔接是否流畅？
	支持体系	■ 流程的需求是否反映在适当的工作步骤中？ ■ 是否建立支持流程运转的政策和支持性文件，确保流程能够顺畅运转？	■ 流程的需求是否反映或被识别在适当的工作步骤中？ ■ 是否建立支持流程运转的政策和支持性文件，确保流程能够顺畅运转？
人	能力	■ 关键岗位的人才是否胜任去驱动某些关键职能形成需要的关键能力？ ■ 有什么因素在影响某关键能力的发挥？组织结构合理吗？ ■ 有什么合适的措施支撑核心能力建设从而确保各流程环节有需要的能力？	■ 员工是否具备必要的知识和技能以实现其工作目标以及执行相关流程？ ■ 有什么合适的体系支撑个体能力建设从而确保有需要的能力？
	态度	■ 关键人才是否有积极性去实现这个目标？ ■ 组织有什么政策/制度/体系去激励员工积极性？	■ 员工是否有积极性去实现这个目标？ ■ 公司有什么政策/制度/体系或办法去提高该员工的积极性？ ■ 作为上级，能做什么去提升员工的动力？

续表

绩效变量		组织层面分析	个体层面分析
外部环境	资源/支持	■ 组织是否获得为了实现目标而必需的资源与支持承诺？如基础设施，政府支持，资金	为了实现目标，当初计划的资源和支持是否如期到位？
	外部环境	■ 组织是否遭遇了一些预测不到的外部阻力/变量？这些如何影响目标的实现？	■ 是否出现了一些外部不可控的因素阻碍了该员工实现目标？

- 用上述模型来诊断与分析组织绩效，并思考改进计划与措施。举例如下表5-8所示。

表 5-8　诊断与分析组织绩效示例

绩效变量		组织层面分析	A公司绩效分析	改进计划/措施
目标与策略	目标	■ 组织的目标与政治、经济、文化、技术、市场等方面的当前社会现实是否仍然相适应？	■ 市场规模缩小	■ 由战略投资部和市场部重新拟定合适的目标
	竞争策略	■ 为了实现目标，组织的战略/策略是否反映了组织外部的威胁和机遇以及组织内部优势和劣势？ ■ 是否是实现目标的最佳途径？	■ 产品策略有问题，竞争对手有新品	■ 由战略投资部和市场部重新拟定合适的策略和经营计划
流程组织与支持体系	流程组织	■ 为了实现目标，是否所有相关的职能都已经到位？ ■ 当前职能部门之间的投入产出流程和逻辑步骤是否合理高效？ ■ 组织结构是否能够支持公司战略？ ■ 流程之间的衔接是否顺畅？	■ 生产与采购脱节导致浪费 ■ 后勤人员冗余	■ 生产与采购梳理现有流程，减少因为信息衔接不到位导致的采购浪费
	支持体系	■ 流程的需求是否反映在适当的工作步骤中？ ■ 是否建立支持流程运转的政策和支持性文件，确保流程能够顺畅运转？	■ 授权不明确，销售代表无所适从	■ 销售总监负责重新梳理当前的DA，并重新授权和培训

续表

绩效变量		组织层面分析	A 公司绩效分析	改进计划/措施
人	能力	■ 员工是否具备必要的知识和技能以实现其工作目标以及执行相关流程？ ■ 有什么合适的体系支撑能力建设从而确保有需要的能力？	■ 销售人员普标缺乏新产品的知识 ■ 销售主管执行不力	■ 销售与人事负责出台培训计划，并在下月落实
人	态度	■ 各级员工是否有积极性去实现这个目标？ ■ 组织有什么政策/制度/体系去激励员工积极性？	■ 研发人员的积极性下降，产品开发滞后	■ 人事和研发经理讨论出一个研发奖金的提出方案
外部环境	资源/支持	■ 组织是否获得为了实现目标而必需的资源与支持承诺？ 如基础设施，政府支持，资金	■ 有一笔贷款一直没按预期下来，导致现金流困难	■ 财务和老总负责落实这笔贷款及其他方案
外部环境	外部环境	■ 组织是否遭遇了一些预测不到的外部阻力/变量？	■ 无	■ 无

- 用上述模型来诊断与分析个体绩效，并思考改进计划与措施。如表 5-9 所示。

表 5-9 诊断与分析个体绩效示例

绩效变量		个体层面分析	张小姐绩效分析	改进计划/措施
目标与策略	目标	■ 个人的目标与部门或团队的目标相互一致适应吗？ ■ 目标是基于合理分析得到的吗？反映了 SMART 原则吗？ ■ 该目标仍然适合该员工吗？	■ 对于新手来说，工作负担过重	■ 重新分析任务，重新组合新的目标
目标与策略	策略	■ 个人的目标该如何实现？当初讨论的策略和举措是否有效？需要如何修改吗？ ■ 需要什么新的举措或策略吗？	■ 无	■ 无

续表

绩效变量		个体层面分析	张小姐绩效分析	改进计划／措施
流程组织与支持体系	流程组织	■ 实现目标的流程是否合适高效？ ■ 工作的方法是否正确？ ■ 流程之间的衔接是否流畅？	■ 没有理顺与质量部的检测流程的衔接	■ 与质量部重新梳理产品检测流程与衔接
	支持体系	■ 流程的需求是否反映或被识别在适当的工作步骤中？ ■ 是否建立支持流程运转的政策和支持性文件，确保流程能够顺畅运转？	■ 无	■ 无
人	能力	■ 员工是否具备必要的知识和技能以实现其工作目标以及执行相关流程？ ■ 有什么合适的体系支撑个体能力建设从而确保有需要的能力？	■ 缺乏带人的经验 ■ 缺乏时间管理能力 ■ 不能有效管理工作的优先顺序 ■ 员工也缺技术	■ 参加公司的加速领导力项目 ■ 侧重在时间管理和优先管理的技能训练
	态度	■ 员工是否有积极性去实现这个目标？ ■ 公司有什么政策／制度／体系或办法去提高该员工的积极性？ ■ 作为上级，能做什么去提升员工的动力？	■ 不愿意放弃技术，因此没有时间用于团队管理	■ 澄清作为经理的角色定位与要求 ■ 澄清职业生涯发展定位与方向
外部环境	资源／支持	■ 为了实现目标，当初计划的资源和支持是否如期到位？	■ 没有认真分析需要的支持	■ 认真花时间分析需要的支持 ■ 引进2个技术经验丰富的员工 ■ 陈副总先临时负责一个项目，作为教练演示如何带领团队
	外部环境	■ 是否出现了一些外部不可控的因素阻碍了该员工实现目标？	■ 无	■ 无

- **建立健康的绩效检讨会文化。**

举例如下：

✓ 澄清会议目的。对过往业绩进行回顾，总结与分享失败的教训，总结与分享成功的经验，揭示业绩问题，深层次分析原因，共同找到改进措施和方案。

✓ 澄清会议流程。总经理呈现过往业绩以及差距，每个部门或事业部总经理呈现自己所负责部门或事业部的业绩实现情况，业绩差距，深层次的原因分析，以及自己提出的改进计划方案。总经理与与会的其他经理逐一对各部门的业绩进行质询，以揭示更深层次的问题，并共同探讨可行的解决方案措施。秘书梳理所有的讨论结果，并总结到会议纪要上，签字确认，固定各项行动改进计划的责任人。秘书跟进落实与反馈。

✓ 澄清会议规则。对事不对人；经理要有主动向大家寻求解决方案的胸怀，而不是碍于面子或高筑牢牢的心理防线；善于倾听，可以解释，但不感情用事而急于反驳；统一使用上述绩效分析模型进行分析；不在此会议打板子追责（制度已经规定如何与奖金挂钩，无须在此追责）；鼓励先进，鼓励最大进步，鼓励敢于解剖自己，敢于展开批评与自我批评，敢于征询大家的建议，敢于虚心讨教，敢于说大实话，敢于接受事实而不斤斤计较……

第二十九项
如何进行绩效反馈面谈

案例

● **案例一**

小李在公司从事行政工作3年多,一直表现良好,绩效排名等级基本都是B以上。但今年下半年换了新领导,对工作各方面的要求也有不同。小李一直在努力磨合,但似乎还是有些达不到领导的要求。现在绩效排名已经有向下的趋势。小李着急,虽然和新领导聊过一次,但领导突然被通知去参加另一个会议,因此也没聊出什么结果。小李很苦恼,总想有个机会和领导深度谈谈,可领导很忙啊。年度绩效排名出来了,小李有些失落,有点不想继续在这家公司了。终于新领导约小李进行年度考核面谈了,可没有任何准备就聊了起来。在面谈中,小李每次想准备倾诉自己的苦恼和提出质疑时,领导就打断了他,领导只是不停地说,只要加油努力就可以。然后急匆匆地让小李在评估表上签名确认。面谈结束后很失落,小李想想算了,还是挪个窝吧……

● **案例二**

小王是一家公司的会计,公司的绩效考核是按照强制分布排名的方式进行的。小王每个季度的绩效排名等级都为D,但每次面谈似乎领导也没说出哪些方面做得不好,总是那句话"继续努力"。年终到了,年度绩效排名开始了。小王很忐忑,不知道自己的绩效会不会倒数。终于结果出来了,绩效排名比之前有些许进步,但领导只是让秘书拿了评估表给小王签名确认,什么话也没说。小王很忐忑,认为自己是不是要被淘汰了?如果不是要被淘汰了,怎么连面谈的机会都没有呢?于是,小王鼓起勇气找领导,领导一开口就没完了,指责她总是犯同样的错误、非常粗心、专业技能也不高……批评了一大堆,小王越听越生气,实在忍不住和领导争吵了起来……

- **案例三**

某经理在财年年初为下属设定了绩效目标。在平时的工作中，该经理对自己不喜欢的 A 下属特别上心，只要表现不好的行为都进行了记录，而对自己喜欢的下属则睁一只眼闭一只眼。平时不进行反馈，因为该经理怕得罪一些在公司有威望的老员工，不敢进行反馈。终于到年终绩效面谈了，在与不喜欢的 A 员工进行绩效谈话时，该经理详细罗列了员工工作中的缺点、不好的行为记录和未完成的绩效目标，条条罪状证据确凿……想尽办法将 A 员工"绳之以法"。

常见问题

- **经理经常充当老好人，有怕得罪下属的心态，患得患失。**

经理怕引起部门内部冲突，怕打击员工的积极性（尤其是业绩好的员工），在面谈时只说好听的，不敢对员工的不足进行正面反馈；而是对员工进行旁敲侧击，蜻蜓点水，点到为止，希望员工靠自己的悟性领会上级的意思。

- **经理喜欢躲在暗处记黑账。**

就像案例三，经理对员工的日常工作表现欠缺的部分悄悄在一个小本子上记黑账。等到年度考核时，进行秋后算账，到绩效面谈时一一列出员工差的绩效表现，以此显示自己的威严，显示自己管理有方，显示自己给出的考核等级有足够的证据支持。

- **对喜欢和不喜欢的员工面谈差别对待。**

在面谈时，对喜欢的员工喜欢睁一只眼闭一只眼，同样的错误装作不知道，不反馈。而对于不喜欢的员工，则同样的错误，在面谈中揪着不放，大做文章，大谈特谈，上纲上线。

- **面谈没有准备。**

经理很忙，来去匆匆，因为事实和数据都还没有准备到位，面谈只能点到为止，根本不能深入谈下去，完成签字即万事大吉，面谈就是走过场，完全流于形式。下级提出的问题和质疑无法正面回答，和稀泥，粉饰太平，如案例一。

- **绩效面谈成为经理的独角戏。**

比如案例二，很多经理喜欢在绩效面谈中，一味教唆和指责，不管下属听不听得进去，一吐为快。结果越谈气氛越紧张，心理越对抗，要么起争执，要么员工低头只是僵硬地简单回应几句。

- 面谈没有建立信任的氛围。

上级说一句，下级立即两句三句回敬上级，整个过程像对质或打官司过堂一样。

- 经理情绪失控。

在面谈中，上级的情绪很容易就被下级的一句话或下级的情绪所左右，不能保持冷静，不能调整自己的情绪，被下属牵着走，不小心就被带到沟里去了。

- 下级振振有词，拒绝在考核表上签字，打死不肯认账。
- 下级的态度消极漠然，无动于衷，持一种根本无所谓的态度，上级说什么都无所谓。
- 一年一谈，等着秋后算账。

就像案例三，有的经理，一年到头都不主动找下级进行面谈，而是一直憋着记着。等到年底按照人事部的要求做一次业绩面谈，把过去一年的陈年旧事全部翻出来算老账，恨不得全年压抑的情绪、不满要在这里一股脑全部发泄！

解决方法

- 经理应该正确看待自己的角色。

经理对下属的业绩表现进行记录、考核以及反馈面谈，是作为上级的经理不可推卸的责任。只要是员工的上级，就有管理员工业绩的责任，无法回避。

- 经理应该有宽阔的胸怀和勇气，正面面对各种不同情况的下属。

面对业绩不佳、心里还不服的下级，帮助其成长和疏导，而不是通过小技巧来威胁下属以显示自己的权威。这样只会打压下级的士气，破坏上下级双方的信任氛围，逼员工走向自己的对立面。

- 面谈前双方应该有提前的准备，如表 5-10 所示。

表 5-10　面谈前双方准备清单

经理	员工
1. 提前通知员工做好准备 2. 准备计划、相关资料 3. 搜集绩效信息 4. 心理与情绪准备 5. 评定下属绩效完成的情况 6. 为下一阶段的工作设定目标	1. 回顾绩效计划 2. 评定本阶段绩效完成的情况 3. 找出表现优秀及需要改进的地方 4. 设定下一阶段的工作目标 5. 思考需要的支持和资源

- **认清绩效反馈面谈的目的。**
– 帮助下属提高能力，理解下级在实现目标的过程中遇到的具体困难，从而有针对性地帮助下级。
– 帮助下级回顾业绩，总结经验，对于好的业绩和经验，给予鼓励和认可。
– 帮助下级、启发下级去面对业绩和能力表现上的不足，找出问题的根源，并一起寻找改进措施，通常可以用 GROW 模型来进行。
– 提供必要的资源支持和工作辅导。
– 建立信任，发现问题，激发工作热情。
- **绩效面谈应遵守的基本原则。**
– **2∶8 的时间原则**。少说多听，双向沟通，不要经理一个人在一味教唆，唱独角戏。
– **平时建立信任原则**。在日常的管理中，作为经理，善于与每个下级建立一种相互信任的合作关系，只有信任的前提下，上下级双方的谈话才能顺畅，双方说的话才能听到心里去！具体如何建立信任，参照本书相关章节。
– **不要试图扮演这 5 中角色**：审判官、一言堂的长辈、老好人、挑战者（你超额完成 50% 算什么，我当年超额完成 200% 呢）、报复者（心胸狭窄，处事不公，专抓小辫子）。
– **事实胜于雄辩原则**。直接用数据或行为事实说话，切忌泛泛而谈偏离主题。
– **对事不对人原则**。始终围绕工作中的业绩以及行为表现为中心，不要对下级的性格、个性、品德、文化水平、信仰、身体、家庭、长相等无关因素纳入此处进行评判点评。
– **换位思考以心换心原则**。对下属提出的困难，不着急防卫、反驳，认真倾听与换位思考，有一颗同情心，理解下级的心情。
– **切忌人与人比，而是与当初设定的目标比**。

$$绩效等级 = 实际业绩 - 目标业绩$$

– **随时收集数据，随时随地沟通原则**。不要将业绩问题积累到年底了才做业绩面谈。在日常管理中，常见的需要进行业绩面谈的情形有：下级遇到问题与困惑时、下级的工作进度和成效不如预期时、下级需要资源与支持时、下级的工作方法有问题时、下级的工作态度和积极性影响业绩时，等等。这些时候都需要面谈，需要呈现你观察的事实，把下级的业绩或行为偏差尽快引到正确的道路上来，而不是拖着不解决、不面对、不反馈。

- **情绪控制原则**。无论下级的情绪如何，作为经理的你都要控制住情绪，把住场面以防失控。

- **有备而来原则**。面谈前，经理已经准备好了相关数据和事实。

- **开诚布公原则**。在听完下属的观点后，经理要开诚布公地说出收集的数据事实、等级评价、看到的问题与差距、看到的下级的进步、下级优秀的表现以及来自你的认可与赞赏。

- **坦承认错原则**。当下属提到你做得不到位时，如果属实，作为上级要有勇气承认自己的不足，而不是找出各种理由搪塞和心理防卫。

- **BEST 反馈原则**。当针对某一需要改进的业绩或行为表现时，用四步法进行反馈，即描述行为→表达该行为造成的后果→征求对方的意见→最后着眼于未来的改进。

- 绩效面谈的流程大致为。

- **上级陈述面谈目的**。尝试建立面谈的信任氛围，阐述公司的政策和对下级的重视。

- **下级自我评估**。鼓励对方依据目标做出自我评估，上级要倾听不要打断。

- **告知你的评估结果**。关注事实依据，避免模糊而概括的言论和判断，直面问题，讨论行为表现，而非个性、性格、品德。

- **商讨不同意的方面**。注意不要卷入无关的话题，紧紧关注事实本身。

- **商讨业绩或能力或行为改进计划**。使用 GROW 模型，鼓励对方、启发对方思考如何弥补差距。

- **制订下一步具体的改进计划和做出承诺**。把改进的行动计划落实到具体的事情上，尽量符合 SMART 原则，并有其签名承诺。

- **鼓励和支持**。最后上级表达信心和期望，同时也承诺能够给予的资源支持。

- 绩效面谈中常见的陷阱和处理思路如下。

（1）下级委屈，总说少资源支持。此时应该提醒对方绩效等级是严格比照目标来定义的，至于资源与支持，可以一起回顾究竟缺什么资源，也可以一起看看别的标杆团队和公司的做法。

（2）下级态度极好，连连说对不起。此时你要思考对方真的这么谦虚有诚意想努力改进了吗？不管是或不是，都要求对方找出问题背后的具体原因，并有具体的改进计划。

（3）下级振振有词反驳，感觉要被对方唬住似的。此时耐心倾听，可以做笔记。等对方说完，好好梳理一下，然后把你掌握的事实和依据呈现出来，用事实说话。

（4）下级不断提及比他还差的同事。此时作为经理的你，要坚持今天与该下级面谈，就只谈该下级的业绩，不谈别人的，可以说你也会找某某同事进行业绩面谈。

（5）下级情绪失控。经理要先稳定自己的情绪，说话要慢下来，对方要是迫不及待，就等对方说完，认真地倾听。

（6）下级抱怨你作为上级没有兑现承诺的资源支持。此时让对方说完，如果对方没有说错，是你没有做到位，承诺的资源没有给予，或者真的是工作很忙忽略了一些答应的事情，你就应该有勇气承认错误、有勇气进行自我批评。当你自我批评后，下级一般心情会平静和缓和一点。你此时仍然记住自己的目的，即与下级一起分析业绩偏差的原因和改进计划。

（7）下级拒绝当场签名，或邮寄，或允许下级申诉，并启动调查程序。当下级拒绝当场签名时，就是说下级对这份绩效考核表的结果不同意、有疑义。碰到这种情况经理一定不要发脾气，不要逼迫下级去签，即使签了，也毫无意义。经理应该先慢慢去说服，用事实去指出他的问题出在那里，让下级明白是自己的问题，如果一时仍不能理解，就让下级回去慢慢地想，也可以让他周围的同事去说，直到他自己想明白，愿意签这个字。

有的公司有专门处理这类问题的机制，比如，把考核等级的结果寄到他本人的家里去，并规定，在5个工作日内不服，可以走申诉程序。公司方可以启动调查程序，比如员工本人作为一方，上级作为一方，由HR、工会、员工代表、该员工的上上级以及可能的话还有第三方的人员组成调查小组，对两方的证据和观点做出调查，然后该小组做出调查结论。

如果过了5个工作日，下级没有去申诉，则视为下级已经接受和认可该考核等级，则该考核等级自动生效。

（8）下级与你发生争论，挑战你给出的考核结论。为什么会出现争论？可能你的结论让对方惊讶、出乎意料。因此，平时要多做沟通，反复沟通与反馈，这样就不至于在经理给出考核等级时下级惊讶了。最好的沟通结果是下级看到考核等级结果时，没有惊讶（*No surprise*）原则。

○第三十项
如何选用合适的考核工具激励员工

案例

某公司老总年底要给员工发放奖金、分红包。老总很烦恼，不知道怎么发才合适，并且公司内部还空缺一名部门经理，不知道任命谁。员工情况大致如下。

A员工，经常会成功接到各种销售订单，是有名的功臣，要是没有这些订单，公司早就不行了；他带领的团队也很出色，算得上一支"精炼特种部队"了。这肯定不能少奖金。

B员工，负责客户咨询，十分敬业，勤勤恳恳，不知疲倦地为公司客户解决各种抱怨，从来没有招致客户的投诉。为人也正直，敢于指出和纠正公司的任何不良行为。这也不能少发奖金啊。

C员工，是公司招进来的大学毕业生，有很好的潜力，是公司重点培养的对象，看上去才华横溢，是好苗子呀，公司未来的管理骨干或技术骨干。这也不能少发啊，否则培养半天又跑了。

D员工，该员工人缘很好，人见人爱，人人都愿意跟他一起共事工作，如果少发奖金会让其他员工觉得心寒。

E员工，总是最理解老总的难处，帮助老总解决了孩子上学的问题，帮助老总的夫人解决出国的问题，帮助老总解决物业纠纷的问题。这样的员工少发了，夫人还有意见呢！

F员工，对老板鞍前马后，帮助老板解决了很多工作上的问题，出了很多金点子。不能少发啊，否则谁来出金点子呢。

G员工，前台，兼库管员和文员，平时工作十分认真，100%按照公司要求工作，工作毫无瑕疵。虽然岗位低，但库房的重要物品如果没有她的尽职那不知道会丢多少东西呢，奖金也不能少发。

H员工，是一把技术能手，一般工人一天能加工10个零件，而他能加工20个，要是年终没有什么重要表示，那也会打击其积极性的，要走了可不容易找来这样的技工了。

I、J、K……

Z员工，某单独事业部的老总，很听话，就是业绩还是没有起色，但是忠心耿耿，这点没话说，就凭忠心这点也不能少发啊！

面对这些员工爱将，有的是业绩功臣，有的人品正直，有的是有巨大潜力，有的是帮助处理了家里的私事……老板很是为难，发奖金的目的说白了就是要激励、回报这些好员工，那么有什么办法能帮助老总激励和回报上面这些人呢？

常见问题

- 没有制度规则确定奖金发放。

很多小企业的老板或经理，在决定发年终奖金的时候，往往没有一套规则，没有一套考核体系。究竟按什么因素决定发奖金的数额呢？一会儿想到要考虑能力，一会儿想到要考虑个人感情，一会儿想到要业绩……最终没有一个标准，只能靠感觉了。年年靠感觉，年年弄得自己很苦恼，发多了不行，发少了不行，不发也不行……

- 把年终奖当成激励回报员工的唯一方式。

上级激励下级的方式很单一，把全部的希望寄托在一年一度的年度奖金上，这就使得年终奖的分配变得十分敏感且经理们的压力极大，因为所有员工的激励都眼巴巴只靠这一次！殊不知，其实员工的需求是多样的，激励的方式也是多样的。

- 盲目相信一种考核方式。

比如公司老总上了一堂课，听说平衡计分卡多么多么的好，很多大企业都在用，于是运用平衡计分卡对所有员工进行考核，但发现平衡计分卡对于经理、老总比较适用，对于基层员工却不适用。结果搞来搞去，只是形式上像这回事，但是没有达到真正的目的。

- 盲目用360度考评结果与奖金挂钩。

很多公司一听360度，觉得这很民主，很全面客观啊，但用了发现会激化员工矛盾，员工之间拉帮结派，人际关系搞得异常微妙和诡异。为了迎合360度考评，很多员工都变成和事佬，没有原则没有立场了；而那些敢于做事敢于批判的员工被挤对走了……每个人说话做事都小心翼翼。

- 不知道如何选择合适的考核方式。

在面对这么多类型的员工，面对这么多考核工具，该如何搭配使用呢？每一种方式都有其适应范围和对应的优缺点，如何运用才能克服缺点而发挥该考核工具的优势呢？企业在不同的阶段，内部的管理水平参差不齐，如何做出合理的组合与选择？

- 随便挂钩导致考核方式失效。

比如用360度考评与业绩奖金挂钩，与淘汰挂钩，这就很危险。这很容易把内部管理搞乱，把好人、有个性的人挤对走。比如把业绩与企业文化合在一起得到一个奖金系数，与奖金挂钩，这就会导致员工不知道自己到底哪里做得好才拿到的奖金。这样的结果是导致企业的奖金导向性不明确，员工稀里糊涂拿到奖金了。

- 求大而全的考核。

很多企业通过德、能、勤、绩考核员工的品德，能力，敬业度，业绩等，但是很容易分散员工的注意力，找不到重点。当前大部分500强企业更主张的是合四为二，一块以业绩为主，就是看业绩；一块以员工的企业文化或者价值观为主，看过程的行为。有的公司以前者为主，后者为辅。也有的公司两者并重，各50%。

解决思路

- 作为经理，应熟悉各种常见的考核工具。

（1）平衡积分卡BSC。

平衡计分卡是整个公司的战略执行工具，从财务、客户满意、内部流程与人才发展四个方面来持续衡量公司的运营成功与否，比如财务考核指标是否持续优良，客户是否持续满意，是否有可持续的高效内部流程，公司的人才是否在不断地学习和成长。下面的逻辑关系可以看出这种战略工具的价值与清晰的逻辑关系，如图5-1所示。

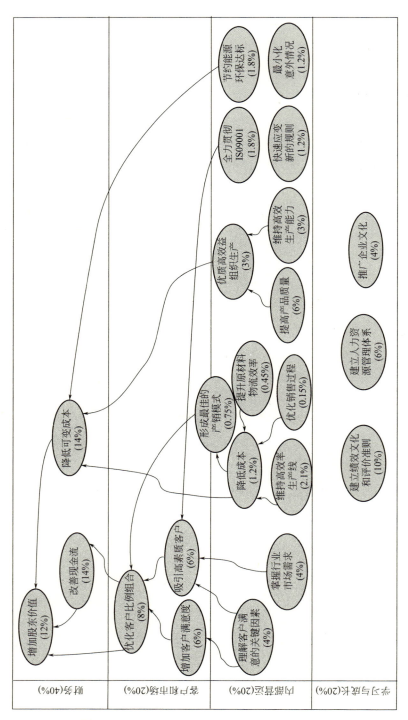

图 5-1 战略工具价值与逻辑关系

（2）KPI。

关键绩效指标，是对公司战略目标的分解，并随公司战略的演化而被修正，是能有效反映关键业绩驱动因素变化的衡量参数，是对关键重点经营行动的反映，而不是对所有操作过程的反映。业绩指标是由高层领导决定并被主要管理者认同的。业绩指标使高层领导清晰了解对公司价值最关键的经营操作的情况，使管理者能及时诊断经营中的问题并采取行动，有力推动公司战略的执行，同时为业绩管理和上下级的交流沟通提供一个客观基础，使经营管理者集中精力于对业绩有最大驱动力的经营方面。如表5-11所示。

表 5-11　某部门业绩指标示例

序号	指标	指标定义	功能
1	产值	一定周期内完成的入库品总额	检测一定周期内的劳动生产总额
2	生产计划完成率	实际生产完成量/计划完成量	检测生产部门生产计划完成情况
3	按时交货率	按时交货额/计划交货额	检测生产部门生产进度执行情况

（3）行为锚定法。

把抽象的概念或能力，由不同层次和深度的行为表现出来、描述出来，从而建立不同等级水平的行为标准。这些行为一般都是在关键事件中被提炼出来的关键行为，有很好的代表性。举例如下。

名称：服务精神

定义：有帮助或服务客户的愿望以满足他们的要求，即专注于如何发现并满足客户的需求。

有追踪：追踪客户的要求、需求、抱怨。让客户对最新项目进展有所了解（但却不深究客户的深层问题或困难）。

保持沟通：与顾客在彼此的期望方面保持沟通，监督客户满意度的执行。给客户提供有用信息以及友善和真诚的帮助。

亲自负责：对客户服务问题采取亲自负责的态度，及时地、不袒护自己的解决问题。

为顾客采取行动：特别在客户碰到关键问题时，主动使自己能随时被顾客找到。例如，提供给客户自己的家庭电话或休假时电话或其他能容易找到自己的方式，或为解决问题在顾客所在地滞留很长时间。采取超出正常范围的措施。

……

（4）SOP 流程检查法。

完成每项工作，都有一个规定的流程动作，以及对每个动作的要求要点。考核就是看在职者是否严格按照这个流程走，以及对关键要点是否执行到位。举例如下，如表 5-12 所示。

表 5-12　SOP 流程检查法示例

步骤	行动	关键点	负责人
1	根据劳动合同签订日期，确定员工劳动合同到期的名单	必须在员工合同到期前 60 天准备出名单	HR 主管
2	根据劳动合同表，查询员工劳动合同相关信息和违纪记录，填写劳动合同续签表中由人力资源部负责的部分	尤其注意过往的全部业绩等级，360 度反馈以及违纪有详细记录	HR 主管
3	将劳动合同续签表及劳动合同续签指导原则交至部门主管，部门主管填写是否续签劳动合同和续签年限	对新老部门经理，确保他们熟悉本指导原则，才能对全公司合同签订政策进行统一	部门主管
4	由更高一级经理审批是否续签劳动合同	更高一层审批的目的是要提醒他们思考是否要人员精简或有其他计划变更	更高一层的经理
5	…	…	…

（5）行为要求检查法。

把一些琐碎的工作都制订严格细致的要求与标准，在日常工作中随时抽查，判定行为是否与标准有偏差。比如对司机的考核中，有一项是驾车行为标准，举例如下。

驾车时：

① 不接电话；

② 不与乘客聊天；

③ 始终扣好安全带；

④ 无超速记录；

⑤ 无剐蹭事故；

⑥ 不抽烟；

⑦ 不看短信/微信；

⑧ 不乱停车；

⑨ 准点到接客地点；

⑩ 无乘客抱怨；

⑪ 无其他不安全的冒险行为。

（6）360 度评价。

上级，平级，下级，内外部客户等对同一人员的全方面评价。可以评价员工的德、能、勤、绩，也可以考核员工的品质，态度，能力，敬业度等。举例如表 5-13 所示。

表 5-13　360 度评价示例

行为描述	1	2	3	4	5
面对新问题时能快速用变通方式解决					
学习新东西很快					
坦然接受变化					
既分析成功，也分析失败，把教训运用到未来行动（强调过程）					
喜欢试验，为了找到解决办法而去做各种尝试					
喜欢挑战不熟悉的任务					
能抓住关键问题所在					
……					

（7）目标管理（量化细化）。

举例如下表所示（表 5-14、表 5-15）。

表 5-14　某行政助理考核表

体系文件管理	对公司体系文件进行登记、管理及发放，并对其进行监督、总结及反馈，执行率 100%
资产管理	公司各类资产台账登记、管理及清查工作准确率及完整性 100%
文书管理	对日常行政文书进行监督，并对所出现的问题进行及时反馈，执行率 100%
资质证书年检工作	熟悉年检工作程序，清楚每年年检时间及地点，按时进行年检，执行率 100%
……	……

表 5-15　某项目经理考核表

项目经费控制	□对项目经费的使用在项目责任书中的经费使用计划规定的正常范围内	□ 100 分：符合要求 □ 0 分：不符合要求
	□项目经费的使用符合公司财务制度和相关手续	□ 100 分：符合要求 □ 0 分：不符合要求
项目进度控制	□本阶段项目进展在时间进度上符合项目责任书规定的时间要求（以项目责任书规定的完成日或经批准的进度计划调整完成日为准）：项目开发周期与项目预期进度之间的偏差情况	□ 120 分：提前完成进度 □ 100 分：偏差小于规定时间的 10% □ 70 分：偏差在规定时间的 10%～20% □ 0 分：偏差超过规定时间的 20%
	□按照项目责任书约定的时间按时向公司报告项目的进度情况	□ 100 分：周例会按时汇报 □ 0 分：周例会未能按时汇报
	□项目的进展按设计的阶段要求在规定的时间内及时进行阶段评估	□ 120 分：提前完成进度 □ 100 分：偏差小于规定时间的 10% □ 70 分：偏差在规定时间的 10%～20% □ 0 分：偏差超过规定时间的 20%
项目风险控制	□对本阶段所面临的项目风险有明确对应的预防和控制措施 □在本阶段内对突发性事件采取了及时的控制和补救措施	□ 100 分：没有发生项目事故 □ 70 分：项目事故及时加以制止 □ 0 分：项目事故没有得到制止
项目质量控制	□项目阶段评估的技术手段符合项目责任书的要求，提供了阶段评审报告、验证报告	□ 100 分：报告得到公司通过 □ 0 分：报告未得到公司通过
	□提供的材料能充分确认项目的阶段性成果	□ 100 分：得到技术评审确认 □ 0 分：未得到技术评审确认
	□阶段性成果符合项目责任书中约定的阶段性要求	□ 120 分：主要技术指标超过阶段要求 □ 100 分：技术指标达到阶段要求 □ 80 分：技术指标基本达到阶段要求 □ 0 分：技术指标不符合阶段要求

（8）计件考核。

适用于劳动成果可以单独统计、能够制订个人产量定额或工时定额并且可以由一个人有效地完成工作的岗位。一般个人月应得计件工资 = 计件单价 × 个人月实际完成合格产品的数量。

也适应于劳动成果可以分开来做，最后组装起来的产品，把加工工序分解到最小的加工单元。比如，生产一件服装，需要裁剪、车工、安纽扣、装拉链……现在比如一个裁剪工，则裁剪工月工资 = 裁剪单价 × 本月的裁剪件数；车工月工资 = 车工单价 × 车工的衣服件数；纽扣工工资 = 安一个纽扣的单价 × 本月共安装多少个纽扣。

也适应于团队或集体计件工资，比如一个完成的产品，需要一条生产线好几个或十几个岗位不同技能的人一起合作才能生产出来，则此时的团队工资总额 = 计件单价 × 团队实际完成的合格产品数量。

当然上述单价，都是按照最熟练的工人来测算其每 8 个小时可以做多少件，然后按照某个合理的价格定价。定价要考虑的既有市场因素，也有其他因素。

（9）提成考核。

模式 1，如表 5-16 所示。

表 5-16　提成考核模式 1

公司名称 / 项目名称	性质	销售人员基本底薪 / 元	提成
XXX 有限公司	开发商销售	1800-2000	2‰ ~ 3‰
XXX 有限公司	开发商销售	2000	1.2‰ ~ 1.6‰
XXX 有限公司	代理商	1000-1200	2‰ ~ 3‰
XXX 有限公司	代理商	800-1200	2‰

模式 2：

销售人员收入 = 基本工资 + 销售佣金提成 + 额外奖励（根据每月销售激励计划 / 策略确定）佣金点数提成考核可以为下表 5-17、表 5-18、表 5-19 所示中的任一形式。

表 5-17 提成考核 - 佣金点数（1）

销售人员	1	2	3	4、5	6	7	8
业绩排名	第一名	第二名	第三名	其他销售人员	倒数第三	倒数第二	倒数第一
佣金点数	3‰	2.8‰	2.5‰	2‰	1.5‰	1.2‰	1‰

表 5-18 提成考核 - 佣金点数（2）

销售人员	1	2	3	4	5	6	7	8
业绩排名	第一名	第二名	第三名	第四名	第五名	第六名	第七名	第八名
佣金点数	3‰	2.7‰	2.4‰	2.1‰	1.9‰	1.6‰	1.3‰	1‰

表 5-19 提成考核 - 佣金点数（3）

销售人员	1	2	3	4	5	6	7	8
达标情况	达标				不达标			
业绩排名	第一名	第二名	第三名	第四名	第一名	第二名	第三名	第四名
佣金点数	3‰	2.833‰	2.666‰	2.5‰	1.5‰	1.333‰	1.166‰	1‰

佣金发放构成与时间可以是表 5-20 表述的方式。

表 5-20 佣金发放构成与时间搭配举例

总佣金提成发放说明	销售佣金提成 70%	月度考核奖金（根据个人的综合素质考评发放）10%	团队后勤建设金（后勤公佣及团队激励考核）10%	收楼佣金 10%
发放比例及说明	符合计提情况（核对客户的签约手续、按揭手续是办妥，资料齐备，房款已到账后）发放 100%	根据每月个人的综合考评得分发放	扣除后勤公佣 60%，40% 根据小组业绩考核发放	业主办妥收楼手续及提交完整的办房产证申请资料后发放 100%
发放时间	隔月与基本工资一同发放	隔月与基本工资一同发放	隔月与基本工资一同发放	业主办妥收楼手续后

模式 3：

个人收入 = 基本工资 +（当期销售额 - 销售定额）× 毛利率 × 提成率

或简单点：个人收入 = 基本工资 +（当期销售额 − 销售定额）× 提成率

模式 4：瓜分制

个人月工资 = 团体总工资 ×（个人月销售额 ÷ 全体月销售额）

而团队总工资在另行办法中核算。

模式 5：同期比制

个人工资 = 基本工资 +（当期销售额 − 销售定额）× 提成率] ×（当期销售额 ÷ 去年同期销售额）n，n 可以为 1 或 2 或 3……视需要而定。

模式 6：价格系数制

销售人员工资 =〔基本工资 +（销售收入 − 销售定额）× 提成率〕×（实际价格销售额 ÷ 计划价格销售额）n，n 可定为 1，如需采取较为严厉的政策，n 也可定为 2，甚至是 3、4……以此来严格控制成交价格。

模式 7：分类阶梯提成

如发型师提成制度：

提成一：熟客（A 单）每月总流水____元内按____% 提成；超过____元以上，超出部分按____% 提成；超过____元以上，超出部分按____% 提成。

提成二：生客（C 单）每月总流水____元内按____% 提成；超过____元以上，超出部分按____% 提成；超过____元以上，超出部分按____% 提成。

（10）排名与末位淘汰法（强制分布）。

末位淘汰制是指企业根据设定的目标，结合各个岗位的实际情况设定的考核指标体系，并以此指标体系为标准对员工进行考核，最后根据考核的结果对得分靠后的员工进行淘汰的绩效管理制度。该制度在许多企业中都有较好的应用，最有名的是比如 GE、华为。末位淘汰制这一绩效管理方式由美国通用电气公司前 CEO 杰克·韦尔奇首先提出并在通用电气公司实践运用的。杰克·韦尔奇命令各层管理者每年要将自己管理的员工进行严格的评估和区分，从而产生 20% 的明星员工（"A"类），70% 的活力员工（"B"类）以及 10% 的落后员工（"C"类）。C 类员工视其实际表现会得到一到两年的改进缓冲期，逾期无改进则被解雇。通用坚定不移地"不断裁掉最差的 10% 的员工"，韦尔奇称其为活力曲线。末位淘汰，在很多企业都应用，尤其是对销售类人员。

（11）述职报告法。

述职的目的是推动组织进行持续绩效分析，思考并找出问题，提出改善绩效的行动或措施，并分享职业经验与知识，这是一种对经理人职业能力的开发手段。通过述职与绩效评价，发掘潜能，提升任职素质与能力。述职内容主要包括：

✓ 目标承诺陈述，要求以量化指标表述完成状况，以经营目标 KPI 的达成情况为主。

✓ 主要业绩行为分析（成功事项分析、提炼经验）。

✓ 主要问题分析（失败事例分析）。

✓ 目前面临的挑战与机会分析：组织当前面临的外部环境（挑战与机会）以及内部环境（优势与劣势）分析（工具：SWOT 分析法）；竞争分析及应对策略（竞争对手、竞争产品）；市场状况分析及相应策略（市场占有率与市场开拓状况）。

✓ 绩效改进的要点与改进措施。

✓ 经理人自我素质评价报告，能力提升要点分析与方法。

✓ 组织健康与管理改进情况，包括文化建设、职业素养与工作态度改善状况、人力资源培训与开发、周边关系协调、流程改善等。

✓ 要求得到的支持与帮助。

✓ 目标调整与新目标的确定。

- 理解各种考核工具适应范围与优缺点，如表 5-21 所示。

表 5-21　各种考核工具适应范围与优缺点

方法	适应人群	衡量什么	用于何用途	优点	缺点
BSC	董事长、总经理、总监、事业部负责人等高层职位	公司或事业部门的业绩	衡量公司的长期绩效和短期绩效	1.BSC 考虑了财力和支持财务的非财务因素，也考虑了内/外部客户，也有短期利益和长期利益的相互结合；充分把公司的长期战略与公司的短期行动联系起来 2.过程管理与目标管理并重，长期目标与短期目标并重 3.使每个部门的工作重点，KPI 与战略有效连接，且确保这种连接有强烈的内在因果关系	1.不能有效地考核个人 2.系统庞大，短期很难体现对战略的推动作用 3.强调考核的全面性，削弱绩效考核的直接驱动与导向作用，分散注意力 4.多数情况下结果因素与驱动因素之间的关系不明显或这种关系的强弱不能被衡量

续表

方法	适应人群	衡量什么	用于何用途	优点	缺点
KPI	主管以上管理岗位	公司或团队或个人的业绩	衡量公司或部门或团队或个人短期绩效	1. KPI简单明了，少而精，易于控制和管理 2. 讲求量化的管理，一切用数字说话，评价标准比较客观 3. 员工按KPI结果作为奖励标准，可发挥结果导向的激励作用 4. 探寻出企业成功的驱动因素。KPI是对关键成功因素的提炼归纳，能发挥其责任成果导向作用	1. 各指标间缺乏必然的内在逻辑联系 2. KPI并不是对所有岗位都适用 3. 指标多是定位在个人、部门绩效上，可能忽视了与组织战略的因果关系 4. 没能跨越职能障碍，可能自己定自己的 5. 可能过分强调结果，而忽略过程管理，这样可能忽略长远利益
360度考评	管理者以及需要侧重发展的个人	各项软能力、素质	员工认识自己，发展自己，以认识、评价和发展为主要目的	1. 减少考核误差，使考核结果相对更客观公正 2. 员工高度参与，更容易接受考核结果 3. 有利于提升企业整体人力资源管理水平和员工素质，可以激励员工提高自身全方位的素质和能力 4. 有利于管理者自身素质的提高和认识真实的自己	1. 操作成本较高，需要大量人力物力 2. 以定性打分考核为主，主观性比较强 3. 因部门岗位数量和岗位性质不同，会产生一定的不公平性，有的岗位易得罪人，比如法务审核等部门 4. 容易流于形式，沦为"人缘考核"，不敢说真话，打人情分 5. 如操作不当，容易变成拉关系搞圈子的文化氛围。也易激化内部矛盾，相互猜忌
MBO	大部分岗位	任何公司、团队或个人的业绩水平	个人或团队或公司短期业绩	1. 目标管理中的绩效目标能通过量化或细化而分解 2. 考核的短期效果明显 3. 组织目标与员工目标结合 4. 有助于权力下放，员工自治；用自我控制的管理代替压制监督性的管理	1. 过分注重结果而忽视过程控制，指导性的行为不够充分 2. 目标的设定可能存在异议 3. 设定的目标基本是短期目标，忽视了长期目标，会导致短期行为 4. 目标常变动会影响执行效果和管理者及员工执行目标的决心 5. 目标难以确定且不易在各部门间进行平衡

续表

方法	适应人群	衡量什么	用于何用途	优点	缺点
行为锚定	所有个人	价值观、软能力、素质	员工认识自己，发展自己，塑造企业价值观	1. 把抽象的能力用具体的行为来进行表达和描述，从而易于考察与衡量 2. 把行为的水平进一步定义，从而把该能力或素质也进一步加以区分 3. 给员工树立一个清晰的行为标杆，可以不断比照，找差距	1. 企业花很多时间寻找优秀人员的关键事件进行提炼，才能对一项素质或能力的行为描述进行定义和界定，这很耗时间 2. 员工或经理，如果没有时间去观察或者不善于观察，则捕捉不到这些行为
计件考核	能计件制的工人或团队	在限定质定量下的产品数量	考核能计件衡量的个人或团队	1. 业绩完全量化，很客观、很直观，充分体现多劳多得 2. 减少上级的监督和过程管理 3. 业绩与报酬之间的关系，也很容易计算和挂钩，没有争议	1. 很多工作无法按照"件"来衡量 2. 如果与薪酬挂钩不当，可能触犯劳动法或劳动合同法等 3. 为了追求工资报酬，员工不惜牺牲身体、不顾安全
提成考核	销售人员以及部分研发人员	衡量销售收入或利润	考核销售业绩	1. 业绩完全量化，很客观、很直观，充分体现多劳多得，多贡献多得 2. 减少上级的监督和过程管理 3. 业绩与报酬之间的关系，也很容易计算和挂钩，没有争议	1. 很多工作业绩无法按照"收入"来衡量 2. 为了追求短期的业绩以及对应的工资报酬，员工行为很可能采取短期行为，追求短期利益最大化而伤害了长期的利益
强制分布或末位淘汰	所有人数多的团队	业绩或能力	淘汰业绩或能力末位的人	1. 强制排队，始终给予压力，有鲶鱼效应，保持团队内部或之间处于一种竞争的活跃状态 2. 有利于干部建设和监督，如果有360度考评，则对干部是一种鞭策和督促，有利于建立精英团队 3. 激励团队斗志，保持一种和对手竞争的精神状态，一种被激活的状态 4. 通过淘汰落后的人，这样就有机会引进更优秀的人才	1. 刚开始时，或许见效快。但越到后面，淘汰的人不能及时招回来，后继无人 2. 员工之间因竞争而猜忌和相互拆台 3. 考核机制不健全会导致好人被挤对走，比如用360度评价，很可能越坚持原则得罪人越多但业绩很好的却被挤走了 4. 干活多，出错多，为了不出错，能少干就少干 5. 末位淘汰有违反劳动合同法的风险 6. 末位不末，即在你这里末位，但实际在市场上仍然很强 7. 小部门总共没几个人，无法使用

续表

方法	适应人群	衡量什么	用于何用途	优点	缺点
述职报告	中高管理层	业绩，认识与反省能力，不足与改进	业绩评价，主观认识与反省，后期改进计划	1. 检讨得失，促进反思 2. 全面的职责回顾与检查，强化责任意识 3. 针对自己的不足提出改进意见与分享教训，能反映出对自己的认识深度，以及思维能力	1. 自我评价有主观的成分 2. 需要长篇报告，耗时间，一般的员工不适合此形式
行为检查法	辅助行政岗位或工人	行为抽查	进行过程管理，衡量行为的规范程度	1. 能很好地把各细项的任务标准一一罗列，从而制订每个小任务的要求标准 2. 直观、客观，不容易有争议，一切以为任务要求而定义的行为标准为准绳	1. 只适合于琐细无法直接用结果和无法用KPI衡量业绩的岗位 2. 需要花时间对这些要求标准进行详尽罗列和制订 3. 考核靠行为抽样，因此不能全面精确
流程检核法	辅助行政岗位或工人	行为抽查	进行过程管理，衡量行为的规范程度	1. 促进流程的完善与改进，一切以流程为中心，不断考核促进企业从人治走向法治的过程 2. 容易检查和核对是否做到位，检查的过程就是一次强化的过程 3. 标准明确客观，不容易有争议	1. 只是适合很多初级岗位，如工人或办公室岗位 2. 需要花时间对这些要求的流程进行详尽罗列和制订，并不断优化 3. 考核靠行为抽样，这样也可能不够全面精确

- 回到前面的案例中，那么老总可以选择哪些合适的考核方式对这些代表性的人群进行考核激励呢？请参考表 5-22。

表 5-22 代表性人群考核激励示例

代表性人群	平衡计分	KPI	360度	MBO	行为锚定	行为检查	SOP流程	计件制	提成制	强制末位淘汰	述职报告
A 销售经理		√	√		√				√		√
A 下面的销售员					√				√		
B 客服					√	√	√				

续表

代表性人群	平衡计分	KPI	360度	MBO	行为锚定	行为检查	SOP流程	计件制	提成制	强制末位淘汰	述职报告
C 管培生				√	√						
D 人缘好				√	√						
E 解决孩子上学					√	√	√				
F 出点子				√			√				
G 文员					√	√					
H 熟练工					√			√			
I……工人					√			√			
Z 事业部 GM	√	√	√								√

- **老总如何把考核结果与奖金挂钩？**

每个人的奖金分成两块：一块是业绩奖金，一块是企业文化奖金。

√ 业绩（what）奖金只依赖于员工的最终绩效结果，只用数据说话，这样就传递出业绩与奖金之间的对应关系。这部分奖金不考虑任何人情或感情因素，否则就会扭曲这种绩效与奖金的对应关系。无论有什么原因，哪怕是运气不好，员工也只能认命。

当然，很多企业的考核机制不够健全，设置目标的时候没有考虑到需要的资源或者某些假设性条件估计不准等因素导致员工很努力但没有好的业绩结果。不要紧，企业要朝这个方向不断调整自己的业绩管理体系，这就是一个不断调整改进的过程。但无论如何不能用感情代替客观的业绩数据，不管是谁，都用业绩数据说话，这也是一种绩效结果为导向的文化塑造过程。

√ 企业文化（how）奖金的发放依据是实现目标的过程以及平时的工作表现。这里也是说，员工目标可能因为种种原因没有实现而拿不到奖金，但是该员工的过程管理很好，真的很尽力了，周边的同事和领导都有目共睹。这是一种实现目标的过程行为和精神的体现，企业也要弘扬，这就是企业文化塑造的过程。比如，负责任、不推诿、计划性强，完全按照流程走，能和各种人员密切配合，有主人翁精神，愿意分享知识经验，正直、敢于指出任何不正之风，正义果敢、为了维护公司的利益敢于和坏人斗争到底，始终积极向上、很正面阳光，遇到困难从不抱怨而是积极想办法，不断有点子、新思路……这些不就是企业要弘扬的企业文化吗？那么这些考核，就是上面的行为锚定法或360度考评可以加以鉴别的部分。

这部分有一定的主观性，有一定的人情分，但至少有案例佐证，可减少这种主观的成分，站在企业的角度看，也是长远发展需要的一种企业文化精神。员工即使短期内因为种种原因，业绩不理想，但仍然是企业可以培养的对象，这种人就像一颗种子，有正确的企业文化精神，可以影响到周边的一片人群，是活雷锋，对于企业正面的文化氛围的营造是有贡献的，因此可以考虑与部分奖金挂钩。

✓ 上面两块奖金是分开的，不要混在一起，业绩是业绩，文化是文化。这样就有清晰的导向作用，即公司既重视作为结果导向的业绩，也重视作为行为过程导向的企业文化的塑造与巩固。

✓ 每个人的目标业绩奖金或目标企业文化奖金是多少，一般都与每个员工的工资成比例的关系，不同的公司，有不同的比例政策。

- **不同考核工具与不同管理目的的关联关系**

✓ 与业绩奖金挂钩的考核工具。大部分考核工具都是以业绩为导向的，因此与业绩奖金挂钩更紧密，比如，BSC、KPI、MBO、行为检查、SOP流程、计件考核、提成考核、述职报告等。

✓ 与企业文化奖挂钩的考核工具。行为锚定法可用来衡量企业文化，而所有员工都应该遵守弘扬企业文化，因此考核结果可以和企业文化奖挂钩。

✓ 与发展/晋升/淘汰/转岗挂钩的考核工具。有一些考核方法不太适合与奖金挂钩，而是以发展或淘汰为目的的。比如360度考评，主要用于发展目的，用于员工和公司更好地认识和评价在岗员工的发展优势与发展潜力。末位淘汰法，在GE运用末位淘汰时，对末位10%的员工进一步考察，增加培养或转岗的机会，如果1年或2年内仍然不行，则真的淘汰出局。另外淘汰法也能很好地激励在岗位人员，起到鞭策的目的。述职报告法，其使用的目的也在于考察干部们对自己、对业绩问题的分析思考反省能力，也有发展干部的目的，增加干部的责任感。

第三十一项
如何管理工作流程

案例

某小型外企的差旅费报销流程一直没有定义过，每次都是员工靠打听才知道如何一步步填表报销。在一次总经理办公会上，很多经理提出这个问题。于是财务总监要求他下面的人草拟并发布了第一版的差旅费报销流程，如表5-23所示。

表5-23 差旅费报销流程第一版

步骤	行动	备注	负责人
1	员工收集票据信息，并填写两张申请表，交给上级主管		员工
2	上级主管审核		直接上级
3	上上级审核		上上级
4	财务会计A审核，主要审核表格格式以及是否符合公司的政策	（只在周五受理）	会计A
5	财务会计B审核，主要审核金额是否正确无误		会计B
6	副总审核		副总
7	总经理审核		老总
8	出纳申请现金		出纳
9	员工去找出纳领取报销的款项	（只在月底最后一天受理）	员工

总算有进步，终于有一个流程引导大家报销了。但很快发现问题来了，在第一步，要填写的申请单半天找不到，好不容易找到了，是一个英文的申请单，还有些专业术语看不懂。可怜很多员工看不懂，找财务要中文的单子。财务说，我们很忙，又不是负责翻译的，你们找一个看得懂的人教一下不就行了吗？几句话打发他们走了。很多人为了要报销手上的钱，得填好几遍才能填对单子……

又过了一段时间，某员工出差回来报销住宿费，但发现没有成文的政策。员工先给上级经理批准。但经理也不知道如何批复。问财务，财务说这是人事部的事。

问人事，人事说这个报销流程是财务定的，问财务吧。上级经理想了想，先批了再说，反正后面的上上级会把关的……就这样一直到老总那里。老总看了看，没有制度、没标准，怎么这些经理都批了呢？但他知道他是重要的最后把关者，不能批，结果一搁就放了数月，这数月制度也没有出来！

快年底了，很多员工赶在财年结束前报销。结果每天都有人把报销单子转给会计。会计很烦，干脆修改第4步，改为：为了提高效率，只在每周五接受报销的申请单，其他时间拒收。报销的单子多了，出纳也很烦，老是有人去找她咨询报销的钱有没有下来。她看到会计这一招挺好的，于是也发一个通知，把第9步改为，只在每月的最后一天接受员工咨询并发放报销的款项，其他时间一律不受理！

有一天，某员工在填第一步的时候，就发现要填两张内容其实差不多的申请单。填着填着填烦了，找财务理论，为什么要填两张申请单？没有这个必要啊，为什么不能两张申请单合并到一张呢？财务经理也理直气壮地回复："一直就这样填的啊，以前不也一样填吗？就你多事！"员工想想算了，只能忍气吞声。

常见问题

- 没有流程，没有章法，人治代替法治。

很多企业没有规范的流程作为指导，相反依赖于一两个老员工的操作经验来指导大家如何一步步推进工作。这种做法效率低下，随意性强，如果在岗员工生病 / 或不在或遇到其他情况，则企业日常运转立即受到影响。

- 流程衔接不到位，跨部门沟通困难。

很多流程都要跨岗位、跨团队、跨部门，如何确保这个流程能够执行顺畅，很大程度取决于各环节各节点人员之间的理解、协调与默契配合，否则只要中间一个环节一个领导不同意，往往就流转不下去！此时，往往需要高层插手协调解决。

- 流程死板，不灵活，效率低下，没有改进。

工作流程已经过时，实际执行的流程与纸面上规定的流程出现越来越大的偏差。流程如果一成不变，不与时俱进，则很可能与实践脱节，慢慢变成制约实践的枷锁，慢慢失去效率，慢慢失去指导的作用，最后只能被抛弃。

- 流程就是自己一个人制订的，让大家围绕一个人转。

就像上面的例子，财务部人员定的流程，完全按照自己的喜好来设定游戏规则，如何方便自己就如何定义流程，至于客户的感受那是客户的事情。流程制订过程中没有征求其他员工的意见，以自我为中心，完全为自己服务。

- **流程的环节没有执行要求。**

很多流程规定了谁谁批准什么，但没有具体的执行要求。比如说，很多公司规定了什么类型的报销要分管的副总批准才能生效，这种规定本也无可厚非，但是没有具体的时间规定。结果呢，副总出差了，副总有事外出了，副总生病了，副总休假了，副总开一个重要的会了……在副总电脑邮箱里或办公室桌子上的待批文件，猴年马月能够批准呢？很多时候一等就是十天半个月！为什么不能规定，比如"3天不批准就默认为已经批准"呢？只有这样，副总才知道批准的要求，才有压力，才能规划自己的时间，通过提前批准或授权给相关人员，从而确保流程能顺利运转，而不至于卡在他那里！

- **一没流程就乱套，一有流程就僵化。**

很多企业，以前没有流程，觉得乱，大家喊着要流程，所以部门写了厚厚一打流程。好了，真有了流程，就僵化了，本来打一下招呼就搞定的事情，现在人人开始打官腔，签字一长串还办不下来。企业老板见状，左右为难，一管就死，一放就乱呀！

- **人走了，做事的流程和方法也带走了。**

一个有经验的员工离职了，很多做事的方式和流程也带走了，接替他的新员工，半天摸不着头脑，不知道如何做起。比如，企业执照要进行年检，那么新来的接替者就犯愁：找哪个政府部门？找哪个接口人？要填什么表单？如何填写？需要哪些部门的什么信息？需要准备哪些具体申请材料？有什么格式要求？有什么日期要求？

- **两张皮现象，即流程是流程，执行是执行。**

公司内部有工作流程，但谁去看它呢，谁在乎过这个流程呢，谁把这个流程当回事呢。久而久之，流程躺在抽屉里，长满了灰尘，无人问津。流程归流程，做事归做事，风马牛不相及。曾经的一场要流程、要规范化管理的运动似过往云烟，没有留下什么痕迹，每个人的做事习惯十年前是什么样现在还是什么样！

解决思路

- **认识到流程的作用。**

业绩 = 人 + 流程 + 外在环境。如果流程完美了，则对人的依赖就少了，如果流程不够清晰透明，就必须依赖于人的能力与经验了。越是没有制度与流程的企业，越需要能人的经验，这大概就是人治了。反之，越是有流程和制度规范的公司，越能降低对人的要求，从而更依赖于制度和流程本身的运作，这大概就是法治了。法治后的流程，就像 GPS 导航一样，引导在职人员如何一步步操作。在一种极端完美流程的情况下，那是不需要天才的，而是普普通通的人即可。

- 建立流程为王的企业文化，让流程成为执行的准则。

企业都是从小到大发展起来的，企业在早期，在快速发展阶段，当然靠几个能人的直觉、能力和激情把企业迅速做大。随着规模的扩大，企业要善于把个人头脑的最佳实践经验总结为有效的工作流程，从而使做事的方法和经验得以流转与传承。企业建立流程为王的理念和文化，就像麦当劳的理念：一流的流程，二流的管理，三流的人才。要有尊重流程大于尊重老板和权威的文化，而不是刚好相反，否则，老板的几句话就可能把已经建立的流程与制度给废了，又回到人治了。

- 识别需要建立的关键流程。

哪些流程需要优先建立呢，一般从以下这些角度思考：

- 该流程影响部门关键目标的实现；
- 该流程影响公司战略实施和核心竞争能力形成；
- 该流程影响客户满意度；
- 该流程对日常管理有明显提升作用；
- 该流程改进后见效快，投入低，提升业绩的可能性大；
- 该流程重复性强，且很多人在重复这个动作过程。

- 建立项目小组，让小组来协调和运作，确保企业流程和制度体系的建立与完善。

这包括：

- 确定核心流程与建立流程的优先顺序；
- 确定每个流程合理与否的检验标准；
- 确定流程推行、导入、落实、监督及与时俱进的修正检讨；
- 流程的最终版本的确定与拍板；
- 建立与流程相对应的执行文化，形成一种习惯；
- 协调流程的跨部门流转与衔接。

- **检验一个流程合理与否的 21 条军规（标准）：**

    - 该流程有明确的牵头的流程负责人；

    - 流程负责人有能力监控整个流程运行；

    - 流程负责人监督该流程贯彻落实的程度：谁在破坏流程？哪个环节堵住了？

    - 流程负责人进行 PDCA 改进，使流程得到与时俱进的更改、调试、完善，不断升级优化；

    - 流程负责人辅导各流程节点的执行人员；

    - 各个节点人认可或意识到该流程，并有意愿执行；

    - 各个节点人具备流程要求的执行能力；

    - 各个节点人有相应的权力；

    - 各个节点人明确对自己的职责与执行要求；

    - 流程始终以目标为中心，比如控制风险，压缩交货时间，提升交货质量，压缩成本，不同的目标就有不同的流程设计；

    - 流程始终以方便客户为出发点，而不是以方便自己为出发点；

    - 流程中减少删除多余的不增加价值的环节，减少等待时间和非工作时间；

    - 流程尽量合并职责尽量同一个人负责，合并职责，减少同一职责在不同人之间的传递（除非要交叉检查控制风险）；

    - 流程减少转移与跨部门跨岗位的协调环节；

    - 流程某些环节有决策和风险控制点，并有执行要求、执行标准的清晰描述（比如超过 3 天不批，视为已经批准）；

    - 有支持性的标准工作表单；

    - 有支持性的制度，从而帮助决策者做决定；

    - 领导人率先垂范执行流程；

    - 流程是最佳实践的不断总结，可以是公司最佳、行业最佳、跨行业最佳、客户认为最佳等；

    - 流程执行到位与否有反馈；

    - 流程的步骤以及对每个步骤的要求，考虑了客户价值与资源约束之间的平衡。

第六章

薪资激励

- 第三十二项 如何定义新进人员工资水平
- 第三十三项 如何对晋升员工的工资进行调整
- 第三十四项 如何进行年度调薪
- 第三十五项 如何激励下属

○ 第三十二项
如何定义新进人员工资水平

案例

某公司研发经理面试一名工程师小刘，研发经理十分满意，希望立即入职。但现在是年底，如果小刘迅速从上一家公司离职而来本公司报到，则会损失原公司的年终奖，这让小刘很犹豫。小刘要求的月工资为 15000 元，理由是在当前公司的各种收入之和就已经 15000 元了，不可能降薪啊！经理无奈，同意就按照当前的工资水平，至于这些损失的年终奖，答应半年后可以考虑补偿。就这样小刘入职了。入职 3 个月后，公司其他几位类似的工程师，在一个偶然的机会得知小刘工资水平比他们高出 5000 元多！这些老工程师心理不平衡了，要求经理给个说法，否则罢工撂挑子。经理深知这些人都是花了很长时间培养出来的技术能手，不能流失，无奈之下把这几个工程师的工资都调高了才勉强平息此事。一波未平，一波又起，没过多久，其他部门的骨干和主管听说这件事后，也纷纷找自己的经理要求涨工资……

话说此时，半年已经过去，新招聘的小刘还记得经理说过，半年后可以补当初损失的年终奖，于是要求兑现。可经理的回答是："我当初是说如果你的业绩很好，可以补偿，但现在你的业绩我不太满意，因此不能给。"小刘欲哭无泪，只能用脚投票，一气之下，选择一走了之……

HR 在做离职面谈时，了解到小刘的确在原单位月收入 15000 元，但其中已经包括了原公司不交公积金而补偿的 3000 元，原公司食堂要花钱就餐的饭补 1000 元，原公司电话费补贴 1000 元。作为对比，其实本公司已经交了公积金，因此可以省那 3000 元，另外，公司的食堂免费，且电话费实报实销，因此完全可以又省 2000 元。只可惜，现在一切都为时已晚了。

常见问题

- 新入职员工工资高于同岗位在职员工工资。

就像案例中的情形,直线经理常常因为要人心切,手中也没有合适的人选,而对候选人又十分中意,于是在没有充分考虑内部公平的情况下,自认为工资可以保密,于是迅速给出了邀请。入职后,总有透风的墙,一旦败露,员工对公司的不满立即显露出来,严重影响员工的情绪、积极性、内部团结以及队伍的稳定性。

- 用人心切,爱才心切,对方要多少给多少。

很多经理,看到很中意的候选人,几乎对方要什么就给什么,如果 HR 拦着,就跟 HR 过不去。但招进来后发现,业绩平平,没有当初想象的那么优秀,很后悔当初给出那么高的工资,于是又找 HR 想方设法辞退。

- 口头承诺,事后不兑现。

就像案例中的那样,入职前答应的事情,一旦入职过了一段时间后,很可能百般推脱,找种种借口(比如业绩不好、公司效益不好)拒绝给候选人补发原公司年终奖。

- 面试时与老板谈好工资标准,入职后要写进劳动合同时,老板就找各种理由不同意。

在面试时用含糊的说法先把人招进来,比如"只要你好好干,我不会亏待你的",或者"等公司上市后我把欠你的补发给你"。结果工作后,候选人理解的好好干和老板理解的好好干根本不是一回事。但此时,候选人已经和原公司解除劳动关系,又没有其他工作,有一种吃了哑巴亏的感觉,整天带着不满和愤懑的心态工作⋯⋯

- 老板对候选人进行暗示,误导候选人。

某公司销售总监在面试过程中被候选人问及薪资的问题,销售总监没有直接正面回复,而是说"我公司的工资还是很有竞争力的,你看我们公司小王的资历、知识、年龄和你差不多,他每月能够赚到 3 万元左右,我相信你将来也能够像他一样"。等候选人入职后才发现,总监所说的小王在公司已经工作了 15 年,已经是副总监的位置了,那当然可以月薪 3 万元啊,可候选人却还是一个小小销售主管,月薪都还不能过万⋯⋯

- 有些候选人为了抬高身价,故意虚报原单位的工资水平。

当被要求证明其原来的薪资水平时,有些候选人百般推脱,支支吾吾,讲不明白,一会儿说原公司没有发放工资条,一会儿说银行很难打流水证明,一会儿说已经和原公司 HR 同事失去联系,一会儿说提供的工资证明不能盖章……而此时 HR 和公司却信以为真。

- 新入职员工工资明显低于同类岗位在职员工工资。

面试者由于之前公司规模较小,发展较慢,公司薪酬结构不合理,其工资水平远远低于现公司同岗位员工薪资。面试者入职后了解到公司类似或相同岗位员工的工资水平,觉得很不公平,很不满,并慢慢影响到工作积极性。而公司 HR 却说,当初谈的条件就是这样的啊!一句话让员工有苦说不出,总感觉吃亏了,无比郁闷。

- 之前虚高的奖金变成现在的固定工资。

某公司老板在面试过程中问及面试者原公司薪资水平时,员工说:"我的年基本工资是 20 万元,业绩好则奖金能够达到 20 万元,因此我的年薪是 40 万元,"而实际上该员工在原公司的绩效很难达到公司的要求,实际奖金也就是几万而已。但老板没有多想,就相信面试者在原单位能拿 40 万元,因此按照 40 万元作为底线与候选人讨论在本企业的工资水平。

- 一大串真真假假的补贴。

就像案例中面试者往往会列举一串之前公司的各种补贴,例如住房补贴、午餐补贴、通信补贴、交通补贴、高温补贴、防暑补贴、出差补贴、取暖补贴等,基本工资可能不高,但其各项补贴加起来已经远远超过公司能够承受的范围了!

- 用局部工资比局部工资。

某公司 HR 招聘专员在和一名面试者进行薪资谈判时,了解到面试者现在的薪资是 8000 元人民币每月,招聘专员在和部门经理商量后给面试者每月 9000 元人民币,面试者表示很不满意,要求至少要涨 20%,于是人事部和部门经理商量后给面试者每月 9600 元。进来后,薪资福利经理一看,觉得不止涨了 20%,因为面试者在原公司并没有享有原公司能提供的第十三个月薪资,且没有年度绩效奖金!但现在想与新入职员工重新讨论减少固定工资,员工已经不同意了。

- 关于薪资福利的问题,用人部门经理提供了错误信息给候选人。

比如,部门经理在面试过程中,被面试者问到每年会有多少天年假,该经理只知道自己有 20 天年假,于是不假思索就回答每年有 20 天年假。但面试者入职后,发现只有 12 天年假,于是找用人部门经理和人事部理论。其实,不仅局限于年假的问题,还有诸如在哪里上保险、每年涨多少工资、是否有加班等问题,如果部门经理不清楚，都可能回答错误而导致面试者有一种被骗的感觉。

解决思路

- **识别真假。**

认真识别面试者在原公司的工资和各项福利的真真假假，比如让面试者提供有效工资证明、银行流水证明、进行背景调查，面试过程中要求面试者提供真实薪资水平，并且告诉面试者 HR 会进行事后调查，这确保面试者不敢说假话。

- **有些项目不能用来抬高录用的工资水平。**

比如面试者在原公司有吃饭补贴，但到你的公司后，免费吃饭，那这项补贴自然不能作为增加工资的理由；又比如面试者在原公司有电话补贴，但你的公司电话费实报实销，此项也不能用来作为其原来的收入而抬高聘用的工资水平；再比如原来在外地有住房补贴，现在回到北京后面试者有居住地，当然不能因为要租房而抬高工资水平。

- **用整体年度现金收入做比较，而不是局部与局部比较。**

请看表 6-1 所示。

表 6-1 整体年度现金收入比较示例

项目明细	原公司			本公司			增长率
	数额/元	月份（12 or 13）	总额/元	数额/元	月份数（12 or 13）	总额/元	—
月基本工资	8000	12	96000	9200	13	19600	15%
各项补贴	1000	12	12000	300	12	3600	—
其他额外的现金收入	—	—	—	—	—	—	—
固定收入之和	—	—	108000	—	—	123200	14%
年度实际业绩奖金	—	奖金系数 0%	—	—	奖金系数 10%	11960	—
其他奖金	—	—	—	—	—	—	—

项目明细	原公司			本公司			增长率
	数额/元	月份（12 or 13）	总额/元	数额/元	月份数（12 or 13）	总额/元	—
总体现金收入	—	—	108000	—	—	135160	25%
其他非现金福利							
社保	有			有			
教育资助	无			有			
商业保险	无			有			
电话报销	有			有（100%报销）			
年假	无			12天			
病假	无			10天			

从上表可以看出，如果只是局部的工资与工资的比较，工资从8000元涨到9200元时，只是涨了15%，但是看看整体现金，实际上就不是只是15%了，而是25%！而且，还可以看到多出了各种非现金性福利。

- 一定要履行承诺，不能履行就不要承诺，否则员工进来后有一种上当被骗的感觉。
- 提供专业而可信的回答。

作为用人部门的经理，有关薪资和福利的问题，尽量让HR回答，否则容易回答错误而引起争议。面对面试者的提问，部门经理对于自己不了解的问题不要轻易回答，如果要回答，最好与人事部确认后，再进行回答，例如关于公司的年假政策、工资发放日期、保险缴纳比例、加班工资的结算、劳动合同签订期限、试用期期限、调薪政策、社保福利的选择、年假天数多少等等。

- 当我们给面试者回复整体现金回报时，不要拍脑袋，而要考虑以下关键要素。

- 外部的市场行情。这类人才目前在市场上一般是什么价格？很多公司都会定期从美世或其他人力资源咨询公司收集类似的市场数据报告，或者公司组织小范围的调查，调查特殊群体的市场薪资行情。

- 内部公平的问题。很多公司实际上做不到真正的薪资保密，就更需要考虑内部平衡的问题，要和相同岗位、经验、技能的内部员工做横向比较。

- 公司的预算范围。
- 面试者能多大程度胜任本岗位。
- 未来激励的问题。任何公司对一个岗位都有一定的薪酬区间和范围，如果一招进来就贴近天花板，那将来还如何进一步激励？
- 薪资有刚性，上去了就下不来。因此要考虑是否可以用变通的办法满足面试者。比如给一次性的入职奖金、完成奖能否实施分步走的策略。
- 面试者期望的工资增长水平。
- 岗位的重要性。越是重要和有战略意义的岗位，越要做特别的考虑，哪怕在制度框架之外，反之则不用。
- 人才的稀缺性。越是稀缺，越是要打破常规去吸引人才。试想，如果几年都没有遇到类似的人才，现在好不容易有一个，你还会过分拘泥于现有的制度吗？

- 求职动力与期望的工资水平的关系。

越是有远大抱负，越是对公司青睐，越是看重将岗位作为一个发展平台的人，越是不会对工资太计较，太敏感；相反，越是对工资过分斤斤计较，动机越是不强，在今后唯有工资可以起到激励作用，这种员工不太在乎将来的成长、进步，不愿意付出和牺牲，不愿意做贡献。

- 如果期望的工资水平明显低于可以给付的水平，可以通过小步快跑原则来解决。

如果对方期望月薪是 5000 元，但公司其实可以给付 9000 元，则通过小步快跑原则，慢慢追上目前人员工资水平，又有机会观察业绩和能力，并可以持续激励。比如告诉对方，只要业绩好，每半年可以回顾一次他的工资水平，这样每半年激励一次，起到很好的激励作用。越是高端职位，其展现业绩和能力的时间越久，越需要时间观察。

- 特事特办。

有的时候，面试者要的工资水平，显然比同类岗位的员工工资要求高。此时可以考虑增加面试者的工作职责，使其工资变得不可横向比较，这样用更高的薪资也不会有明显的可比性。或者有的企业工资不保密，但奖金是保密的，因此奖金可以有很大差别，从而保证对个人的回报有较大差异。

- 可以采用 EVP（Employment Value Proposition）的概念与面试者进行薪资谈判。

毕竟面试者也不只是看薪金报酬，还有很多因素需要考虑，如工作的成长性、培训机会、办公室的舒适性、办公地点的便利性、差旅费多少、工作时间弹性等。

- 处理内部公平与外部竞争性的矛盾。

如果某面试者期望薪资是 10000 元，而公司内部类似岗位的工资是 8000 元，如果给出的工资是 10000 元的话，则打破内部平衡，如果不给则面试者又不愿来，此时应考虑以下几点。

– 是否存在错误的人岗匹配。公司的薪酬战略适合市场上 50 分位的人才，而你寻找到的是市场上 90 分位的人才，显然薪酬太高了，和公司的薪资战略不匹配！

– 使用上面的 EVP 思路看能否只给 8000 元工资，再从其他方面进行弥补，比如发展机会、培训机会、锻炼机会、更好的办公配置、弹性的工作时间等。

– 看此人能不能承担更重要的工作职责，从而放到一个更高的工资等级中去，这样就使其与其他的类似人员有不同的工作职责，工资区分出来，也就没有可比性了。

– 重新回顾该类人才的市场薪资水平。因为很多时候，某类岗位的工资等级对应的中点值不是这类岗位的市场中点值，而是所有该工资等级岗位的市场中点值，这样就稀释了某类特定岗位的市场中点值！

– 是否面试者能力真的大幅度超越了岗位的任职资格要求（overqualified）。

– 或者可以考虑小步快跑的原则，即刚入职 8000 元，但同意半年后进行业绩回顾，只要达到要求，可以调到 9000 元；再半年后，再进行业绩进行回顾，如果达到要求，可以调到 10000 元。这样给了面试者希望，同时为公司赢得了时间。

○ 第三十三项
如何对晋升员工的工资进行调整

案例

某员工 A 和张经理私下关系很好，员工 A 也的确在近三个月的表现不错，并获得晋升。张经理在一次同事聚会上酒过三巡，拍着胸脯答应给员工 A 的工资至少增长 50%，员工 A 连喝三杯以表谢意。第二天张经理回到公司正式跟老总提出晋升后涨工资 50% 的请求，老总说这要先看人事部门的意见。人事部说近期总部出台了新的指导政策，任何新晋员工最多只能涨 15%。张经理看了后，很恼怒，想不通，为什么只能涨这点？在张经理看来，员工 A 与老员工 B 几乎有同样的能力呀，就应该一步到位调到 B 的工资水平，即 50%！张经理又找老总，老总表示理解了现状，但还是要听听人事部门的意见。可人事部总监仍然坚持，先调整 15%，但可以小步快跑的原则，继续考察其能力与业绩后，做进一步的调整。张经理认为这很不公平，因为员工 A 的能力与员工 B 一样，就应该拿一样的工资！但人事总监认为，能力需要更多时间来检验。张经理无奈，只能拿着 15% 涨幅的薪资调整单面谈自己刚刚承诺 50% 涨幅的员工 A……

常见问题

- **只基于短期表现或承诺给付薪酬。**

很多经理在考虑给晋升员工调整工资时，只是基于员工近期的短期表现和不经意间的承诺，就急于想回报员工的短期付出，以激励员工。

- **要一步到位涨到和老员工一样的工资水平。**

新晋员工和老员工相比，工资相差太远，经理觉得新晋升的员工和老员工相比，一点也不差，因此急着要想一步到位调整新晋员工的工资。这就可能导致新晋员工一下子 50% 或 80% 或翻倍或者翻几倍的增长！

- **反正涨工资的成本是公司承担的，与己无关。**

经理在给员工晋升之后想激励员工，尽最大限度想方设法地给员工找理由涨工资，替员工说好话，不断给人事部和老板施加压力，还说成如果不涨多少多少，员工可能走人或积极性大受到打击等。这些经理们不考虑具体的成本，似乎成本是公司要考虑的问题，与自己无关，自己只管为员工争取利益，这样员工才会死心塌地跟着自己干。

- 随意承诺。

就像案例中的一样，有些经理和员工关系很铁，在酒后吐真言，在没有和 HR 经理协商、没有征求上级领导的意见、没有弄明白公司政策的前提下，随口夸下海口声称要给员工涨多少多少，结果当正式申请时，才知道公司政策或上级领导根本不可能允许这样的增长，而此时的经理为了兑现自己的承诺，不断找理由给老板给人事部施加压力。

- 涨工资容易降工资难。

新晋升员工的能力没有在新岗位上得到验证，晋升之后，经理为了激励员工一下子调高了很多工资。但随着时间推移，很快发现员工其实不胜任工作，于是经理又想着要调低，但此时已经不能走回头路了。

- 资源耗尽，没有上升空间。

很多经理习惯于能涨多少就涨多少。但第一年涨得多了，第二年调薪时发现，已经快封顶了，还能如何涨呢？想涨也涨不动了，结果只能涨一点点。而此时的员工还在想着去年公司给我涨了多少多少，今年我一样很努力呀，为什么才这一点点？一次涨太多，资源耗尽后，今后就没有激励资源可用了，还如何激励？

- 调薪、调奖金、调补贴。

经理给员工调完工资后又想着给员工调奖金，调完奖金后又想为员工调补贴，没完没了。经理用各种手段变着法子在员工的利益上动脑筋，恨不得把全部能动用的资源都用在激励一个人身上！

- 引起了内部的不平衡。

很多公司表面上工资是保密的，实际上私下里谁都知道谁的工资，根本没有什么保密可言。而此时的经理，在给新晋员工调薪时，如果不能充分考虑这种内部类似岗位员工之间的平衡，则很容易打破这种微妙的平衡而引起其他人的不满，甚至引起其他人对新晋升员工的嫉妒和工作上的不配合。

解决思路

- **正式晋升之前，设定考察期。**

在我们晋升某个新员工到一个更高职位之前，先告诉对方"好好干，半年后如果干得好，公司将考虑正式晋升你"。这句话至少能激励该员工半年。当然这半年，公司要好好规划，如何培训他，如何锻炼他，如何发现他的潜力，如何衡量其业绩等。半年后给予该员工一个全方位的业绩和能力评价。

- **用PIR，基于能力确定工资水平。**

PIR 就是 Position in Range 的缩写，PIR = 工资水平 / 该岗位工资的中点值。基于能力评价，评估员工在某个时间点，在能力上有多大程度能胜任当前岗位。比如参照任职资格的思路评估该员工的胜任能力水平。如表6-2所示，一个市场主管，根据半年综合考核和评估结果，总体上胜任度为69%，因此理论上他的工资的上限不应该超过中点值的69%。假如该岗位的市场中点值为12000元，则基于下面的评价，能够给予该员工的最高工资为 12000×69%=8280元/月。

表6-2 PIR 示例 - 某市场主管半年综合考核和评估结果

市场主管	能力				行为
	知识	技能	经验	业绩	行为表现
任职资格要求	■ 了解市场营销、商务谈判、竞标业务、货款流程知识 ■ 了解相关行业客户关系特点 ■ 了解数据通信、接入网、传输网和网络设备的相关知识 ■ 了解当前市场上常见的网络设备 ■ 了解公司的规章制度和组织结构，认同公司的企业文化 …	■ 能够在他人指导下制订客户公关计划，计划内容对客户状况反映基本准确，提出措施在实施后能够提升客户关系 ■ 能够在他人指导下制订渠道公关计划，计划内容基本反映所在区域渠道状况，计划方案的实施能促进渠道分销的发展 ■ 能够参与协助组织客户到公司考察、培训以及技术交流会等活动，对所负责区域公司品牌的提升有所推动 ■ 对于负责的客户群领域，初步建立良好、均衡、稳固的市场关系平台 ■ 能够参与协作公司或渠道商组织的渠道分销活动 ■ 能够参与协作针对渠道商的培训、技术支持活动 ■ 对所负责的区域，能够初步建立良好、均衡、稳固的渠道分销平台 …	■ 在公司从事营销、客服工作半年以上；成功策划2场营销活动 …	■ 以项目成员的身份成功参与运作过5个以上的一般项目；或以负责人的身份成功运作2个子项目 ■ 完全胜任地区级单一行业客户的公关工作 ■ 回款目标完成率达80%以上 ■ 客户严重投诉不超过2次 …	客户拜访与交往： ■ 预先了解客户个人背景、性格特点、关心的热点问题等；以确定访谈要点和支援 ■ 拜访前做好充分的资料、文件、会谈内容、仪器设备等的准备 ■ 拜访中着装、举止、语言符合公司要求，体现大公司的风范；按公司着装规定着装整洁，拜访准时，口头沟通清楚、准确 渠道商交流与沟通： …

续表

市场主管	能力				行为
	知识	技能	经验	业绩	行为表现
实际评分结果	15分	18分	10分	26分	14分
原始分	20分	30分	20分	30分	20分
得分比例（PIR）	（15+18+10+26+14）/120 = 69%				

- **除了基于知识、技能、经验、业绩、行为表现确定的 PIR 外，还需要考虑以下因素。**

✓ 工资等级调高。晋升后的岗位一般工资等级不同，此时要看看，员工的工资水平是否已经在新的工资等级的范围内了呢？

✓ 外部竞争力。调薪需要注意外部的市场竞争力，薪资调整之后和同类市场上的岗位是否具有竞争力，要结合目标市场该类人才的市场行情进行考虑。

✓ 内部公平。任何员工工资的过度增长都会打破公司同类员工薪资之间的平衡和内在公平。这里的同类员工可能是同一子公司或同一个部门的员工，也可能是同一集团内不同分公司或子公司之间的同类型员工。

✓ 对公司的贡献和影响。公司的清洁工或一些辅助岗位对整个公司的影响不大，但是公司的关键技术人员和新技术带头人会对公司的业绩产生很大影响，则需要考虑这种影响，考虑这种调薪可能带来任职者心态的影响从而在业绩上的进一步影响。

✓ 人才稀缺性。如果一类人才在市场上是稀缺性的，则要打破常规思维，考虑如何保留这类人才。尤其是一些关键技术人才或者对公司业绩有明显影响的管理人才。

✓ 从整体薪酬（total package）或 EVP 的角度看。当我们调薪时，不能光看员工的工资，要结合员工的奖金，补贴，学习机会以及其他福利等做统一考虑，要看到全貌，而不是就部分工资或福利进行思考和比较。

✓ 考虑公司的成本、文化、和公司政策的约束。当然有的公司不考虑历史原因，只要能力被证明能行就一步到位，绝不含糊。

✓ 考虑可持续性，不能一次把激励资源耗尽。用有限的资源让新晋升的员工获得可持续的薪资增长，起到可持续的激励作用。比如某岗位的中点值是10000元，员工现在工资是5000元，可以按照每年15%的增长率给员工调薪，可以调整近5年，具有较好的长期激励作用，而不是一锤子买卖，一次性从5000元调到10000元！

✓ 记住，一次激励再多，三个月后的激励作用也会急剧下降。比如作为经理，你很认可某个员工，晋升后把工资从5000元直接调到10000元！是的，前几个月，员工还是很兴奋的，工作积极性很高，但三个月后，这个员工连续三个月拿10000元后，就成一种习惯了，慢慢地，他就觉得拿10000元工资就是应该的！此时的心情也没有当初的激动与兴奋了。因为在他看来拿10000就是理所当然的事情呢。

✓ 工资刚性。经理们应明白，工资调上去之后很难再降下来，除非员工自己同意，否则几乎不能降，如果强行降薪，则可能触犯相关的劳动法规，也严重挫伤员工的积极性。

✓ 调薪作为一种激励手段"有感觉"就行。有感觉，在心理学上，当变量变化的程度达到15%时候就会有感觉，即在职人员就能感觉的薪资的变化。这个规律告诉我们，上调15%应该是能达到激励作用的，因此正常情况每次调薪最多15%是可以的。

✓ 当薪资水平高于PIR时候，则按照正常的年度业绩能力评估和调薪即可。当薪资水平低于正常的PIR时，则可以适当小步快跑，比如从一年一次的调薪变成一年两次的调薪，缩短时间。这样加快业绩能力评估的脚步，也加快缩小与PIR应有的薪资水平的差距。

- **建立调薪的制度和流程。**

公司应该建立合适的调薪制度和流程，确保任何调薪在制度的范围内，同时走完相关的审批流程，这样的把关能够帮助减少调薪的随意性和主观性，也能协助平衡各方利益和顾虑。

- **经理应该有预算作为约束。**

经理们在思考和调整员工的工资时，应该有一个大概的预算，否则很容易演变成光追求激励员工而不计较人工成本。

○ 第三十四项
如何进行年度调薪

案例

你作为部门的经理，要着手准备年度调薪……团队成员情况如下。

Jack 加入团队三个月了，以前在另一个业务部门工作。现在在新岗位上也取得了很好的业绩，本次业绩评定等级为 C。

Jessica 是一个老业务员，在此岗位已经工作 3 年了，有一个下属，是本部门主要业绩的贡献者之一。近期他开始跟你讨论另一个工作机会。你很愿意他到新公司发展，但当下你正需要他，至少在一年内不能走。本次考核等级为 C。

Sony 是你的另外一个业务员，已经在团队 18 个月了，取得了优异的业绩。他的团队反映 Sony 是一个很好的领导者。本次考核等级为 B。

Bebeca 入职三个月，还是一个管培生，在学习阶段。刚刚与你谈话，你同意在未来的 12 个月给他正式转为业务助理。本次考核等级为 C。

Paris 是你的四个业务员之一，已经在这个岗位 3 年了，且业绩一直优秀。Paris 的主管跟你讨论过，是否可以在这次年度回顾中直接晋升他为高级业务员。本次考核等级为 B。

Gary 是一个很有经验的业务员，且拿高工资。你希望他能多出点业绩，以及带动周边没有经验的业务员，但业绩没有期望的那么好。本次考核等级为 D。

Edward 来团队已经 9 个月了，但可惜业绩一直平平，达不到希望的水平，因此本次考核等级 E。

作为经理的你如何给这些人进行年度调薪呢？

常见问题

- 把激励员工押在一年或几年才一次的薪酬调整上。

有的公司几年调一次薪，那么员工们都眼巴巴等着调薪，对公司和上级经理寄予厚望，希望作为经理的你能尽可能多地有所表示，几年的期盼在你一身。平时这些弟兄跟着你加班加点的，现在该轮到你兑现回报了，你作为他们的经理，一想到这些，而老板的预算又很有限，真是压力山大！

- 经理无从下手，不知道如何决策。

很多年轻的经理，面对公司的制度，员工的热切期望，员工背景的多样性，几乎不知道如何做抉择，实在没有办法，就跟员工说"这就是公司的政策，我也没有办法"，用此来打发员工。

- 对表现好的员工重复激励。

有的员工在调薪之前，刚刚调整过薪资，已经被激励得很到位，可是刚好又要进行年度调薪了，经理于是又对同一员工实施比其他同事更大幅度加薪，重复加薪，这样该员工就锦上添花了，而其他员工则"饿殍满地"。

- 出于私心调薪。

有些经理们喜欢拉帮结派，跟一些下属混成狐朋狗友。在年度调薪时，当然不需说，把大部分资源往这些人身上堆积，而其他默默无闻只会干活的"老黄牛"，不善言辞、不善拍马屁、说话直的下属，则几乎总是被遗忘！

- 显失公平。

明眼里一看就知道，员工之间的技能水平和业绩差距不大，但是工资水平差距却很大。

- 按照制度，工资封顶，无法加薪，但也无其他激励措施。

很多公司施行宽带薪酬，老资历的员工工资依然封顶。此时无论业绩如何，工资永远封顶了，公司若无其他措施，则打击老员工的积极性。

- 依照承诺做薪资调整。

一些不成熟的经理，或许在茶余饭后对员工有暗示或承诺。现在调薪机会来了，就要兑现了，但是调薪时发现对员工的承诺和公司的政策不符，无法兑现！或者为了兑现当初的承诺，只能置其他员工的利益于不顾，只讨好了少数的成员，却打击了一大片！

解决思路

- 调薪需要思考的一般性因素如下。
  - 在预算内调整。

- 员工业绩考核等级。
- 员工当前的工资水平在所在的工资等级中的所处的位置（PIR）。
- 保留该员工的意图。
- 该类人才的市场稀缺性。
- 公司的调薪政策／国家的政策。
- 该类技能对公司的战略重要性。
- 内部公平原则，尽量使内部相类似人员的技能经验与工资水平有一致性。
- 外部竞争性，考虑外部市场的价格情况以及对当前人员的影响。
- 员工近期已经发生的或即将发生的薪资福利调整或岗位调整。
- 公司以前的明示的或暗示的承诺。

- **大多数情况下，遵守调薪矩阵图作为指导原则。**

比如某公司的调薪矩阵图如表6-3所示。

表6-3 某公司的调薪矩阵示例

等级 \ PIR	<80%	80%~90%	91%~100%	101%~110%	110%~120%	>120%
优秀（A）	12.00%	10.00%	9.00%	8.00%	7.00%	6% 折算成奖金发
良好（B）	10.00%	8.00%	7.00%	6.00%	5.00%	4% 折算成奖金发
及格（C）	8.00%	6.00%	5.00%	4.00%	3.00%	2% 折算成奖金发
待改进（D）	4.5.00%	2.50%	1.50%	1%	0.00%	0%
需重大改进（E）	0.00%	0.00%	0.00%	0.00%	0.00%	0%

- **识别一些特殊类型的人员。**

对特殊人员进行特别考虑，各类特殊人员的一般处理策略可为表6-4所示。

表6-4 特殊类型人员处理策略

特殊人员类型	一般处理策略
新入职人员	还在待表现期，需要更多时间证明业绩，且刚被录用，一般跳槽过来已经涨过一次了，因此本次调薪可少调或不调
长期病假人员	对组织没有贡献，其内心期望当然也不会那么强烈，可少调

续表

特殊人员类型	一般处理策略
孕妇	取决于休假天数和病假天数，如果很多假期，则要少调
近期已经调岗调薪人员	少调或不调，因为刚刚涨过工资，刚刚被激励过了，不适宜重复激励刺激，应该留时间让对方在新岗位上好好表现
将要辞职人员或调动到其他部门人员	不调或少调，把激励资源留给其他成员
马上要晋升的人员	不调或少调，因为即将有一个晋升机会可以调薪，到时参照公司政策调整岗位调整薪水
刚来的大学生	侧重点在发展和表现自己，可以给予学习和发展的工作任务，可少调或正常按照政策调就可以了
有特殊项目安排的人员	如果特殊项目是一种利益，则可以少调，反之，则正常调整
业绩好，需要特别留住的人员	需要侧重多调，达到留人的目的和激励的目的
有特殊技能人才和技术骨干，且市场稀缺	需要考虑市场价格，考虑外部竞争性，适当多调，且做好人才储备计划
正在一重要项目上的关键人员	需要适当多调，达到留人的目的，以免影响项目实施
业绩差易被市场外部人员替代者	不调或少调，达到让之走人的目的
明显低于类似团队成员的工资水平	多调，或小步快跑原则，多次定期基于业绩的调薪
明显高于类似团队成员的工资水平	少调，且看是否能承担更多职责或晋升
工资已经封顶的员工	不调，但把调薪增长的部分（Lump Sum）用奖金形式发放，同时考虑是否可以转岗，是否可以晋升
对于明显低于市场价格的一类优秀人员	多调，以保证吸引和留住人员的目的
对于明显高于市场价格的一类人员	少调或不调，从而降低成本，把资源用到更需要的地方去
刚获得一些额外利益者，比如刚增加了某项福利，如公积金、房租补贴、餐补、外训机会、出国、工龄工资……	少调或不调

续表

特殊人员类型	一般处理策略
刚被剥夺利益者，比如被剥夺了某项福利，如公积金、房租补贴、餐补、外训机会、出国…	多调以进行适当弥补

- **正确理解调薪的作用。**

✓ 调薪可以某种程度达到激励优秀人才和保留人才的目的，提高员工丢失本工作的机会成本，从而阻止其轻易离职。

✓ 提升公司的薪资水平的竞争力，吸引外部人才。

✓ 切记，加薪只是激励员工的众多手段之一，不要认为激励员工只有加薪一种手段。不同的人，在不同的阶段，有不同的需求，且即使同一时期内，员工的需求也是多样性的。作为经理，应该学会聆听和识别这种需求。更多关于激励的探讨，见本书相关章节。另外，也学会从EVP员工价值主张的角度来思考如何多维度激励员工。

✓ 调薪能调动积极性，但这种积极性也是短暂性的。调薪对员工有激励作用的时间是很短的，比如2个月或3个月或4个月。这种激励兴奋很快随着时间递减。几个月后，就会认为他就应该拿这个水平的工资，公司应该回报他这么多，拿着拿着，就拿习惯了拿麻木了，从而也就没有那个兴奋劲了，调薪带来的激励效果随之消失殆尽。

✓ 刚性原则，只能上不能下，因此一次激励过多，调上去了就下不来了，很可能造成资源浪费。

第三十五项
如何激励下属

案例

● 案例一

研发部严经理突然收到一封某骨干工程师小刘的辞职信。严经理很愕然,也很惊慌!愕然,是因为研发经理平时没有看出小刘有什么异常举动呀,没有闹什么情绪呀,怎么就突然辞职了呢?惊慌,是因为现在小刘对于某个项目的研发很重要,一旦离职肯定大大影响项目进度。严经理找小刘做了一次深谈,小刘很失望地说道:"两年前我就提出想去某个项目锻炼,后来没有音讯;一年前,我又提出参加一个专题培训,你也没有答复;我的工资几年了涨了多少呢?我同学的工资早就是我的两倍了……谁在乎过这些事?"严经理平时忙业务忙得够呛,哪有时间关心这些呢?但是现在不能再拖了,严经理立即找老总和人事经理商谈如何紧急留住小刘……

● 案例二

肖经理掌管着一些短期培训、外地学习的名额,他经常挑选那些常打小报告、喜欢说好话的下属去参加这样的培训,而且每次都理由很充分,比如他派业绩差的人时,他说正因为这人业绩差,所以需要培训;他派业绩好的人时,他说正因为这人业绩好,所以才要奖励一下。而其他不常常去他办公室说悄悄话的、只会埋头干活的下属,则永远也轮不到。很多团队成员看在眼里,郁闷在心里,觉得这很不公平,工作没积极性。但肖经理却看不到这些问题,还以为自己的管理很好,自己的团队没有问题。

● 案例三

在一次总经理办公会上,老总谈到我们的员工的积极性不够高的问题。人事部经理也随声附和,并提倡部门经理要提升自己的领导力水平,才能构建高效团队……

说着说着，物流部吴经理立马呛声了，说道："有钱能使鬼推磨，谁不知道有钱就能调动员工积极性？可是钱呢？公司不加工资、不给奖金，怎么调动？工资和奖金政策都是你人事部定的，又不是我们定的，因此激励员工是你人事部的职责，现在员工没有积极性，反倒责怪到我们用人部门的头上了！"此时，销售部肖经理也随声附和道："我们业务部门，注重业务就是了，光业务就够忙的了，还让我们操心如何调动员工积极性？你人事部专门管人的，怎么调动积极性那是你人事部要考虑的事情……"

常见误区

- **激励是公司的事情。**

很多经理认为，激励是公司的事情，是老板的事，是人事部的事情。自己作为职业经理人，又不能随便给下属加薪发奖金。因此员工没有积极性，那是公司的事情，是人事部的事情。

- **重业务不重激励。**

大部分经理是做业务的一把好手，习惯于只抓业务不管人员管理，不管员工内心的想法和态度，心想只要业务做好了，下属们的奖金也有了，积极性也高了，成就感也就来了。岂不知，没有工作热情的下属哪能出业绩？

- **激励＝奖励＝加薪发奖金。**

经理们一提到激励，就想到奖励；一想到奖励，就想到加薪发奖金；好像有钱，激励的事就好办了，没钱也甭谈激励了。钱是万能的，没钱，一切免谈。

- **随意、无原则地激励、滥用激励资源。**

看得上的下属，什么都行，怎样都行，封官许愿，要什么给什么，滥用激励资源，恨不得把全部能给的一股脑全部给出；看不上的下属，什么都不好，什么都不行，当然也用不着激励了。有关系的，被激励到撑死；没有关系的，饿死。高兴时，猛夸一顿，不高兴时大发脾气；有的事情无原则地答应，但事后就不了了之，没有了音讯。

- **员工要辞职了，才想起要激励了。**

很多部门负责人，平日里光忙着抓业务了，至于人员管理，则能松手就松手，能不管尽量不管。只是谁闹情绪了，谁要辞职了，才想起激励，平时就感觉不到激励的必要。

- 想一次解决激励问题。

我常常看到很多经理，在给下属涨工资的时候，持有一种想法，就是恨不得一次就激励到位，将来就再也不用为如何激励此员工而担忧了。其实这种想法不现实，人的需求是在不断变化的，不要指望一蹴而就。

- 激励手段和方式单一，有抗药性。

任何一种激励，如果方式单一而重复，则越到后面边际效果递减，次数越多，后面的作用越来越小。

- 自认为团队管理得很好，没有激励的问题，自我感觉良好。

有些经理，自认为自己的人没有问题，自己对下属都很了解，业绩还可以，自己威信挺高，人际关系也好，自我感觉良好，所以激励根本不是问题。可惜很多时候，这只是经理自己的一厢情愿，真相被掩盖罢了！

- 太忙，没有时间激励下属。

有些经理想，我自己都这么忙了，哪还有时间来激励你们？大家都是成年人，又不是三岁小孩，还是自己激励自己吧，反正你们不好好干，我就辞退你们……

解决思路

- 面试时把好关，理解其未来的需求动力点。

员工喜欢什么样的工作，喜欢什么样的工作环境，喜欢什么样的职责与挑战，喜欢什么样的文化氛围？职业追求是什么？究竟什么因素在驱动员工？反过来，不喜欢这样的工作，不喜欢什么样的环境……这些都需要在新人入职前就理解清楚。试想，如果员工家庭条件优越，来工作是为了交朋友为了打发时间，那你如何激励他出业绩呢？

- 就像医生开药方前先把脉一样，在出台激励措施之前，先理解其需求。

有钱能使鬼推磨，这句话是错误的，应该改为有钱能使饿鬼推磨。你想想，如果这鬼很饱或很有钱或根本不在乎钱了，那钱还管用吗？用钱还能使之推磨吗？不能！因此，记住，任何激励，对方的需求才是行为的主要原因；不能使人产生行为，是因为没有满足其背后的需求。除了大家熟知的马斯洛需求理论、双因素论、公平理论、期望理论等理论研究外，企业中呈现出来的最常见的需求还有以下几种。

✓ 保健的需求——想吃、想穿、想休息、想健康、想躲避危险、想有理想的住所、想有理想的工作环境……

✓ 把握机会的需求——想晋升、想重新尝试、想有运动的机会、想有趣味性的娱乐机会……

✓ 达成目的的需求——想达到目标，想为达到目标而努力、想要完成某项事……

✓ 追求变化的需求——厌烦单调、想改变情绪、想改换工作、想尝试新奇事物、都想尝试新环境。

✓ 保持轻松心情的需求——希望有自己的时间、想有休闲活动、想有商量的对象、想跟朋友畅谈与分享……

✓ 追求安定的需求——希望职务与收入均能安定、希望有退休制、希望能遇到可信赖的上司、希望公司发展能健全稳定……

✓ 参与的需求——想别人知道自己的期望、想别人听取自己的意见、想参加会议、想成为该团体的成员、想尽量了解信息……

✓ 追求肯定的需求——希望受到别人肯定、赞赏，希望分配到特殊任务或工作……

✓ 追求公平的需求——希望公平的工作分配、希望任何事情都有合理的决定、希望自己的意见能被公平地接纳、希望有公平的待遇收入……

✓ 追求尊严的需求——希望人格受到尊重、希望别人认可自己的价值、希望自己的才能受到肯定、希望自己的观念受到尊重、希望别人对自己用正式称呼、希望平等交往、希望别人不干涉自己的私生活……

✓ 自我成长的需求——想实现理想、想实现职业发展、想有意义有价值地工作、想有更高的成长目标……

● 在日常工作中，作为经理或主管，思考和检讨：为什么你的员工丧失动力？有下面常见的原因吗？

（1）原因一：**需求长期得不到满足**

✓ 工资长期得不到增长，再这样下去，没法活了……

✓ 工作场所缺乏安全措施（有辐射风险、有病毒传染风险、有坍塌风险……）。

✓ 没有晋升空间（论资排辈，要轮到自己不知道猴年马月）。

✓ 没有学习、深造的机会，可这年头，没有两把刷子，还怎么混，有危机感。

✓ 不能发挥自己的能力（这么简单的工作，让我来做，实在是大材小用）。

✓ 做一天和尚撞一天钟，不知道自己未来的职业发展，不知道何去何从，过一日是一日。

✓ 没有劳动合同，没有社保，没有长远，说辞退就辞退。

✓ 饭菜不好，不能说吃饱了，只能说吃到不想吃了。

✓ 这里女孩太少了，老这样下去对象没着落。

✓ 干好干坏一个样，就看谁会请领导吃饭哄领导开心了。

✓ 我有那么笨吗？我真就一无是处？做什么错什么，错什么检查什么。

（2）原因二：控制过严

✓ 工作老是被监视，我的领导像监工一样。

✓ 事事要请示，这么小的事情我都不能作主？

✓ 处处找碴，这里有问题，那里有问题，处处有问题（下属心里想：哪里有一帆风顺的，总是要付学费的嘛，人非圣贤，岂能无过？）。

✓ 过分关照，同一个事情说了好几遍了（下属心里想：我又不是小孩子，需要讲这么多遍吗？）。

（3）原因三：目标问题

✓ 目标太低：没有挑战、干着没劲、浪费我的才能。

✓ 目标太高：太高了，摘星星啊，够不着，干了也白干，既然干了也白干，那就干脆别干。

✓ 目标没有资源支持，巧妇难为无米之炊。

✓ 目标朝令夕改，无所适从。

（4）原因四：老挨批

✓ 总是批评下属的能力不行，渐渐的下属丧失信心，丧失积极性。

✓ 当着其他同事的面批评下属（结果可能出现强劲反弹，对着你的面分庭抗礼）。

✓ 没有事实根据，说一些很抽象的指桑骂槐的听不懂的话。

✓ 刚刚接受完上司的批评，正巧一位手下的员工做错一点事，毫不客气发泄了一通。

（5）原因五：不公平

✓ 小李做事有决定权，而小张没有。

✓ 每次培训机会都给小李，而小张只有苦干工作的份。

✓ 小李去报销，领导看都不看就批了；小张去报销，领导看了又看，问了又问，解释了半天领导还将信将疑的。

✓ 小李一进公司就提拔他；小张勤勤恳恳都快2年了，还是小兵一个，摸不着头脑为什么。

✓ 小李犯了错误，领导替他解释；小张犯了错误，领导就经常埋怨，纠着小辫子不放。

- 通过聆听来理解下属的需求，下面是员工工作中常常发出的需求信号，作为经理，你听懂了吗。

    ✓ "如果还不充电，我都要被榨干了。"

    ✓ "这哪里是指导工作，那就是没事找事，故意找碴。"

    ✓ "领导都是好高骛远的，这样的目标都能实现，做梦吧。"

    ✓ "凭什么别人犯这个错误可以原谅，到我这里就过不去，非要上纲上线？"

    ✓ "凭什么这么肥的客户就老是轮到他？"

    ✓ "做一天和尚撞一天钟，反正就这样耗着，公司也不能把我怎么样。"

    ✓ "你不把我当人看，我把我自己当人看总行了吧。"

    ✓ "动不动就板着脸，像上辈子就欠你八斗米似的。"

    ✓ "物价年年涨，工资却几年没动静了。"

    ✓ "我的未来不是梦，我一定学好管理，将来自己去开个工厂。"

    ✓ "这个项目要能交给我，一定能得到不少的锻炼。"

    ✓ "我已经很久没有回家了，想我儿子了。"

- 企业中，对员工激励的常用工具箱如下，你看看哪个工具适合哪个下属？

    ✓ 倾听、移情、理解，把他当人看，照顾其需求。

    ✓ 工作内容的丰富多样化。

    ✓ 增强员工的使命感和责任感（主持一个项目，担当特别顾问，给予充满荣誉的职位）。

    ✓ 设置有挑战性的目标。

    ✓ 塑造对员工的关怀文化、感恩文化或其他好的文化氛围。

    ✓ 薪酬构成（工资、奖金、股份、分红）与成长的合理性与市场竞争性。

✓ 改善福利（美味工作餐、额外保险、子女照顾、各种补贴、健身卡、节日礼物）。

✓ 树立标杆、模范、榜样。

✓ 特殊成就奖（职责之外的特殊表现、重大成就、改善进步奖、革新奖、发明奖）。

✓ 竞争激励（排行榜／标兵／末位淘汰／质量比赛／销售比赛）。

✓ 特殊业绩奖（提成、季度奖、年度奖、先进业绩奖、赠住房、赠轿车、赠VIP）。

✓ 显示身份奖（配专车、配秘书、配独立办公室、配令人尊敬的名分、弹性工作时间、VIP贵宾会员卡、会见CEO、与高层拍照）。

✓ 处罚体系的建立。

✓ 职业生涯发展规划。

✓ 选拔员工作为后备干部。

✓ 为员工提供培训和成长机会（MBA班、专项资格认证培训、进修班）。

✓ 让员工觉得亏欠你的（让员工认识到领导对其承担的责任，如员工犯错，领导受罚）。

✓ 唤醒需求，唤醒危机意识。

✓ 用各种手段来象征他的业绩、光荣与进步。

✓ 不患贫而患不均，公平对待。

✓ 让员工携带家属享受一次激励（考察、旅游、听音乐会、联欢会、看球赛）。

第七章

团队建设

- 第三十六项　如何打造高效团队
- 第三十七项　如何留住人才
- 第三十八项　如何赢得员工的信任
- 第三十九项　如何认识与提升团队敬业度

第三十六项
如何打造高效团队

案例

某部门主管小钱刚刚被提拔为工厂污水处理的部门经理,带领一个比较新的团队。团队成员是从各部门挑选来的,相互不太了解,有擅长基础设施建造的,有负责安全检查的,有负责IT网络的,有负责设备安装维护的,有负责机械维修的。大家分工其实很明确,但近期团队成员下面的这些表现很让他难过。

- 某资深员工,在公司资历久,很积极,但一言堂,经常打断其他成员的发言,弄得大家不开心,有的成员干脆沉默以对,干脆不发表任何意见……

- 在讨论谁需要每天去现场安全巡视这问题上,负责安全的安全专员说应该工地建设的团队负责日常检查,但负责建设的团队则认为这是安全问题,就应该安全专员负责每日检查。双方争执不下持续了半个月,其他人坐山观虎斗……

- 突然有一天污水设备无法运转,需要其他成员来帮忙搬运和排空不能处理的污水,可在关键时刻,每个成员都找理由请假开溜……有几个愿意来帮忙的,但因为被通知的时间和集合地点不对,来了干等,半小时后也自行回去了!

- 有几天,污水处理需要的化学品变质导致排出的污水不达标。关于这些污水能否排放到外面田地里,成员之间也无法达成一致,一方认为就这么几天排放,不算什么违法;但另一方坚持认为这是违法的事情,有很大风险,不能做,有损公司的声誉和长远利益……

- 某天设备显示水温超标,机修工程师根据自己的观察和经验,告诉了安装工程师应该换一个水箱。但因为某些原因,机修和安装工程师素来不合,没当回事。因此安装工程师只能自己摸索了好几个昼夜,最后水温显示为极度危险,此时部门经理出面干预,才换了水箱,解决了此问题……

整个团队运作似乎也没有什么章法,秩序混乱。部门经理看在眼里急在心里,本以为可以大干一场,没有想到这些人个个相互排斥,少数人搞小团队,各有所长,谁也不服谁，会上讨论问题，各吹各的号，各唱各的调，根本无法达成一致意见，找不到共同的解决方案。遇到困难没有人在乎，没人关心，没人注意……有的人甚至后悔加入这个团队，想找个借口开溜走人。

凭借年轻的干劲以及得到老板的赏识，小钱满腔热情，但眼下面临的是这样的团队，小钱该如何完成老板交的差呢，想着这些事就焦头烂额……

常见问题

- **带团队的经理或主管们没有接受过训练，因此他们带团队没章法。**

就像带兵打仗，需要训练，需要章法，士兵和团队才能从非正规军变成正规军，企业的部门经理和主管要带领团队去完成特殊的使命和任务，也需要职业化，也需要像训练非正规军那样进行训练，这样打造出来的团队才有战斗力和凝聚力。可惜很多企业，都没有这样的理念，放羊一样的管理，靠部门经理自己的悟性，能带成啥样就是啥样。

- **团队成员对目标和结果不明确。**

团队成员没有共同认可的清晰目标，没有清晰的职责角色，没有方向感。

- **团队成员没有承诺。**

对自己的目标能完成就完成，不能完成也无所谓；对同事的成功与失败无动于衷；对团队遇到的困难装着没看见，当成局外人，漠不关心；对同事犯的错误睁一只眼闭一只眼；对自己的任务，像算盘珠子，拨一下动一下。

- **团队运作流程不明晰。**

开会，会而不议，议而不决，决而不果。没有后续跟催行动，没有一套目标管理流程，没有一套决策的机制，相互之间信息闭塞不分享。

- **团队成员沟通不顺畅。**

在会上，争执不断，相互无法倾听，成员之间信息不共享，少数人垄断会议或成员根本不积极分析观点，在内耗和僵持。很多事情，团队内部无法通过彼此合作完成，事事需要靠上级拍板。

- **成员之间没有信任。**

成员之间不信守承诺，不尊重彼此的意见，只说一些场面上的话，不愿意分享自己的真实想法，貌合神离。人人都有很强的心理防卫，不能听不同的意见，拒绝承认错误，有困难也自己扛着。

- 团队角色模糊。

同一件事情，谁都在负责，最后就谁都不负责。领导不像领导，成员不像成员，一盘散沙，没有主心骨。

解决思路

- 第一种思路，基于团队成长的四个阶段，考虑选择合适的团队建设途径。

（1）起步期：起步阶段，团队刚组建完毕，相互不了解，此时既好奇也困惑，甚至不知道究竟该干什么。此时可采取的主要措施包括以下几点。

✓ 设置一些有趣味的活动或合作性活动，主要目的是让成员从陌生到熟悉，建立初步认识与初步的信任，创造沟通机会，设置团队PK活动（喝啤酒冠军、唱歌冠军、投篮冠军……）；

✓ 召开会议，逐渐带入正题；

✓ 设定团队目标；

✓ 制订培训计划。

（2）动荡期：试探着相互磨合，实践、犯错、努力白费、迷失方向等构成了本阶段的主旋律。此时可采取的主要措施包括：

✓ 设置外界压力，促使团都内部学会相互配合与帮助。比如设置需要成员之间相互帮助和配合才能完成的活动（比如与团队之间的PK）；

✓ 探讨团队规范。鼓励团队成员讨论需要共同遵守的团队规范，制定团队未来共事的游戏规则；

✓ 认识差异和接受差异。引导成员认识各自的能力特点，性格差异；引导成员学会接受这种差异，并利用这种差异培养合适的团队角色；

✓ 积极表扬正面，纠正不利的一面。

（3）步入正轨规范期：开始步入正轨，相互之间有共同语言、共同的思考模式、共同的规则，彼此接纳，对团队的目标有进一步的认识，开始像一个整体在工作，并取得切实进展。此时可采取的主要措施如下：

✓ 鼓励团队建立共同的理想、共同的目标、共同的信念、共同的文化、共同的共事规则、共同的价值观；

✓ 引导建立良好的沟通方式，消除不和谐的声音；

✓ 授权与激励团队；

✓ 不断强化大家必须共同遵守的目标、信念、团队价值观、沟通方式、应有的团队精神、处理流程，强化正面行为，抵制负面行为；

✓ 在高压的任务与目标下，创造一种情境或任务，成员之间必须同甘共苦才能达成目标，他们必须在一起经历流血流泪（被开除出局）触动内心深处灵魂的事件，不断巩固与强化信仰，不断巩固与强化彼此之间的感情，真正从内心深处相互照应，携手前行。

（4）表现爆发期：彼此默契配合，相互为了达到目标相互支持，共担责任、共荣辱，相互步调一致，齐心协力，为取得的成就兴奋不已。此时可采取的主要措施：

✓ 设置更高的目标；

✓ 制订个人发展计划，留住精英；

✓ 检查业绩，兑现承诺，给予肯定；

✓ 举行活动庆祝成功；

✓ 强化正面的行为；

✓ 发现高产期背后的问题。

- **第二种思路**：根据高效团队的五个关键要素，选择合适的团队建设途径。

高效团队领导的角色总结为三部曲：诊断、改进，强化。诊断，即通过观察团队的表现（表7-1的正面和负面行为），来诊断团队出现的问题是属于哪些因素；改进，根据上面的诊断结果，针对某些待改进的因素，带领团队采取措施进行改进和行为塑造；强化，对于团队好的方面加以进一步强化，逐渐形成优势能力，从而带领团队不断走向成长成熟。

表 7-1 团队的正面和负面行为

团队成功因素	正面行为	负面行为	途径（措施）
结果导向	■ 团队具备被大家接受的目的和使命宣言 ■ 成员接受长、短期目标	■ 对于如何运用资源无法达成一致 ■ 只追求个人任务达成	■ 发展使命与宣言 ■ 强化与检核使命与宣言 ■ 一起发展团队的关键目标，鼓励目标认同

续表

团队成功因素	正面行为	负面行为	途径（措施）
结果导向	■ 定期复核和讨论团队以及个人的绩效成果 ■ 所有成员清楚绩效成果对组织目标达成的影响 ■ 有效管理时间和资源 ■ 团队庆祝成功	■ 管理目标的优先顺序无法达成一致 ■ 忽略整个团队利益和目标 ■ 相互竞争资源，只顾个人利益最大化 ■ 成员不理解团队与他人的目标与进展	■ 发展长期目标与支持长期目标的短期目标 ■ 基于团队目标发展个人目标，以及支持个人目标的行动计划，确定衡量目标完成与否的方式 ■ 激励团队与别的团队竞争，树立标杆 ■ 选择合适的方式庆祝成功，共享荣耀 ■ 明确职责与角色（功能角色与团队角色）
坚定承诺	■ 成员发自内心地接受绩效目标 ■ 团队有共事的规则且被大家接受和遵守 ■ 定期复核个人工作成果以及对组织的贡献 ■ 定期公开地给予和寻求正面和负面的反馈 ■ 理解以及接受参与团队的好处	■ 不支持团队决定 ■ 对成员的错误不予反馈，视而不见 ■ 对成员的困难不愿意帮助，漠不关心 ■ 拨一下动一下，被动应付 ■ 依赖主管做一切决定，从来不动脑 ■ 没有主人翁精神，游离于团队外 ■ 对团队发生的事情持一种无所谓的态度	■ 发展并定期回顾团队规范和规则（比如出席团队会议，团队内部给予以及接受反馈，履行职责与实践承诺，团队中分歧调解，相互沟通，时间投入，努力程度等） ■ 找出并满足合理需求。找出每个成员的期望和个人需求（如被认可，肯定，学习新知识技能，奖金提成，参与重大事项，获得帮助…），并决定谁能帮助谁，并定期组织活动使需求被满足和决定是否调整方案 ■ 定期评价个人与贡献，且收到反馈也给予反馈，兑现承诺与奖惩 ■ 群体激励 ■ 明确每个人的角色与期望 ■ 提高群体地位与荣耀
流程清晰	■ 具备清晰的角色与职责，且被接受 ■ 有一个方法能检查团队各个流程的运作效率 ■ 有一个基本规则，从而使成员知道如何分享信息与知识，且被成员接受和遵守 ■ 团队和个人目标有一套追踪和跟催的流程，且被接受遵守 ■ 有一个行之有效的团队决策流程 ■ 有一个行之有效的会议流程	■ 会议跑题，会后无共识，效率低下 ■ 会议的决定没有负责人，没有跟催人 ■ 成员彼此不分享信息与知识 ■ 同一个事情，需要彼此配合和合作困难重重，不知道哪一步先做，哪一步后做 ■ 同一任务都做浪费时间和资源，任务却没有进展 ■ 有不同意见时很难做出决策	■ 目标建立、行动计划以及资源规划流程 ■ 改善团队会议议事、决议与跟催落实流程 ■ 改善团队决策流程 ■ 建立特定任务的 SOP 流程 ■ 建立信息与知识共享流程 ■ 就重要事项的实现途径和职责角色分工达成一致 ■ 定期的会议机制

续表

团队成功因素	正面行为	负面行为	途径（措施）
良好沟通	■ 每个人都有机会参与提出意见 ■ 有一套调解冲突的原则，且被成员所了解和接受，遵守 ■ 对成员的创新和意见持开放态度 ■ 对有效使用沟通技巧的成员给予肯定 ■ 愿意聆听不同的观点和看法，当成一个学习和拓宽视野和完善自己提案的好方法 ■ 传达与分享有效信息与建议	■ 在会议中或工作中保留自己拥有的信息 ■ 沟通中冲突持续，无法得到解决 ■ 不能倾听彼此 ■ 不加考虑就拒绝他人的想法和不同意见 ■ 少数人垄断会议，一言堂	■ 建立沟通的基本原则（包括但不限于倾听、参与、清晰、坦承、尊重差异……） ■ 团队一起探索调解冲突的基本原则（鼓励自行调解，展现尊重，问开放式问题，用脑力激荡法则，第三方调解，六项思考帽法） ■ 建立信息与知识分享的机制 ■ 克服个人英雄主义 ■ 增加团队成员一起工作互动的时间
相互信任	■ 将错误、失败看成是一个学习机会 ■ 愿意向其他成员寻求帮助 ■ 理解且善用不同风格和意见，而不是打击异己 ■ 愿意分享内心的想法，传情达理 ■ 愿意分享信息、资源和智慧	■ 依靠自己的假设和想象采取行动 ■ 拒绝承认错误 ■ 不愿意寻求同伴的帮助 ■ 不守信用，泄露秘密 ■ 不尊重个人需求或期待 ■ 表面一套背后一套，不诚实 ■ 相互怨恨和指责	■ 发展并定期回顾团队规范 ■ 找出并满足个体需求 ■ 建立沟通的基本原则 ■ 组织提升信任的活动（理解相互的爱好、背景、特长，社交风格测试与分享，郊游，共同解决一个难题，聚餐，相互定期反馈对方的一个强项与弱项……） ■ 建立关心伙伴计划（对伙伴的困难进行援助，考虑伙伴利益诉求、成败） ■ 能力与智慧互助计划

○ 第三十七项
如何留住人才

案例

某公司老总在一次总经理办公会议上，发现公司新买的价值3万多元人民币的发动机丢失。老总大发雷霆，火冒三丈，当场说了很多狠话，大概的意思是如果找不出来，经理或主管将面临严重的后果，并要求主管的经理，哪怕掘地三尺也要找出来……经理和一帮主管们，诚惶诚恐，整整一个星期，从工厂的每个角落，所有的视频录像都看过了，可还是没有找到。最后经理左想右想，没辙了，自己引咎辞职，希望能借此消消老总的怒气……

与此同时，研发部近半年，连续三个研发骨干离职，目前又有新的研发人员提出离职。在一次偶然的会议上，老板责怪研发进度太慢。此时研发经理一脸委屈，抱怨近半年人员流失太快，并指出近半年都有哪些哪些骨干人员已经流失并影响了几个项目研发进度。老总听后，表示理解，还安抚了研发经理几句，同时责成HR加快招聘进度……

常见问题

- **从老总到经理，关注有形资产得失远高于人才得失。**

就像上述案例，价值3万元人民币的设备丢了，那是一件大事，要追责；但几个研发骨干流失，似乎没人太当回事，也不要追责了。说起来，都很重视人才，要以人为本，但在实际工作中，从老总到经理们关注更多的是业务、是资产设备、是成本和利润报表、是销售额……当这些指标有波动或有损失时，上下相当紧张，但是面对核心人才的流失，却往往无动于衷，熟视无睹。

- **经理认为留住人才是公司的事情，是人事部的事情。**

很多经理会不假思索就认为，员工会流失几乎就是工资的问题，而员工的工资是由公司的政策和老板决定的，经理自己又不能决定员工的工资。因此面对员工流失,经理认为自己是无能为力的,自己是没有责任的,留住人才是公司的事情,是人事部的事情。

- 平时不烧香,急时抱佛脚。

经理平时忙于工作,丝毫没有关注员工和员工需求的变化,甚至对员工进行辱骂、漠视、冷落,没有把员工当回事。而到员工突然提出辞职时,老总或经理才认识到员工的价值,想通过封官许愿等手段挽留,但此时员工去意已决,已经无法挽留。

- 经理为了留住人才,轻易承诺。

也有经理认识到人才的重要性,于是封官许愿,承诺给员工增加工资,承诺晋升。但是事先没有得到老板支持,导致经理的承诺无法兑现,此时已没法和下属交代,被吊足了胃口的下属只能一走了之,或者即使留下来,再也不相信经理了。

- 临时加薪留人,导致内部打破平衡。

有的公司,核心人才提出离职,经理才发现,此等人才很重要,很多项目、工程、客户都在该员工手中。于是老总情急之下,答应给员工立即翻倍涨工资,总算暂时留住该员工。但由于公司的薪资信息保密工作没做好,很多类似岗位的员工也纷纷提出要涨工资,否则离职,一石激起千层浪,老板苦不堪言……

解决方法

- 经理的留才角色。

留才不仅仅是 HR 的工作,留才这样的工作任务,直线经理负有不可替代的重要作用,某知名咨询公司统计访谈了大量离职人员的离职原因,排名前五的离职原因中,几乎都与直线经理息息相关。这五大离职原因如下:

✓ 和上司关系不好;
✓ 个人成长机会受限制;
✓ 不舒服或不适应的工作环境和企业文化;
✓ 工资水平、福利待遇不理想;
✓ 行业、家庭因素、工作地点、个人创业。

因此,经理要清晰地认识到,经理才是留住人才的关键角色。而人事部门与直线经理一起配合建设好员工职业发展通道,建设好更加适宜的工作环境和文化体系,更适宜的工资与报酬制度,更科学的业绩考核体系和人才培养体系,从而留住公司的重要人才。

- **对离职人员做出分析，区分出重要的骨干人员。**

离职人员中有的人员离职，或许是你希望看到的，比如本来就不守纪律的，本来就业绩不好的，本来就不好管理的，这些人走了，当然是好事，拍手称快。但有的人走了，作为经理的你，需要思考这些人离职可能真的会给公司或团队带来重大损失或伤害，因此这些人或许就是你的团队的骨干了。一般从下面方面判断此人是否重要，是否是骨干：

✓ 员工的技术专长和知识是团队的重要财富；

✓ 如果该员工离开，是否带走了重要资产；

✓ 如果该员工离开，没有人能马上接替该员工；

✓ 客户和合作伙伴对该员工的评价很好；

✓ 平时的业绩是优秀的；

✓ 承担的职责对团队业绩的贡献很关键；

✓ 市场上这种人才稀缺；

✓ 离开可能导致某些战略实施明显受阻；

✓ 该员工潜力很大，是一块好料子、人才好苗子。

- **作为经理，或许无法关照全部成员的动向，但至少应关注重要的骨干人员的动向。**

下面这些常见要素帮你判断该骨干的稳定性（是否有离职倾向）。

✓ 该员工对工作是不是满意；

✓ 该员工在市场上是不是抢手；

✓ 该员工喜不喜欢改变和尝试新鲜事物；

✓ 该员工是否愿意换工作；

✓ 该员工是否忠诚于公司；

✓ 该员工近期行动是否有异常，比如，专家统计过，员工辞职前常见的 11 个离职征兆。

- 开会不发言，变得不积极；

- 交代工作心不在焉，没有热情；

- 之前工作争功抢活，现在不了；

- 悄悄接电话；
- 员工之前穿着很随意，现在穿西装，打领带；
- 员工近段时间经常请假；
- 上网查资料；
- 托同事了解各种保险异地如何转移；
- 关注离职员工的奖金发放政策；
- 员工之前总加班，现在从不加班，每天准时下班；
- 悄悄收拾办公物品，桌子越来越干净。

- 基于离职的主要原因，专家对每个离职原因拟出了一个行动建议清单，以留住骨干人才。

（1）上级领导的管理能力。

✓ 领导诚信，待人公平，愿意倾听员工心声；
✓ 领导总是认可和肯定员工的贡献；
✓ 领导总是帮助员工克服困难和帮助员工成功；
✓ 领导关心员工的生活和成长。

（2）个人的成长和发展。

- 有明确且具有挑战性的目标；
- 有清晰的职责和权限；
- 有清晰成长的发展计划，并鼓励成长；
- 定期和员工针对员工的成长进行回顾，并提供中肯的反馈；
- 提供必要的锻炼机会，提供发展空间。

（3）公司文化和工作环境。

- 公司有清晰的愿景和战略，并且和员工的工作职责相关联；
- 公司能聆听员工的意见和想法；
- 良好的工作氛围和良好的企业文化制度；
- 公司鼓励员工工作和生活平衡；
- 公司的发展有利于个人的进步和成长。

（4）薪资福利。

- 薪水和福利在市场上有竞争力；

- 工资和奖金很好地反映了该员工的能力和努力水平；
- 工资水平没有明显的不合理，经理做了能做的。

（5）行业、家庭因素、工作地点、个人创业。

- 检查是否有家庭因素影响工作稳定；
- 检查是否工作地点影响了员工稳定；
- 检查是否还有行业或其他个人因素影响员工稳定。

- **作为经理，有些行动能自己做主，但有些不能轻易许诺，需要在 HR 和更高级老总的配合下完成。**

例如制订个人发展计划，定期和员工的回顾，聆听员工的意见，照顾员工的感受，设置有挑战的工作目标等是经理能自己做主的。但员工工资水平的变动，部门组织架构的调整，给员工晋升机会，工作职责的变更等就需要得到 HR 以及更上级领导的配合和许可才能执行。

○ 第三十八项
如何赢得员工的信任

案例

质量部新上任的梁经理其实对质量管理不甚理解，于是让员工 D 制订了一套流程，并要求团队开始在各部门推行此流程。开始一个月，各项工作进展顺利，梁经理的上级就很满意，梁经理得意扬扬，大谈自己是如何构思、如何设计、如何推动流程的。三个月后，有一个 A 员工遇到一系列困难，抱怨新的流程，并提出了好几个改进意见。梁经理听了很不悦，心想我吃的盐比你吃的饭还多，你懂什么呀。于是，要求 A 无条件继续，并责怪 A 没有一点克服困难的精神。又过了三个月 A 继续抱怨，且多次在整个团队面前抱怨不断，并断言这样的流程对于提升质量没有什么帮助。此时 B 也开始同意 A 的看法。梁经理其实自己也感觉新流程并没有原来想得那么好。但碍于面子，梁经理要求 A 和 B 继续执行新流程，并告诉 B 近期的一个培训机会不能给他了（一个月前梁经理还信誓旦旦要送 B 去参加此培训）。

一个偶然的机会，梁经理的上级也感觉新流程不理想，要求梁经理做出解释，梁经理则把主要原因归咎于 D 在设计流程方面经验不够，同时也责怪 A 和 B 的执行不够给力。

C 是梁经理自己入职带进来的，近期因为工作原因遭到客户投诉。在今天的部门会议上，本来 A 和 B 还以为梁经理至少象征性地要批评一下 C 吧，可是梁经理却认为客户有不满是常事，同时要求大家坚持自己的专业做法，不要把客户宠坏了。A 和 B 非常失望，以前自己要是有客户投诉，不管什么原因经理总是毫不留情批评，但现在对 C 的态度……A 和 B 失望透了，感觉自己被不公平对待了……

常见问题

- **经理将功劳业绩据为己有，将错误归咎于下级。**

有些经理，对业务不了解，平时工作中用各种手段哄骗上级领导开心，看到下级好的提案、好的研发成果和业绩，立刻展示给上级领导，把功劳全部归功于自己！反过来，要是有什么责任，立即归咎于下属！

- 经理不守信用。

就像案例中，梁经理高兴时答应 B 去参加培训；一不高兴，就又撤回承诺，出尔反尔，用手中的一点点小权力拿捏员工。

- 武大郎开店。

有的经理们，管理团队和下属没有半点章法和思路，性情粗暴，喜怒无常，想一出是一出，朝令夕改。下属苦不堪言，无所适从。

- 交代的事情至少过问三遍。

经理对下属不放心，对下属任何工作和细节都要过问几遍，让下级觉得时时被监督似的，总觉得上级在暗中监督其举动。

- 经理傲慢自负，不能聆听不同的声音。

就像案例中的梁经理，刚愎自用，为了自己的那点面子，不敢面对工作中的不足或失误，对于持不同观点的员工用各种办法打击、报复、穿小鞋、处处找蹭。

- 不能公平对待下级。

就像案例中的梁经理，对喜欢的下级 C，犯下的错误可以原谅可以不追究，无原则的袒护；对于不喜欢的下属，吹毛求疵，抓住一个小错误，就上纲上线，揪着不放。

- 为了一己之私而不择手段。

经理为了自己的蝇头小利，斤斤计较，患得患失，时时算计自己的得失，对公司的规章制度视而不见，用各种手段谋取私利，没有是非，没有原则，没有道德底线，甚至没有良知，谎话连篇。

解决思路

- 作为经理要明白，信任只能靠赢得，不能强迫下属信任自己。

信任是通过日常工作的点点滴滴建立的，不是朝夕之功，不能靠权力强取豪夺，不能靠金钱收买。经理如果想赢得信任，就需要修炼自己的正直、诚信、倾听、尊重别人、公正、无私、敢担当、守承诺等等品德情操。建立信任没有捷径可走。

- 维护信任的纽带是经理人的职责之一。

作为职业经理人，你应该发挥自己的影响力，不仅与团队成员要建立信任，还要与你的上级、同事或其他团队有业务关联关系的人，积极建立与维护这种相互信任的协作关系。作为经理，不仅作为个体应与每个团队成员有良好的信任关系，还要促进整个团队成员之间相互信任，为整个团队营造一种相互信任的氛围，促使团队内部团结、有凝聚力和战斗力。

- 经理应时时检视自己的行为得失，可用信任检点表来检视自己。

下面是专家对最容易失去信任的常见行为进行的总结与提炼。经理可以用下面的检点表来检讨自己的行为，从而做到有的放矢，不断改进。

（1）不守信用的行为：

✓ 不信守承诺；

✓ 出尔反尔；

✓ 虎头蛇尾；

✓ 泄露别人秘密。

（2）自私自利的行为：

✓ 竭力促成损人利己的计划、决策；

✓ 一切以自己的利益为先；

✓ 编造借口，谎话连篇；

✓ 抢占别人的功劳；

✓ 推卸责任，什么都是别人的错；

✓ 心胸狭隘，处处设法打击异己。

（3）前后不一的行为：

✓ 说一套做一套；

✓ 交代不清，让对方无所适从；

✓ 偏袒徇私；

✓ 朝令夕改；

✓ 喜怒无常，令人难以揣测；

✓ 墙头草，两边倒，见人说人话，见鬼说鬼话。

（4）逃避责任的行为：

✓ 不处理业绩不良的人，不愿意也不敢得罪人；

✓ 有话不敢说，而是东拉西扯绕圈子；

✓ 粉饰太平，提供信息时刻意加以美化；

✓ 言辞闪烁，不够坦诚；

✓ 逃避困难决策。

（5）主观臆断的行为：

✓ 不分青红皂白，草率下结论；

✓ 不给别人解释、证明的机会；

✓ 总是从最坏的方面揣测别人；

✓ 行事仅凭一己之见，不考虑别人的观点和感受；

✓ 过度主观。

（6）怀疑和猜忌别人的行为：

✓ 事无巨细都要过问；

✓ 暗中监督每一个员工的举动；

✓ 对别人做的事永远不放心；

✓ 对别人放责而不放权；

✓ 把自己的想法强加于别人的意见之上。

- 除了避免上述行为之外，看看这些赢得信任的常见做法，作为经理，你做得如何？

（1）促进坦诚沟通：

✓ 仔细聆听（事实和感受），善意回应；

✓ 善于分享（事实、事理、见解、观点、感受），传情达理；

✓ 关注事物积极的一面；

✓ 征询他人意见；

✓ 不迁怒于人；

✓ 有话直说，不拐弯抹角；

✓ 对猜测提出质疑。

（2）值得信赖，言行一致：

✓ 不做空泛的承诺，实事求是承认能做或不能做到的事情；

✓ 随时提供必要的帮助；

✓ 行为符合组织的价值观；

✓ 坚持到底，信守承诺。

（3）尊重别人、公平待人：

✓ 尊重每个人的特质；

✓ 维护或加强他人的自尊；

✓ 公平行事，不偏袒；

✓ 确保每个人都得到应有的赞扬、肯定与奖励；

✓ 认可和肯定每个人的贡献和业绩。

（4）显示对他人的信心和信任：

✓ 对寻求帮助，鼓励对方参与；

✓ 给予支持，鼓励承担；

✓ 提供发展新技能的机会；

✓ 让团队成员担任领导；

✓ 支持团队成员，提供坚强后盾。

（5）敢于担当：

✓ 对团队的问题敢于担责；

✓ 敢于承认自己的错误；

✓ 敢于承认自己的不足；

✓ 敢于面对困难的决策和情形；

✓ 敢于指出他人破坏信任的行为。

- 以史为镜知兴衰，以铜为镜正衣冠，以人为镜知得失。

建议经理诚恳地请教身边同事，得到他们的反馈，得到一手的反馈。忠言逆耳利于行，要有足够的心怀面对别人指出的不足，不断寻求周边人的刺耳的反馈，不断以人为镜，才能修身养性，从而赢得团队的信任！

第三十九项
如何认识与提升团队敬业度

案例

某企业零配件装配班班长老马,是一个老班长了。下面带领20多号人马。以前年年做敬业度调查,也没有谁真把这当回事。为了应付总部的要求,年年调查,年年象征性地做做行动计划,交完计划了事。

但今年新上任的老总似乎很在乎此事。老马有点着急了,因为他的团队的敬业度分数不高。怎么办呢?老马认为敬业度不就是满意度吗?要员工满意,那只能少管一点,管得松一点。于是原来一天3遍的5S检查悄悄不检查了,免得得罪人,原来员工违反操作流程大声指责,现在睁一只闭一只眼了。除此之外,一向抠门的老马开始请员工吃夜宵了!

过几天就要组织调查了,老马想想还有什么招呢?老马找了几个心腹一起吃夜宵喝酒,杯盏之间,老马发话了:"各位都是跟我多年的老同事了,马上又要组织敬业度调查了,请各位笔下留情啊",这几个心腹当然领会什么意思。第二天在班会上,在会议结尾时,老马通知了大家近期将组织一次敬业度调查,并特意强调"我们是一个很团结、很敬业的团队,希望大家在打分的时候不要低估了自己……"可惜这些招似乎不奏效,老马很失落……

常见认识误区

- 经理认为敬业度就是满意度。

很多经理认为敬业度调查就是长达几百道题目冗长的满意度问卷调查,满意度高了,员工的敬业度就高了。只要想办法哄员工开心,就能提高敬业度。

- 敬业度就是群众评议领导,就是一个匿名的举报箱。

在很多人看来,敬业度调查就是用来测评民意的,就是360度评价的一种形式,是一个下属对领导有什么意见的测试。

- 为了调查而调查，认为敬业度调查没有作用，也没有实际行动计划。

很多组织，为了赶时髦，看别的企业做了，也赶时髦迫不及待要做，且听说提高了敬业度就提高了公司效益。但真正做了调查，后面的行动改进计划在哪里呢？有的说，我们有计划呀，但是这些计划认真实践了吗？没有！年年都为了调查而调查。很多经理干脆认为，这玩意费时耗力，对业绩根本没有促进作用。

- 没有其他部门的支持无法落实改进计划，因此讨论的行动计划没有任何作用。

有些经理认为自己有很多改进的好点子，需要其他部门的支持，但是很难取得其他部门的支持，自己也控制不了。因此这样的调查，如果没有别的部门配合，改变不了什么，没什么作用。

- 已经很敬业了没有必要调查。

经理认为自己的团队很敬业，员工愿意加班，很听话，都是老员工，团队很稳定，敬业度已经很高了，根本没有必要调查，浪费时间。

- 为了调查分数，明里暗里给员工施压。

经理认为调查分数低很没有面子，因此公司组织敬业度调查，为了得到较高的分数，明里暗里要求员工打高分，明显歪曲调查的目的，调查结果失真。

- 对打低分的员工进行打击报复。

有的经理，心胸狭窄，对于敢于说实话打低分的员工，进行各种打击报复，穿小鞋，小动作不断。殊不知，越是这样，越可能适得其反，越不得人心，越被下属唾弃。

解决思路

- 理解知识经济时代企业价值中，无形资产占越来越大的比重，越来越重要，如图 7-1 所示。

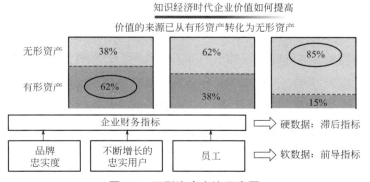

图 7-1　无形资产占比示意图

- **盖洛普对于敬业度与企业业绩的观点。**

美国盖洛普（Gallup）公司认为，员工是提高企业价值的钥匙之一，用下列"盖洛普成功路径"概括了研究的结论，如图7-2所示。

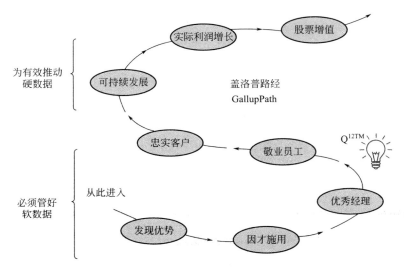

图7-2 "盖洛普成功路径"示意图

- **员工敬业度是上述盖洛普路径的核心环节之一。**

员工敬业度调查就是对基层工作环境和员工敬业度进行衡量的KPI，用来评测企业的基础管理体系，评测员工敬业度和基层工作环境。进而基于测评结果发动一线经理和员工积极参与改进工作环境，识别"最佳团队"并推广先进经验，同时也可以有针对性地提高一线经理的管理水平。

- **经理要用正确的心态对待这种调查。**

任何管理都需要评测从而知道管理的效果。敬业度调查使我们有机会听到团队成员的声音，像一面镜子反映团队的管理现状，为管理的下一步改进和提升指明方向。管理大师德鲁克说："不能衡量的东西就不能管理"，大概就是这个意思。经理需要持开放的态度看待调查，有胸怀、有勇气面对各种调查结果的分数，经理要真诚地告诉员工认真诚实回答每一个问题，基于这样的调查结果进行改进，才会有意义。否则弄虚作假，即使高分又有何意义？这是一种不敢正面面对、掩耳盗铃、自欺欺人的做法。

- 满意度不等于敬业度。

满意度调查聚焦于员工是否满意的感性反应，至于这些问题解决了能提高多少公司效益，则未必有明显的关联关系。而敬业度调查 Q12 的 12 个问题是行为性的问题。盖洛普调查了超过 1000 个公司，让超过 100 万名公司员工进行了问卷调查，发现其中有 12 个行为问题最能把优秀团队与一般的平庸团队区分出来，这 12 个问题如图 7-3 所示。

图 7-3　12 个行为问题

- 用实实在在的行动计划，带领团队敬业度跨越三层境界：人在这里，心在这里，梦想在这里。

如果一个经理能带领团队成员不仅人在这里，而且心也在这里，就兢兢业业；更甚者，这些人的梦想也在这里，则这样的团队就是高度敬业的团队，企业的战斗力必定强，就像盖洛普成功路径显示的那样。

第八章

员工关系

- 第四十项　如何管理员工的不足
- 第四十一项　如何构建和谐的员工关系
- 第四十二项　如何管理不能立即辞退的员工
- 第四十三项　如何管理问题员工
- 第四十四项　如何处理员工举报
- 第四十五项　如何在辞退员工过程中扮演正确角色

第四十项
如何管理员工的不足

案例

某安全经理很苦恼，跟 HR 倒苦水。这位经理在给自己部门团队成员做能力分析时，发现了很多问题，下属能力参差不齐：A 员工外语能力很好，但是办公软件运用能力很差，要做一个 PPT 简直痛苦极了，为此安全经理发过几次火，勒令其必须改进。B 下属的办公软件用得很好，做 Word/Excel 或 PPT 压根不是问题，还经常帮经理修改各种要演讲的 PPT，但 B 的外语能力不怎么行。C 下属总是喜欢在办公室里看政策、做报告，不愿意去现场发现问题，这导致很多问题其实都是 D 下属帮助发现的。D 下属喜欢在工厂周围走动，容易发现安全隐患，喜欢找碴，以显示自己的存在感，但 D 下属也有不少毛病，比如喜欢把问题夸大，对存在的问题过度忧虑，专业性不强，提不出具体的解决方案。经理让 D 去参加了好几个培训，可惜效果很不好，每次安全经理苦口婆心跟 D 讲，D 似乎心不在焉也不以为然。E 下属是新来的管培生，业绩一直起伏不稳，安全经理培训 E 多次了，也不见效……

常见问题

- 业绩不好，不问青红皂白，立即送去培训。

经理以为培训就是万能的。经理发现下属业绩不好，想都不想，立即送去培训。殊不知，很多东西并非能通过培训搞定的，比如性格，比如动力，比如德性。

- 用最挑剔的眼光，对每个人都找出一串的不足，对每个人都不满意。

有的经理，说起来下面的人都不行，这不行，那不行，就没有一个好用的人，整天责怪下属能力不行、态度不行、德性不行。但问题是这些人都这么烂，是谁招进来的呢？还不是经理自己招聘进来的吗？再说了，这些人态度和德性不行，经理作为直线上级，没有责任吗？

- 只要有不足，就归罪于 HR 招的人不好。

很多经理在招聘的时候，总是很忙没有时间，连面试和看一眼简历的时间都没有，或者匆忙见面三两个问题就结束了，草草行事并做出录用判断。一旦入职后出现问题，反而归罪于人事部门。很多能力，比如专业能力及一些软能力，以及这个人是否能融入团队，作为专业的直线领导其实更能掌握、把关。

- 经理总认为下属有这样那样的问题，从来不认为是自己导致了下属有这些问题。

就像西点军校校长说的，很多直线经理从来就习惯拿着手电筒照别人，照到哪里，哪里就有这样那样的问题。从来不用手电筒照照自己，不看看自己有什么不足。很多时候下属的问题，其实是直线经理造成的，只是经理不知道或不承认罢了。

- 永远只看到不足，而对长处和优势视而不见。

有些经理人，习惯于吹毛求疵，似乎不找出点下属的毛病就不能展示自己的能力，就不能显示自己的高明，就不能显示自己的存在感。而对下属的优势能力，则熟视无睹。

- 经理认为下属能力的不足，但下属自己却不以为然。

很多经理，根据多年的经验，一看下属做的工作就知道有什么能力不足，然后立即安排一连串的培训和发展，写一堆的发展计划。可惜下属不买账，甚至认为是多此一举。此时的下属，即使被送去培训、学习，那也是纯粹看经理的面子或只是为了执行上级的命令，认认真真走形式罢了，参加完培训就算交了差！

解决思路

- 和 HR 一起把好招聘关。

有句话说：选择比努力更重要。面试者还在求职的选拔阶段时，用人部门经理就应该和人事部一起，对面试者进行认真把关，比如认真考察面试者的专业背景、专业能力专业经验，考虑本岗位的具体的实际情况，思考要着重考核考察的能力，并认真完成所有的选拔流程。这样的选择至少能减少后面的用人风险。记住，很多研究机构都指出，如果在选拔阶段为了省事，节约了 1 个小时，那么一旦错误录用，后来为了弥补这个错误决定而需要付出的时间将会是 100 个小时！

- **既看到长处，也看到不足，并且从团队的角度合理搭配。**

某将军说：会用人之人，手下没有无用之人；不会用人之人，手下净是无用之人。没有完美的个人，却有完美的团队。一个人是不完美的，但一个团队的成员之间在能力上是可以互补的。作为用人部门的经理能认识这点，就可以考虑如何在岗位与人之间，以及人与人之间形成巧妙搭配。比如，如果销售岗位是需要外向的性格开拓市场，则外向的 A 就是很好的人选，但 A 往往容易过度照顾顾客而牺牲公司利益，因此需要原则性强但内向的 B 作为 A 的搭档，一起为客户服务，这样的互补就可以增加团队战斗力。

- **每个人都有不足是正常的，是常态，不要企图找到完美的人。**

水至清则无鱼，人至察则无徒。李嘉诚先生总结一生的用人哲学为：七分人才，八分使用，九分回报。如果要找不足，或许任何一个人在任何一个岗位都会有不足。当我们在思考某个岗位在职人员的能力时，我们总是习惯于从下面的这些完美的方方面面来要求别人，敢问哪个人在下面罗列的方方面面都刚好符合公司的期望或上级的期望呢？如果按照这样的标准对比，则永远都有不足的。

✓ 完美的知识、专业能力和专业经验。

✓ 完美的软能力。光辉国际专注于能力研究很多年，罗列了超过 60 多种常见的能力：决策，计划，信息沟通，行动执行力，毅力，客户导向，专业学习力，问题理解力，时间管理，授权，引导他人，管理与衡量工作，驱动业绩，书面沟通，公平公正，倾听，商业敏锐度，快速学习，问题解决，创新，远见卓识与前瞻性，流程管理，统率能力，独当一面，人员配置，演讲与呈现，职业规划与抱负，与高层相处，关心下属，与上级建立关系，激励他人，管理愿景与目的，伦理与价值观，处理模糊情境，战略敏锐性，发展他人，通过机制/系统管理，敢于面对下属的挑战，慧眼识人，组织敏锐性，冷静，管理多元化队伍，谈判，建立高效团队，同情心，管理个人秘密，工作生活平衡，管理创新，管理冲突，魄力和勇气，政治敏锐性，理解他人，人际理解力，演绎思维，归纳思维，服务精神，影响能力，献身组织的精神，合作能力，建立关系，正直诚实，组织协调，控制等能力。

✓ 完美的性格匹配。当前常见的性格测试有 DISC、MBTI、PDP、Hogan、九型人格、OPQ32 职业性格、Harrison 哈里森性格测试、霍兰德职业兴趣测试、16PF、BFI 大五人格测试等。所有这些测试大多测试的是人的性格/人格特征方面。

不同测试围绕不同的性格倾向进行测评，但总结起来大部分都围绕以下方面：内向/外向，乐于助人的，成就动机，情绪化的，分析思考的，多疑的，乐观的，有说服力的，有控制欲望的，直率的，想法独立的，合群的，社交自信的，谦虚的，民主的，关怀别人的，判断分析的，忠诚传统的，追求变化的，能适应新变化的，善于数据推理的，精力充沛的，有竞争性的，有追求成就的，果断的，战略性思考的，喜欢抽象概念的，对细节敏感的，认真负责的，遵从规则的，情绪愉快的，忧虑的，意志坚强的，乐观的，容易信赖他人的，有同理心的，主动性强的，个人观点开放性的，耐抗压性的，有体贴性的，有逻辑性的，有冒险精神的，有合作性的，有激情的，有自信的，对别人的看法在乎的，有同理心的，活泼好动的，有包容心的，总是心理防卫的，情绪稳定的，个人信息开放的，依赖他人的，独立的，敏感的，积极上进的，坚毅的。

✓ 完美的品德和个人修养。比如我们常常见到的对品德修养的要求：正直，无私，诚信，博爱，心胸宽广，兑现承诺，择善固执，作风正派，忠诚，善良，谦虚，好学，公正公平，守法守纪律，有信仰，包容，有主人翁精神，献身精神，敬业，敢于担当责任，有使命感，服从，荣誉，垂范与榜样，批评与自我批评，反省，抗挫折，上进，可信赖。

- 弄清楚导致业绩不理想的背后原因，然后采取针对性措施。

业绩 = 能力（知识、技能、经验、软能力、性格、品德）+ 态度 + 外界环境。对此公式做出的解读为：

✓ 如果业绩主要是因为外界环境因素导致该个体业绩不好，则无须要求员工改变什么。

✓ 如果业绩是因为态度的原因，则主要探索的是员工的需求和动机，什么手段能投其所好从而改变该员工的动力/态度？如果改变不了动力，则要么离开这个企业，要么改变岗位职责。

✓ 如果业绩是因为性格的原因，则江山易改本性难移。一般来说，通过培训是很难达到改变其性格从而改变其业绩的目的的。

✓ 如果是因为品德和个人素养问题，则要考虑通过纪律手段开除出组织，或者放到一个风险更小的岗位上。

✓ 如果是因为一些软能力不足，则可以考虑给其机会通过培训和发展提高。但这里也注意，一些软能力是容易提高的，比如计划、组织、流程改进等是容易通过培训和发展来改进提高；但比如洞察力、问题解决、处理模糊情境等能力是不容易提高的，此时考虑要么换岗，要么重新考虑选择新的组织。

✓ 如果因为专业知识、专业技能或经验不足，则一般可以考虑通过培训对员工实施改造，提升其能力从而改进业绩。

- **作为上级，要想办法考核考察员工的能力。**

是骡子是马，拉出来遛遛。上级可以主动考察员工的过往专业、教育背景、从业背景和过往业绩，并通过安排一些工作任务去考察员工的优势能力与劣势能力，从而对下属的能力认识有更扎实的依据，有更客观和感性的认识，这样做出的判断也才更准确。如果作为上级的你，仍然没有认真思考和考察过下属的能力，则对于下属的能力就不要轻易下结论。

- **想办法让员工自己认知到有某种能力上的不足。**

企业应该有很多的反馈环节能让员工知道自己能力的优势与劣势，比如360度反馈，比如上级的年度或定期的业绩与发展回顾反馈环节，比如第三方评价如评价中心等，这些都能让员工有机会认识自己。只有当员工自己认识到这种能力不足时，上级为其发展和重新配置工作才是顺水推舟的事。否则，如果员工自己没有认识到这种不足，那作为上级的你，光着急也没有用，就像病人认为自己没有病，而医生一味说有病，那是不能解决问题的，病人肯定是不愿意吃药打针的。

- **经理也看看下面这些应对能力不足的一些常见思路能否借鉴：**

（1）发挥优势能力，克服劣势能力，用优势能力克服劣势能力。比如某员工不善演讲，但是善于写作和PPT制作。因此该员工做演讲时，更多通过PPT的形式来展示自己的演讲内容，这样发挥了自己的优势，达到相同目的。

（2）员工之间优势技能互补。比如说A、B两人都要负责员工的招聘工作。A不善于用英语与老外交流，不善于与上层沟通，但擅长做演讲的PPT和招聘提案计划；而B则刚好相反。因此两人商量，A负责大部分招聘岗位的设计和提案规划，而B负责与高层经理沟通与交流这些提案与计划，这样两个人形成互补的搭配。

（3）在不明显影响业绩的前提下，主动、谦虚地说明自己弱点，降低利益相关方对自己的期望。某员工英语口语不是很好，在需要用英语作为语言开会时，主动谦虚表态，承认自己的口语不太好，希望大家多包涵。这样一来，与会人员就会减少挑剔，降低期望。这样即使口语不太顺溜，也可以减少客户或利益有关方的不满。

（4）重新规划工作职责或换岗位或重新规划岗位。比如，不善于或不习惯于带领团队，而更擅长于技术问题的解决，则干脆考虑做一名专业性很强的工程师。

（5）制订相应的员工个人发展计划，进行自我提高和学习。如果某些关键技能，或是为了工作业绩，或是为了职业发展，都无法回避，此时，就必须想法改进这些能力了。

（6）扬长留短，允许这个不足的长期存在。有些不足或许不至于对员工主要业绩有什么大的影响，而该员工也不指望有什么更进一步的发展，何必一定就去改正这个不足呢？与其如此，还不如用足其长处，允许其短处长期存在，只要业绩水平能接受即可。

（7）引导下属思考投资回报率来决定发展什么。相同的投入，哪个发展项目有更大的回报呢？

（8）引导员工发掘在以前某项工作中已经证明的优势，并尝试用到新工作情境中去。比如以前该员工善于通过演讲来征服团队成员，那么现在让该下属担任项目经理，则也可以将此优势技能反复用到作为项目经理的角色中去，在日常的会议上，可有意无意通过演讲的天赋在大会小会中露上几手，从而慢慢征服这些来自不同部门的团队成员。

- **塑造一种不断批评与自我批评，以及不断学习进步的团队文化氛围。**

一个公司，可以倡导一种老总认为重要的文化氛围。一个部门，部门领导也可以倡导某种管理理念。比如，我发现很多员工，就是听不得别人说其不足，有一种很强的防卫心理，在这种氛围下，什么意见都听不进去。因此，作为部门的领导，可以从自己开始，倡导一种敢于批评与自我批评的文化，引导大家去向别人寻找自己的不足。另外，部门经理也要善于为整个部门营造一种学习上进的氛围，在这种氛围中，整个团队不知不觉提升了团队的凝聚力和战斗力。

第四十一项
如何构建和谐的员工关系

案例

某公司同一团队的 A 员工和 B 员工，同时被发现由于受了一点工伤而长期缺勤。两个人的伤其实都不严重，不足以构成伤残等级，停工留薪期不会超过 1 个月。截至事情败露时，A 已经 6 个月没有上班了，其主管因为怕 A 员工闹事，怕上报工伤受到公司批评，因此一直隐瞒不报，在出勤表画钩按照正常出勤处理，这样 A 得到正常的工资后也就不找公司人事部了。B 已经 2 个月没有上班了，其主管也因为怕员工闹事，一直按照正常出勤处理。现在事情已经败露，经理要求 A、B 同时回来上班，否则按照旷工辞退处理。A 无话可说，回来上班后，并没有受到其他处罚，其主管象征性地被口头警告。但 B 认为这样处理不公平，因为 A 已经 6 个月没有上班了，白领了 6 个月的工资，而 B 只白领了 2 个月的工资。因此 B 认为，这样处理很不公平，也应该享受 6 个月的长假，白领 6 个月工资再回来上班。但该部门经理的观点是，处理 B 是按照公司和相关法规处理的，合理合法，至于如何处理 A 是公司的事情，无须 B 来说三道四，跟 B 没有关系。B 不服，在后面漫长的半年内，以各种形式闹事以及指控经理的做法不公平。A 回来上班半年后提出离职，一贯平静的 A，开始抱怨公司没有上报自己的工伤，此时报到人事部，可惜已经过了时效无法报工伤，所有的费用只能公司承担。另外，A 提出要公司进行伤残补偿，因为工伤肯定有伤残，影响将来的工作与生活能力。公司很无奈，根据相关法规，只能默默承担这一切损失……

常见问题

- **主管知情不报，私自处理，怕员工闹事。**

主管怕员工闹事，怕上报工伤会影响自己的业绩，于是用一个错误去掩盖另一个错误。就像案例中的主管，用假的考勤信息让员工先拿着正常工资，企图以此息事宁人，认为这样可私下进行处理，但事实上主管不知道事态严重性，也根本没有能力处理这类问题。

- 告诉员工，开除你是人事部的决定，跟我无关。

有些经理，不敢面对可能发生的冲突，于是把解除劳动关系的决定说成是人事部的决定。而当员工去找人事部的时候，人事部说，我都不认识你，我为什么要开除你？那是谁把这名单送到人事部的呢？

- 退回给人事部。

很多经理遇到难管的下属时，顺口就说出，我把你退回到人事部去，我不要你了！很多经理认为，人事部就是收破烂的，遇到不好的员工就退回到人事部！

- 不能公正公平裁决。

很多经理在工作中对不同的下属有不同的亲近关系，关系好的，给予同情可怜，同样的错误，用各种抵制方法和手段给公司施加压力，要求公司减轻处罚。而关系不好的，则小题大做，给公司施加各种压力，一定要公司严格执法，要往死里整。这种不公正、不公平的行为极容易引起员工在情绪上的极大反弹。

- 没有法制观念，认为官大了，就可以有裁决权。

有些经理，一路晋升，身居要职，自认为员工犯的错误，可以按照自己的理解来处罚，全然不拿公司的制度或员工手册当回事，跟他讲制度，似乎很不以为然，藐视制度的权威，只相信自己的判断和感觉。

- 没有证据意识。

经理大多按照自己的理解决定开除与否。比如员工在厂里开车速度太快，就按照超速，给予开除。殊不知，你如何证明他开车速度过快？究竟快到哪种程度？难道就靠目测，就能作为证据吗？

解决思路

- 作为管人的经理，要理解公司需要遵守与执行的各种法律法规。

很多经理没有法制观念，以为可以为所欲为，其实这是无知者无畏。要构建和谐的劳动关系，就要知道处理这种关系时，需要遵守的各种法律法规。这些法律法规包括：

— 国家层面规定的各种关于劳动关系管理的法律法规。如《劳动法》《劳动合同

法》《劳动合同实施条例》《社会保险法》《带薪年假管理条例》《工资支付暂时管理条例》《工伤管理条例》《工会法》《女职工保护》《就业促进法》《职业病防治法》，等等。

－公司层面规定的各种规章制度。如员工手册、业绩管理制度、薪资福利管理制度、假期管理制度、纪律管理条例、奖励制度、培训管理制度、考勤管理制度、年度奖金管理办法等。

－在个人层面，与公司签订的各种协议。如劳动合同、各种补充协议、保密协议、竞业限制协议、offer、职位说明书、岗位调整协议、培训协议、工资调整协议、聘任协议、目标管理协议、提成管理协议等。

- **理解在日常管理工作中，常常会涉及有争议的方面。**

－薪资管理方面：加薪、降薪、工资调整、加班工资、计件工资、各种奖金（年终奖、提成、项目奖金、团队佣金）。

－出勤管理方面：出勤记录、迟到、早退、旷工、加班。

－假期管理方面：年假、病假、产假、工伤假、事假、公司假、法定节假日。

－岗位职责与业绩管理：职位说明书落实、业绩考核、PIP 计划、调岗、职责调整、聘任协议。

－劳动合同建立与管理：试用期、合同建立与续签、合同变更、签订各种补充协议。

－各种国家福利和公司内部福利管理：养老、失业、医疗、工伤、生育保险及住房公积金，公司内部的各种其他福利（如免费用餐、免费住宿、免费通勤车等），各种国家规定的津贴补贴，公司规定的各种现金补贴，个人能特殊享受的补贴和福利待遇等。

－劳动关系解除与终止：到期终止、单方解除、协商解除、劝退、各种裁员、减员、末位淘汰、停产。

－其他：如员工投诉、纪律管理等。

- **积极参与完善相关制度与体系建设，并带头落实。**

作为经理，不需要精通理解国家的那么多关于劳动关系管理的法律法规，但需要与公司人事部密切配合，制订符合公司实际情况的各种公司内部的管理制度，并在本部门推行与落实。比如常见的制度有：

－员工手册；

- 纪律管理制度；
- 奖励制度；
- 业绩管理制度；
- 薪资与福利制度；
- 公司内部沟通与文化建设制度；
- 各类假期管理制度；
- 商业行为准则；
- ……

- **培训相关的制度与政策，建立期望。**

部门经理不仅自己要以身作则，同时还要把这些公司的政策制度给部门员工培训到位，让每个员工都理解公司的政策与文化，从而在源头上减少员工的误判。在员工内心深处打下深深的烙印，这是一种很好的事前控制的做法，可减少员工犯错误，并使员工尽量多地展现出公司期望的行为。

- **在日常工作中与员工建立和谐的合作关系，并赢得员工的信任。**

作为经理，在涉及公司的许多政策执行过程中，员工有很多的疑惑与不解，在正常情况下，员工信任自己的经理，那么经理做出的解释就能很好地使员工的疑惑得到释然，把小的抱怨在开始的阶段就消除了。关于如何与员工建立信任，参照本书相关章节。

- **在具体劳动纠纷案件中，作为经理应该遵守下面的基本原则。**

- 公平公正一视同仁。不偏袒下属，对事不对人。很多纠纷，本可以很顺利地按照规章制度解决，但是员工很不服，因为前面有类似的员工还没有处罚，却对他进行处罚，内心有深深的不公平感，这种不公平和委屈会使员工用各种形式发泄出来。

- 严格依照相关的法律规范进行裁决。经理可能有自己的深刻见解，或者很不理解某些法律法规，但无论如何，应该按照相关的法律法规执行裁决，而不是靠意气用事或一厢情愿做决定。

诚信与实事求是。在独立调查中，有的经理，因为不喜欢某下属，添油加醋刻意把下属描述成一名不合格员工；反之，如果因为喜欢某下属，则可以将其描述成天才与楷模。这些不能实事求是的做法，会引起其他员工的反感与不满。

- 正面面对冲突。当需要正面面对下属，要和下属谈话传递不好的消息或宣布重大决定的时候，能勇敢站出来，正面面对，而不是找各种理由逃避。

- 风险意识。在我们处理任何一个劳动纠纷时，都要考虑可能带来的负面影响与风险。经理不能图一时痛快就急着下手辞退员工，而是走完流程，理清风险后再在人事部的建议下行动。

- 证据保全。俗话说，打官司就是打证据。经理要做好基础管理，为将来的可能的官司做好证据的铺垫。

- 保密原则。任何一次人事调整，都会有一个不断调整与思考酝酿的过程，作为经理的你，如果已经参与其中，则要注意保密原则，否则如果提前泄密，很可能因打草惊蛇而失败。

- 听从人事部或律师建议。经理们自认为已经处理过类似的案例，自认为懂法，对人事部的建议或律师的建议充耳不闻，我行我素。劳资纠纷涉及员工的利益，涉及相关的法律法规，涉及经得起推敲的证据，涉及必经的法律流程等，这些都需要专业的人员指导，才能达到预期目的。

- 不回答没有把握的问题。很多时候，员工关于薪资福利方面的问题会问经理，此时经理可以先看看制度，或先问问人事部经理，然后再回答，切不可回答没有把握的问题。

- 及时性原则。有任何矛盾或纠纷，立即上报，不隐瞒，否则纸包不住火终究酿成大错。有任何纠纷和矛盾，不要一拖再拖、不去处理，这样的结果只能是小事变大事，错过最好的处理时机。

第四十二项
如何管理不能立即辞退的员工

案例

某公司销售总监最近很苦恼,连续两个季度部门业绩很差,远远没有完成指标。究其原因,一方面外面市场环境不好,正值全球经济危机,市场低迷,所有公司的日子都不好过。但另一方面,他也发现部门员工工作动力不足。

小张经常找各种原因迟到早退,工作懒散,平时小错不断,而劳动合同还有2年……

小王很会为人处世,在公司人缘很好,工作态度也还可以,可就是出不来业绩,好像公司制度也没有哪一条能直接让他走人,而劳动合同还有1年多……

老赵是公司的元老,居功自傲,对销售总监似乎不太放在眼里,业绩时好时坏。老总在时一个样,老总不在又一个样,劳动合同居然是无固定期限……

销售总监是一个很自负自信的人。他到人事部咨询了人事经理的意见,人事部给了很多建议,似乎没有哪条他愿意听进去的。最后人事部告诉他,可以自己看看劳动合同法。于是该总监细细研读劳动合同法。一个星期以后,该总监很自信地以劳动合同法第四十条第(三)款"劳动合同订立时所依据的客观情况发生重大变化,致使劳动合同无法履行,经用人单位与劳动者协商,未能就变更劳动合同内容达成协议的",找这些人,要变更他们的工作岗位,三人均表示不愿意。随后总监直接宣布解除合同。

三人寻求劳动仲裁帮助,要求恢复劳动关系。仲裁庭询问销售总监解除合同背后的法律依据,该总监的理由是全球经济危机且公司已经连续2年亏损(呈示了公司的年报报表作为证据),这就是客观情况发生了重大变化,因此公司无法继续履行合同了……

显然,这样的说法得不到法官的认可,公司败诉。这三个人以胜利者姿态,大模大样继续回到原工作岗位,与销售总监的关系进一步恶化和对立。经此一遭,三人无比团结，与总监的较量才刚刚开始……

常见问题

- 用人部门经理以为自己已经很懂劳动法或劳动合同法。

很多经理通读劳动法、劳动合同法，然后根据自己的理解做出各种与劳动纠纷相关的处理决定，结果很可能事与愿违：非法解除，仲裁败诉，支付赔偿等。

- 无知者无畏，不撞南墙不回头。

很多时候，用人部门经理容易情绪化，遇到不想要的人或与自己意见不合的人，恨不得一分钟都不能等待，要立即辞退解恨，显示自己的权威。而此时的人力资源部往往会罗列种种风险，但这些用人部门一般都当耳边风，根本听不进去，甚至会按照自己的逻辑强行解除劳动合同，以逞一时之快。殊不知很多情况需用戒急用忍、徐徐图之的策略。

- 用人部门自己想办法逼员工自己走人。

用人部门往往嫌人力资源部给出的建议太费事、效率太低，因此用自己创造的新招、邪招对付员工，比如逼员工犯了错就义务捐款，员工一犯错就扣减员工年假，私自给员工开出罚单罚款，变相增加工作职责，调整工作目标，故意找理由将员工调到不愿意去的工作地点，迫使员工加班……用各种措施达到让员工走人的目的。殊不知这些都可能是经不起法律推敲的做法！

- 把要处理的人交给人事部！

很多用人部门认为，不要的人，只要交给人事部就可以了，至于人事部愿意如何处理，那是人事部的事，从此就与己无关了！

解决思路

- 建立正确的观念，正确理解直线经理和人事部之间在处理劳资关系上的职责分工。

（1）直线经理的职责是：

- 发现员工的问题，并报告给 HR；
- 与员工构建一种相互尊重和信任的氛围；
- 贯彻各项劳动合同的条款；

- 接受员工申诉；
- 听取 HR 提供的建议，并分析建议的可行性和风险分析；
- 进行取证，寻找和收集有利的各种证据；
- 与 HR 和工会一起分析各种可能的解决途径和各种可能的后果；
- 与 HR 一起与员工面谈谈判，正面面对劳资纠纷中的冲突和管理；
- 保持员工沟通的渠道畅通；
- 积极探寻能够影响员工的其他人员。

（2）HR 的职责是：

- 对一线直线经理进行培训；
- 分析导致不满的深层次原因；
- 提供建议和咨询；
- 介绍沟通技巧和注意事项；
- 一起面对员工的谈判；
- 规范各类制度和流程程序；
- 各类政策和法规的解释和指导；
- 倡导建立合法、在内心感觉平等、和谐满意的企业文化氛围。

- **公司想辞退但又不能立即辞退的员工，常见的管理思路如下。**

（1）合同到期自然终止或检查合同终止的条件出现，如到了退休年龄或宣布死亡或宣布犯罪等。

（2）双方直接协商，或者也可以由企业方示弱劝退，坦承告知目前企业的艰难，使对方知道企业的艰难而主动辞职。

（3）企业都有自己的严格考核系统，通过考核发现员工不胜任工作岗位；或通过考核发现严重违纪行为；或通过考核业绩不好，对工资和岗位自动降级处理。

（4）经济性裁员（有立法依据，劳动合同法 41 条）：

✓ 企业依据破产法破产重组；
✓ 企业经营发生严重困难（一般很难达到政府规定的）；
✓ 企业转产（生产寻呼机的变生产冰箱）；
✓ 重大技术革新，整条生产线升级；
✓ 经营方式转变。

(5）结构性裁员（无立法依据）：

✓ 子公司整体出售或被兼并（可以单方解除）；

✓ 某一业务模块不要，卖给别人（不能单方解除）；

✓ 某一业务模块干脆停止业务，也不卖给任何人（不能单方解除）；

✓ 公司分立或合并（不能单方解除）；

✓ 因业务需要对公司内部的部门和组织结构进行分立、合并等调整，调整汇报线（无立法依据）。

（6）优化性裁员（通过考核，调整工作岗位，在新的情境下，员工自己觉得不适应新环境而自己离职）。

✓ 被安排到了冷落的、无味的工作任务或岗位，并从组织上进行冷落，心理上产生隔阂。对素质较好的员工或高管。

✓ 加大了工作负荷，加大了压力，形成高压态势，累得不行而自愿离职。

✓ 更高的工作要求而可能常常被斥责，心理压力陡然增加。

✓ 频繁调整工作岗位而使之无法适应新的工作岗位和新的人际关系，比如技术型员工。

✓ 被调到陌生部门，要求在单位时间内做出一定的具体成果，给予压力，比如对居功型老员工，不思进取跟不上企业的步伐。

✓ 被调动到一个项目中去，如果可能就事先约定，如果业绩不行则项目组成员整体撤掉。

✓ 公司管理一般会采用分公司制，分公司业绩达不到公司要求，则集体分解的方法。如果一批人被放到一个即将倒闭的公司去完成一个项目，结果公司业绩不行而注销整个公司，则该公司员工当然就必须全部解散。

✓ 逐步降级。对 2 次以上完不成任务的员工，一般采用降级法（降工资、降奖金、降职位、降待遇……），降至员工的心理底线以下，则也就自己离开了。比如对中高层业绩型部门经理。

✓ 退休法。有的企业规定只要达到某一个年龄，一次性补偿多少费用，然后离职。这对很多普通员工或许很合适。

✓ 对赌约定法。这是一个挑战也是一个机会，如果在规定的工作时间内达到优秀者，可以再续约；而不能达到的，则事先提交的辞职信立即生效，可以离职。

✓ 调整工作职责或权力或汇报线，汇报给一个他不喜欢的领导。

✓ 被安排到了要常常出差的工作，而如果员工不喜欢出差则可能自己离职。

✓ 被安排到了要上夜班的工作，员工不喜欢，则自己离职。

✓ 被调整的汇报线，汇报给在外国的上司，要晚上上班开会。或者汇报给在外国的上司。这样有英文的要求，则原来的员工可能工作不能适应而离职或更愿意与公司协商解除合同。

（7）公司自己定义清晰的客观情况发生重大变化（劳动合同法40条第三款）：

✓ 包括但不限于公司地址迁移；

✓ 被兼并；

✓ 公司的资产转移；

✓ 公司业务的出售；

✓ 组织架构；

✓ 经营条件；

✓ 重大发展战略调整等。

（8）考核降薪法（员工可能承受不了这样降薪而选择离开公司）。

✓ 通过考核，不胜任，薪随岗变，降低基本工资；

✓ 通过公司业绩的考核，全员或部分员工降低奖金；

✓ 通过考核大幅度降低奖金。

（9）员工休假法（这也可能降低成本而使员工愿意离职）。

✓ 鼓励员工休事假，在事假期间可以不发放工资或只发生活费。

✓ 强迫安排年假法。

✓ 缩减工时法，比如清洁工本来每天工作8小时，工作6天。现在改为，周一至周五每天工作7小时，周六工作5小时，这样刚好是40小时、没有加班工资。

✓ 转变为非全日制用工。

✓ 依据《工资支付暂行规定》，因企业原因导致停产停业，则第一个月全额发放工资，从第二月开始则发放基本生活费。

（10）对于任何非正常离职的员工或者考核不合格的员工或者严重违反纪律的员工都公布到网上去，这样员工害怕自己的声誉在圈内不好，因此会更配合公司。或者在离职证明书上载明离职原因，这样让员工有一些顾虑。

（11）干脆支付员工工资到合同到期日或到三期结束或到法律情形结束，让员工提前离职。这样减少员工的负能量而影响其他人、影响工作氛围。

（12）在特殊时期，鼓励辞职有补偿，加快员工离职步伐。

（13）寻找是否有欺诈信息而合同无效？

（14）用岗位聘用书的形式来限制员工在某岗位的期限以及业绩监督，员工若不符合岗位要求的业绩，可以按照事前的协议。到期时，是否继续聘任到某岗位要看其前期的表现与业绩。具体新的岗位共同协商，新岗位按照薪随岗变的原则支付工资。

（15）对于有风险的员工或要符合其内在逻辑的员工，让员工犯错误后写保证书作为缓冲，有心理准备，然后按照保证书以及新的违纪事实进行违纪处理。

（16）对员工的工作进行整体的劳务外包。比如清洁工、保安、食堂等。

（17）对员工违纪进行持续罚款，罚款罚到其受不了为止（注意企业本身没有罚款权力）。

（18）让别人挖走他／她。

（19）走完内部立法流程，设置较为严苛的纪律条款，然后等着员工犯错误、碰"高压线"。一旦碰到"高压线"，拿到证据，则立即以严重违纪而解除合同。

○ 第四十三项
如何管理问题员工

案例

最近老张不断跟人事部吐苦水,他的部门成员似乎没有一个好管理的。

A下属是销售精英,很多大客户订单都是他搞定的,业绩突出,老板也经常表扬他。但这个人似乎不太受约束和管理,在诸如要签字画考勤,要定期追踪各种报表,要准时出席会议等细节方面,几乎不太当回事,有时还动不动说公司有能耐就辞退我呗……

B下属是公司的老员工了,当初是老总的司机,后来因某些原因被安排到老张的部门做些计划和调度的工作。这个工作需要与各方协调,经常引起周边的人有意见。老张找B谈过,B仗着自己与老总多年的关系,似乎不怎么把老张放在眼里……

C下属很能说,每次开会的时候,就是"麦霸",滔滔不绝,有一大堆的理论和逻辑,但真正落实的时候又这里不行那里不行,什么结果都没有,很多项目都虎头蛇尾……

D下属有很好的学历背景,但她的工作要与很多周边的人打交道,只要是遇到一点要负责任的事情,比谁都跑得快,赶紧撇清责任,躲得远远的。只要是有点功劳被老板认可的事情,使劲往前凑,就怕别人看不见她这点功劳……

E下属……

常见问题

- 业绩很好而桀骜不驯。

有的员工,尤其是销售或研发骨干,因为业绩好或研发能力强,平时工作很难服从领导安排,公司的制度很难约束他们的行为。领导如果对他们进行比较严苛的管理,则会打击他们工作的积极性和热情,导致工作业绩下降,甚至人才的流失。但不管吧,别的员工看在眼里,这使公司领导左右为难。

- **"皇亲国戚"的员工，不好管理。**

公司里总有一些员工仗着是老总的什么亲戚，或者是某政府要员的亲戚，对当前上级的管理和要求，爱理不理的，甚至在给其安排工作时候也需要处处照顾，否则就找出各种理由发难。

- **员工常犯小错误，似乎没有哪条纪律可用来处理。**

比如说：经常推诿责任，唱高调，做事虎头蛇尾，蔑视上级，喜欢说闲话、传播小道消息，不参加集体活动，穿着太暴露，着装不讲究等等细节。这些东西，很多公司也似乎没有办法用哪一条纪律来处理、处罚，但影响着团队的士气和氛围。

- **态度总是消极，影响同事。**

有的人生性悲观，对任何一件事情都能找出很多消极的方面，并且不断散布消极、悲观的言论，影响整个团队的气氛，影响团队的战斗力。

- **能力低、观念落后却在管理要位。**

有的人跟着老总打江山。老总在市场上摸爬滚打，且不断学习进取，能力不断提升；但有些老臣，每天忙忙碌碌经营那一亩三分地，能力和观念离老总的期望越来越远，最后只能倚老卖老来管理下属了。

- **光说不练，想法天马行空，可事事虎头蛇尾。**

有的人就是口头的巨人，行动的矮子。说得头头是道，做的结果却总也不能让人满意。很多想法不能落地，最终不了了之。

解决思路

- 问题员工

就是这些不断违反公司纪律或经常违反一般的常规、常理、习俗，经常因为一些让人无法接受的行为举止而在团队中引起混乱，从而导致整个团队工作效率下降，士气和氛围受影响的人。这些员工是造成员工管理困难的主要因素，也就是所谓的"问题员工"。

- **对付这些问题员工，通常的管理思路如下。**

（1）走近对方，建立沟通渠道，想方法建立相互的信任。

（2）分析和识别对方的性格特点、经历经验、家庭、兴趣、专长、干劲、诚意、热诚。理解对方在公司的历史和经历过的事件，理解对方的情绪，优点是什么，弱点缺点是什么，个人问题是什么，出现行为偏差的背后根源是什么，心理需求是什么，如果处理不当有什么风险，其内心的内在逻辑是什么，为什么有这样那样的问题和诉求。

（3）尊重并表示理解对方的优缺点、性格特征以及换位思考而理解其各种可能的情绪和心理需求。每个人都有优点和缺点，每个人都有独特的性格，因此要学会尊重对方的这些特征，理解对方的情绪。

（4）认可其优点，并考虑是否有一个岗位或一项任务能用其优点，看能否有一个岗位把其优点放大？或者原来被看成是缺点的特征在新工作岗位上反而是优点？比如，一个完美主义者，能否让他去做审核？去做质量检测？一个夸夸其谈的人，能否让他去做一些公共关系的工作？

（5）针对问题（即缺点或不足）部分，则可以考虑如下措施。

✓ 该问题是否真的要干预？如果没有什么特别影响则可以不要去干预管理，比如一个人口音很重，对工作没有什么明显影响，则没有必要去纠正。又比如一个人写的字不太好，如果不是特别的需要，则这种不足也没有必要去纠正。一个年轻的销售精英，经常换女朋友，如果对组织没有什么实质的影响，也没必要过多关注。

✓ 识别这些问题背后是否有其他人的支持？尤其是"背后有靠"的员工，其背后的人际关系是什么？是谁的什么亲戚？为什么该员工如此嚣张而有恃无恐？而且在处理时要考虑领导的感受，毕竟领导或背后的那个人与此人有感情上的纽带，因此任何处理方案都需要领导下定决心你才能出手。

✓ 基于事实和搜集的证据，耐心沟通，分析该问题和不足对组织、对团队带来的影响。同时，可能的话，也要分析此问题对其个人带来的影响。

✓ 如果有必要，要对此人的权力、管理职责和工作内容做适当调整降低企业的风险。

✓ 对他们的业绩和行为期望，用 SMART 原则写出来，清楚表明你和公司对他们的期望。

✓ 定期地、阶段性地对其业绩和行为改进进行回顾。对其取得的业绩和贡献给予认可，且不要掠夺下属地功劳，即敢于把下属取得的功劳记到下属的功劳簿上，肯定之。

✓ 任何进步都加以表扬、鼓励和认可。对其过去的业绩、贡献、光荣给予肯定与认可。

✓ 给予合适的培训和训练去提高其认识和技能水平。

✓ 如果员工对自己的缺点和问题认识不足，则可以尝试派个需要用到其短处的任务，使其对自身的技能和不足有更清醒的认识。这也会打击其原来嚣张的气焰，更懂得配合去遵守公司的制度，更知道自己的渺小，会更谦虚，更尊重自己的领导。

✓ 把少数的要管理的问题人物（如"皇亲国戚"，或个别人）拉到大多数人的队伍中，用团队内部规定来统一管理。这样不是针对一个人，而是针对所有人的规范。

✓ 对少数顽固分子，也可以考虑团结多数，从而孤立少数的做法孤立之。

✓ 改变汇报线，让能管理他/她的人去管理他/她。

✓ 用内部的规章制度管理员工的行为和业绩，不断完善内部管理。是否有一套内部的薪资与业绩挂钩的制度从而促进员工出现期望的行为与业绩改进？

✓ 在处理某些特殊人物时，如"历史老臣"，如"皇亲国戚"，不能只靠内部规章制度一个手段，要善用情理。

（6）制度和文化建设。

✓ 塑造一种360度反馈的批评与自我批评的文化氛围。这样的文化使每个人都有机会不断倾听到大家的反馈和声音，而不是只有传统的上级对下级的反馈。

✓ 建立一种知识分享体系和接班人体系，建立一个不依赖于能人的管理体系，从而降低公司管理过程的风险。

✓ 公司要精准定义企业自身的企业文化：弘扬什么，反对什么。

✓ 千锤百炼，不断思考公司的内部管理制度，是否可以用制度规避很多问题员工的出现？当处理这些问题员工时，是否有制度依据？比如业绩考核管理制度、员工手册、纪律管理制度、薪资与业绩挂钩制度。

（7）打铁还需自身硬，领导者自我修炼。管理者要不断提升自我管理能力、业务能力，从而赢得下属的尊重、信赖和敬畏，这样才能统筹和驾驭整个团队和部门。作为一个经理，就针对管理这些问题员工而言，需要的基本管理技能包括倾听、同理心、建立业绩管理和目标设定、定期的业绩追踪与回顾、反馈（表扬与批评的技巧）、辅导下属进步、沟通与建立信任、熟悉公司内部的各项管理制度、培养下属等技能。

- **识别常见问题员工类型以及对应的管理策略。**

（1）功高盖主型员工的管理策略：

- 对能够被领导的某些方面实施有侧重的管理和领导；

- 不吝啬表扬，肯定其成绩，不要掠夺或争抢其功劳；
- 用更高的目标激励；
- 适当变更业务范围，让其试试不同业务模块或业务领域；
- 分配一些需要团队合作的工作给他完成，使其知道合作的重要性；
- 如果不服从管理，则要考虑适当分权管理。

（2）标新立异型员工的管理策略：
- 不要轻易打击这种"新"和"异"，列出该性格特征的优点与可能的不足；
- 寻找能放大其优点的工作发挥其长处，如市场策划、研发创新、问题解决者；
- 经理也要思考，制度是不是太死板而让员工没有发挥的余地？

（3）完美主义型员工的管理策略：
- 列出该性格特征的优点与可能的不足，而不轻易批评；
- 寻找能放大其优点的工作，如质量检测？审计、做计划、项目管理；
- 完美主义型员工喜欢有条理、有计划，作为经理自己也需要有条不紊地开展工作；
- 对交代的任务，提醒有 SMART 要求，提醒其有时间限制。

（4）闷葫芦老黄牛型员工的管理策略：
- 尊重对方的个性特点，尊重员工工作，对员工的优点与贡献进行认可；
- 给予耐心与热情；
- 寻找共同点激发交流，拉近心理距离，也分享自己的烦恼，让他知道你的难处；
- 注意谈话的方式，先封闭式后开放式提问，让员工做出解释，说出自己的想法；
- 组织一些活动来感染和激发其热情与参与；
- 看是否有更好的、符合其性格特征的工作；
- 让员工尝试新鲜事物，培养员工的热情和想法，感染员工。

（5）推诿责任型员工的管理策略：
- 检查是否有明显的职责混乱的现象，分派清晰的工作职责，也分析各环节和步骤的职责是否已清晰明确，参照 SOP；
- 明确每项工作的责任人；
- 用 SMART 原则对业绩期望和目标进行明确固定；
- 树立敢于担当和承认错误的榜样和文化氛围，比如经理自己有责任或错误，先敢于承认错误，塑造一种敢于承认错误、承担责任的氛围；

－让下属去思考每个问题背后的"怎么办"的答案，传递责任给下属，增加下属的责任感，使其有主人翁精神，打消其"等要靠"的心理。

（6）爱找碴型员工的管理策略：

－利用其特点做其擅长的事情，如对一个草拟的计划或方案或制度找碴，从而进一步完善；

－以称赞代替"挑毛病找碴"，给对方送出赞美；

－或许有些工作更适合这个特征？去谈判？去做质量检测、去巡视、去审核；

－明确识别这些找碴员工，在订立制度规章时，先给他/她过目，让他们先找一遍茬，这样既征求了意见，减少后期的阻力，又真的审视了制度的严谨性；

－与其他多数同事结成同盟从而孤立这少数的反对派。

（7）光说不练型员工的管理策略：

－与其让其说，不如干脆让其做做看，尤其可以把难度高的任务交给他，并从这件事上让他知道说与做是两回事；

－既然这么能说，能否当内训讲师？或当销售？或当谈判代表；

－有SMART定义的目标和业绩期望，有具体的业绩结果；

－既然把自己说成这么能干，将更高难度的工作交给他！

－审视公司的绩效管理体系，员工多干活和少干活拿到的绩效奖金是否有差异。

（8）脾气暴躁型员工的管理策略：

－避其锋芒，经理要保持冷静；

－用低一些声音、语气、语调、音乐使之少安毋躁冷却情绪，避免引爆；

－多一些倾听，换位思考，用同理心去理解对方的感受和内在的情绪体验，并表示你已经理解到了他/她的情绪；

－不要轻易就承诺去处理另外一方，不要缩小问题的严重性，不要推向另外一人求解而不管，不要阻止其宣泄；

－不要急着去指出他的错误，而是与他一起协商如何共同解决问题；

－建立良好关系，站在对方角度，表示理解员工的心情，例如，"我理解你的心情"；提出试探性的问题："你究竟是为什么啊？"支持性的温暖的安慰："没关系，不要紧张，我要是你，我比你还紧张呢"；深层次的分析，共同讨论解决问题的方法；

表明自己的立场，哪些观点同意，哪些观点持保留意见。

（9）消极悲观型员工的管理策略：

- 让他/她写出心中忧虑的事情，看看多少真的发生了？
- 让他们集中精力解决当前的问题，而不是整天担心那些未来的未知的事情；
- 不断鼓励、振奋其情绪；
- 让其做一些害怕的事情，成功后恢复自信；
- 使其知道成功需要一定的时间和过程；
- 是否让其调到其他岗位而不至于影响你的团队；
- 告诉员工大部分消极的事情是自己想象出来的。专家统计过，自己担心的事情，40%是没有发生的，30%是过去已经发生的，12%是担心别人的想法，10%的忧虑是无关紧要的，而只有最后的8%才是自己真正需要担心的。

（10）皇亲国戚型员工的管理策略：

- 认识到这种关系，不回避，正面面对；
- 主动走近与之沟通，倾听他们的声音，尝试建立信任；
- 必须出手时，先请示上级领导的意见，让上级领导有心理准备，让上级领导下定决心；
- 树立浩然正气，你代表公司的老总在制定和执行各项政策和制度，不避亲、不避嫌；
- 学会尊重他们，尤其是一些重大的制度方案决策等，事前多征求他们的意见；
- 充分的培训与告知，丑话说在前面，从而减少阻力，减少无知带来的麻烦；
- 与这些人周旋，不能简单地用"法"，也适当考虑用情理。

（11）历史老臣型员工的管理策略：

- 尊重，并主动与之沟通，理解他们的心理需求；
- 当他们的能力不行时，看是否有更合适的岗位；
- 是否有什么培训能使他们跟上公司发展的步伐不断前进；
- 有清晰的SMART的目标和业绩期望，并经常回顾；
- 建立360度反馈的文化，从而时时让这些人员知道自己的差距。

（12）恃才傲物型员工的管理策略：

- 积极引导和反馈别人提出的问题；

— 由更高职位或更高权威的人去管理该员工；

— 重新回顾和变更其工作内容，重新设置其工作权限；

— 注重后备人才的培养，不能让公司的运营依赖于少数恃才傲物者（能人）。

（13）溜须拍马的小人型员工的管理策略：

— 小人背后搬弄是非、歪曲事实，你需要常与领导保持畅通的沟通，事先主动说清事实的原委，给领导提前"打预防针"；

— 针对小人经常狐假虎威、颐指气使，你可以建议领导多在正规的渠道商讨公司管理中的问题以及做现场决策，落实责任人；

— 注意不要把不宜广传的信息泄露给这种小人，防止其泄露以及出卖你或威胁组织或威胁你的安全；

— 在公司范围内树立360度反馈的风气，开展批评与自我批评。这样是使老总有机会对一个人的为人处世有一个更客观的理解，而不是耳边只听到这些小人的声音。兼听则明，偏听则暗；

— 必要时，杀鸡儆猴；

— 或者调虎离山，调到别的部门；

— 如果一群小人聚在一起，则不动声色地分开他们，然后逐个处理，分而治之。或干脆把这群人放在一起，用一个更高明的去治理他们。

○ 第四十四项
如何处理员工举报

案例

某公司采购部蔡经理收到一个实名举报,大致是举报某采购员小张收了A供应商的贿赂,并且罗列了公司内部一些员工和外部的一些其他证人。蔡经理立即展开调查,首先约了公司外部的几个供应商约谈。正在按照计划进行调查的时候,有供应商把风声传给了公司的其他员工,并最终迅速传给了采购员小张。小张立即恼羞成怒,暗中与供应商勾结,并对举报人还在上小学的儿子实施了一次暴打作为报复,并警告说,如果继续调查,将对举报人实施新的报复。举报人向蔡经理反映了自己的境况,并征询蔡经理在哪个环节暴露了自己?蔡经理矢口否认。举报人没想到此事会传播那么快。收到警告后,心里害怕了,立即要求蔡经理停止调查。蔡经理无奈,考虑到举报人的安全,只能作罢。小张则继续大摇大摆上班……

常见问题

- 调查时,没有注意调查的方式方法,导致信息泄露。

这类调查大多不要大张旗鼓,不要打草惊蛇。在正式实施调查之前,应该有详细的计划,而不是提到谁,就调查谁,兴师动众,搞得满城风雨。

- 举报人没被保护好,被报复打击,导致调查无法继续正常进行。

正像案例中那样,被举报人了解到自己在被调查,从自己的渠道了解到举报人是谁,并对举报人实施报复。举报人后悔不已,心生恐惧,强烈要求立即暂停,从此被举报人更嚣张了。

- 也有经理对这类投诉不闻不问,导致违纪行为没有约束,同时举报人的积极性倍受打击。

很多经理凭着感觉相信被举报人,对各种举报不理睬,最终导致知情的举报人不愿意举报，导致违反职业道德的人更肆无忌惮，有恃无恐。另外，举报人的积极性则受到打击。

- 也有经理，见风就是雨，轻信举报。

有些经理对于一点点的风吹草动就很紧张，过于轻信举报人的说辞，甚至在调查之前就下结论要处理被举报人（员工）。这就容易冤枉好人，也纵容了这些故意使坏想报复别人的举报人，这些举报人想借公司之手除掉其他人，或想损害其他人的声誉。

- 没有固定证人的证词证据，证人被策反。

各相关证人指向同一被举报人，正当公司以这些证词想处罚被举报人时，因为调查过程中缺乏录音和书面签字等有效证据，证人被策反，有证人跳出来不承认当初的口述证词，结果公司顿时陷入证据链缺失，从而无法处罚被举报人的尴尬处境。

- 调查者自作主张提前做结论性回答。

比如还在调查期间，证人问调查者，被举报的员工会不会受到公司的处罚？会不会被解除劳动合同？调查者回答：没关系，公司不会因为这种事情处罚员工的。这样的回答促使员工放松了很多，说了很多实话。但当最终结果是被举报人被公司处罚时，调查者往往会被证人责问，从而引起证人再也不相信公司，不相信调查者。

- 部门经理自己调查自己的员工，没有避嫌。

一般来说，被举报人的经理应该回避，或者也成为被调查人，配合调查，澄清某些事实，证明某些事实。至于具体的调查结论，如何处理员工，则主要的决策应该是由作为中立调查者的第三方以及公司高层做出。

解决思路

- 公司应该有《商业行为准则》，并组织员工学习。

商业行为准则规定了企业在追求自己的战略目标的过程中，如何处理与同事、客户、股东、合作伙伴、供应商、社区等关系的行为准则。该准则鼓励任何人发现或质疑企业的某项重大决策，或者发现任何人有不诚信或不道德的或违法的行为，都可以通过举报热线进行匿名或实名举报。企业要不断教育员工，遵循职业道德标准,正面面对各种举报,告诉员工身正不怕影子斜。作为经理,要积极处理这类投诉案件。当然,如果为了避嫌,需要直接上级回避,经理应该回避,从而使调查能更公正公平地进行。

- **处理举报的一般步骤如下。**

(1)基于初步得到的事实,决定是否发起调查以及如何调查。

- 确定必须知道此事的高层;
- 高层依据初步的事实决定这样的举报是否需要调查,会涉及哪些人群,有哪些立即的风险要控制;
- 这些举报的信息有什么风险?会如何影响哪些群体;
- 如果要调查,那么如何调查,调查的程度范围,应涉及哪些群体,如果做好保密工作;
- 调查一旦展开,其他同事或多或少知道调查在进行,该如何做才能减少影响?如何回复员工的猜疑;
- 还需要谁来协助。

(2)决定谁来负责调查。

- 一般是第三方调查,或者由与此举报没有利害冲突的中立的一方来调查,或被认为能信任的人来调查;
- 这里注意最好要两个人一起调查,可以一个为主,一个为辅。这样在面谈的时候,一起面对同一个人,保证调查的公正性和可推敲性,否则别人可能怀疑调查者被被举报人贿赂了,故意遗漏某些对被举报人不利的信息,添加对被举报人有利的信息,不能客观公正;
- 当然,如果考虑到保密性,也可以就由一个信得过的人来承担此调查。

(3)向律师咨询风险。

- 和相关律师咨询这样的调查会涉及哪些风险和涉及哪些法律;
- 需要如何做才能减少风险;
- 从法律的角度看,需要什么样的流程保证这种风险的降低;
- 有哪些要注意的事项。

(4)拟定调查问题,以及思考常见问题该如何回答。

- 事先想好,需要调查的问题究竟是什么;

- 需要澄清的问题是什么；
- 可能被问到的问题该如何回答；
- 举报中有哪些信息需要进一步澄清。

（5）与举报人预约面谈的时间与地点。
- 向举报人介绍，参与调查者将会是谁（一般两个人与举报人面谈），身份是什么；
- 告诉举报人面谈的内容，面谈主要涉及找出被举报事件的时间、地点、人物，说了什么，做了什么等事实；
- 告诉对方公司的政策，对待这类问题的态度；
- 与举报人确定没有打搅的、安静、安全的地点以及面谈时间。

（6）与举报人面谈。
- 切记做面谈笔记，面谈全程做笔记；
- 有任何模糊或模棱两可的地方，需要与举报人确定具体的细节；
- 让举报人阅读你的笔记，并签字确认；
- 保证调查的保密性，要求举报人也要保密；
- 询问举报人会不会有什么顾虑，是否担心被被举报人猜到他的身份，是否担心被报复；
- 今后的调查中有哪些可以调查，哪些会涉及举报人本人的人身风险而不能被调查；
- 要注意的事情是什么；
- 如果有什么证据，进行接收和保存好。

（7）与被举报人预约面谈的时间与地点。
- 向对方介绍，参与调查者将会是谁（一般两个人），身份是什么；
- 告诉对方面谈的内容和目的：为什么组织这次面谈，什么将会被面谈，什么不会被面谈；
- 更重要的是告诉对方：目前只是调查阶段，没有任何结论；
- 让对方要保密；
- 同时与对方确定一个没有打搅的、安静、安全的地点以及面谈时间，时间应该足够长，确保事实被描述得充分详细。

（8）与被举报人员面谈。

－注意尽量两个人以上与被举报人面谈；

－切记：用举报人的话来描述事件原貌；

－记录被举报人员对同样事件的描述，被举报事件的时间、地点、人物，说了什么，做了什么等事实细节描述；

－澄清每个细节；

－面谈后，让被举报人员阅读面谈记录，并签字确认；

－告诉对方，目前只是调查阶段，没有任何结论，且记住要保密；

－如果对方有什么证据，进行接收和保存；

－不能泄露举报人的信息或身份。

（9）与涉事的其他证人预约面谈时间与地点。

－注意不要对所有证人放在一起同时面谈，而是要单独面谈；

－向对方介绍，参与调查者将会是谁（一般两个人），身份是什么；

－告诉对方面谈的内容和目的：为什么进行此次面谈，什么将会被面谈，什么不会被面谈；

－更重要的是告诉对方：目前只是调查阶段，没有任何结论；

－同时与对方确定一没有打搅的、安静、安全的地点以及面谈时间，时间应该足够长，确保事实被描述得充分详细；

－再次告知对方要保密。

（10）与相关证人挨个面谈。

－让证人了解面谈范围；

－让证人描述事件，注意只验证与该证人有关联的部分；

－不要泄露了举报人的信息和身份；

－让证人阅读你的面谈笔记并签字确认，告知证人他们提供的信息有可能会被被举报人了解；

－告诉对方，目前只是调查阶段，没有任何结论；

－让对方记住要保密；

－如果证人询问，告知证人：举报人可能会看到证人的陈述。

（11）基于事实做出推论和处理建议，如表8-1所示。

表 8-1　基于事实做出推论和处理建议示例

指控要点	被面谈者	反应/调查发现	结论	建议
某某主管带领全体团队和供应商一起吃饭，供应商请客，违反商业行为准则	某某主管	"是的，我们去吃了两次饭，都是供应商付的钱，每次花800元左右。主要原因是这些供应商希望他们放在我们厂的东西，帮助照看一下，不要损坏了。没有跟公司说此事，也没有任何登记记录"	该主管吃饭的费用没有超过250美元的费用，不需要请示领导批准，没有违反《商业行为准则》，但应事先登记	1. 提醒该主管，这类行为要事先登记 2. 各厂建立一个请客吃饭登记簿 3. 给所有主管培训《商业行为准则》
……	……	……		

- 草拟一个表格罗列各项指控要点与调查发现；
- 评估每个被面谈人员的证词的可信程度，决定如何使用；
- 从可以得到的信息中判定每个指控是否站得住脚，并形成结论与建议；
- 与人事部门或法律法务部门咨询，这样的结论和建议是否令人信服，是否合法合规、有依据。

（12）制作调查报告，主要内容有：
- 举报调查概要；
- 调查的过程/流程，在什么时间，面谈人是谁，被面谈人是谁，主要要验证的内容是什么；
- 罗列举报人的各指控要点；
- 相关证人以及被举报人对各指控要点的反应；
- 当相关证据相互冲突时，为什么采信某一方的证言证词；
- 罗列相关的证据；
- 基于所能得到的证据，得到合理推论，以及给出建议；
- 报告正式发出去之前，与重要的关联方确认报告措辞、内容、建议和结论的适宜性和合理性。

（13）把报告发给相关的重要领导批准。
- 注意报告的保密性，保存好。

（14）反馈给各方关于该调查的结论是什么，并完成行动计划，报告要保密。

- 反馈很多时候是口头的，而不是书面的报告；
- 给举报人反馈调查的结果；
- 给被举报人反馈调查的结果；
- 给关联人员反馈相关的调查结果；
- 并落实行动改进计划或相关决议。

- **下列是员工举报的基本处理原则，作为经理，应该自觉遵守执行。**

- 风险与影响评估原则：调查一旦启动，必然有关人员会知道，有些信息是不可能百分之百保密的，那么企业高层应该评估调查是否进行，以及如何进行才能降低对企业构成的影响。
- 保密原则：整个调查的过程要考虑采取合适措施进行保密，被调查的人员也有保密的义务。
- 证据固定原则：比如全部调查过程要做记录，并让被面谈人阅读，并签字画押确认。
- 无偏见原则：调查人员不能靠主观想象或自己的猜测或偏好或刻板印象而下任何结论，任何结论只基于已经得到的证据来推断。
- 诚实原则：对任何有利或不利的证据全部保留和利用，不刻意藏匿证据或毁灭证据，不隐瞒任何得到的信息和证据，正直诚实。
- 严肃流程原则：对每个举报都认真按照流程进行严肃调查与处理。
- 时效性原则：任何举报都应在规定的时间（比如半个月）内完成。
- 独立原则：调查全过程要公正无私，不能被第三方势力所左右。
- 冲突回避原则：主导调查的人员不能与举报的案件有利益关联或冲突，否则就不能作为调查人员主导、参与调查。
- 无误导原则：在调查的过程中，不应误导证人或相关人员。比如说"你作为一个普通工人，就老老实实做一个操作工人吧，言多必失""这次调查不会有什么惩罚，你放心说""这次调查很严肃，你说之前，先三思而后说"。
- 反馈原则：任何调查都应反馈给公司相关领导、相关的举报人、被举报人以及其他关联方等，有调查必有调查的结果。
- 保护举报人原则：要与举报人评估这种调查对举报人本人的人身安全的影响，然后决定如何调查以及调查的程度与范围。

○ 第四十五项
如何在辞退员工过程中扮演正确角色

45

案例

● 案例一

某公司销售部高级经理肖经理，近期开车进入厂区，长驱直入。据销售总监的说法，几乎以每小时100公里的速度在厂区内驰骋。厂区是员工经常出没的地方，有严重的安全隐患，公司也因此制订了严格的内部管理制度，并规定开车速度超过每小时40公里就视为严重违纪，公司有权直接解除劳动合同。肖经理一直有骄人的业绩，一直没有把上级销售总监放在眼里。销售总监本来就对肖经理看不顺眼，心里一直很窝火，苦于找不到什么把柄，只能先忍让。但现在他目睹了肖经理开车超速，这严重违反了公司的规章制度，于是提交到人事部，要求立即开除。公司人事部找到销售总监的上一级即公司的老总。开始老总不同意，但最终拗不过销售总监的意思，最终答应了要立即开除肖经理。人事部还是很犹豫，因为毕竟超速没有什么其他证据，要求总监再思考可能面临非法解除的法律风险以及肖经理离职可能带来的其他风险。但销售总监认为这公司离开谁都照样运转，实在没有耐心等待了，且怕夜长梦多，更因为有老板撑腰。于是自己擅自做主，找肖经理单方宣布了公司解除合同的决定，理由是超速驾驶已经构成严重违纪。肖经理直接告到当地劳动仲裁庭，要求支付非法解除合同的双倍赔偿。仲裁庭要求公司提供能证明超速的证据，但公司无法提供，只能是销售总监的一面之词。仲裁庭认为这样的证据不足，于是支持了肖经理的诉求：即双倍支付非法解除合同的赔偿。公司无奈，只能接受败诉的事实并支付了双倍赔偿。肖经理不仅得到了双倍赔偿，还带走了几个关键客户以及几个销售骨干，到竞争对手那里去了，公司的销售业绩立即出现断崖式下跌……

● 案例二

某生产部经理，要人事部辞退一个叫张山的员工，理由是该员工不听话，在大伙面前处处据理力争，在生产经理看来就是顶嘴，让生产经理极其不爽，感觉没有面子。人事部经理告知，不能随便辞退员工，并列举了一些可以辞退员工例子。比如，要么有严重违纪的事实，要么有不胜任工作的表现和记录且经过调整岗位，仍然不胜任的，则可以辞退。生产经理铭记在心。于是找自己的主管研讨办法，最终出台了一个生产部内部管理办法。该办法规定：一旦开会迟到一次，就算不能胜任工作。生产经理某日上午组织紧急会议，张山果然迟到。于是生产经理找其谈话，并调整了工作。半个月后，生产经理又开会，这次张山又迟到了！于是第二天，生产经理基于这些事实，宣布解除张山的劳动合同。张山愕然，告到仲裁庭。仲裁庭看了生产经理定的内部管理制度，问生产经理：①该制度是否找大伙讨论了？②该制度是否通过了工会的讨论？③张山是否知晓该制度？有何证据？④该制度是否进行了公示？⑤是否有张山迟到的证据？⑥宣布单方解除前是否有征求工会意见……一连串的问题，让生产经理哑口无言。当地仲裁庭判决公司败诉，恢复张山的原职位！

● 案例三

某销售经理对一百名销售人员的业绩进行大排名，最后一名为一个叫李四的销售员。销售经理也听说了一些大公司的末位淘汰的做法，听说这招很奏效，于是宣布解除该员工的劳动合同。人事经理知道此事后，找销售经理理论，销售经理的逻辑是，这个员工业绩排名在上百人中最后一名了，还不能辞退？我就不信有哪条法规会保护这样的最后一名的员工？

常见问题

● 以为证据确凿可靠，其实不然。

就像案例一中的销售总监一样，销售总监认为自己都亲眼看见了肖经理开车超速，这样的证据还能经不起推敲？是的！在法官看来，你看见了，证据的载体在哪儿呢？如何呈现出超速的证据？

● 直线经理对辞退员工带来的风险估计不足。

就像案例一中的那样，销售总监认为这个地球离了谁都照转。可没有想到该肖经理的能量也不小，一口气游说带走了几个手下的得力干将和大客户，公司的销售立马悬崖式下跌！这些风险都是销售总监未能预料到的。

- 部门经理以为自己已经很懂劳动合同法，用自己的办法辞退人。

就像案例二中那样，生产经理自己悄悄定一个内部规定，然后以此规定辞退员工，结果被仲裁一问三不知。生产经理以为自己对人事经理谈到的那条法律已经理解得很到位了，实际上是只知其一不知其二！用人部门经理对劳动法条的理解很可能与原有的劳动法、劳动合同法立法精神相差很远，这可能做出错误判断而导致非法解除合同、仲裁败诉、支付赔偿等不利结果。

- 部门经理以自己的逻辑代替法律逻辑做出辞退员工的决定。

就像案例三，经理在做辞退员工的决定时，套用自己认定的逻辑。而不是套用法律的逻辑。这其实是很危险的，容易造成非法解除合同而败诉，因为劳动仲裁或法院的法官套用的逻辑都是按照劳动法或劳动合同法等法律逻辑。

- 直线经理想让员工走人，在没有咨询人事部的情况下，私自做主，找员工直白地谈了要对方走人的想法。

此时，已经打草惊蛇，对方就是赖着不走，且把矛头指向直线经理的管理不善。同时，该员工已经在网上或私下问了几个律师该如何应对公司，对公司的任何微小动作都极其敏感，凡是涉及要签字的，都一概不签，除非有律师看过！

- 此外，直线经理还有这些常见的认识误区：

－员工辞职须经理批准，不批准就不能辞职；

－员工违约，经理要求公司通过扣留档案、扣工资、奖金或不办退工等手段来制裁员工；

－逼员工提出辞职，这样用人单位就无须支付经济补偿金；

－用末位淘汰办法考核员工，对于考核后末位的员工，认为可以理直气壮地淘汰了；

－在试用期就可以随意解除合同；

－只要严重违纪，就能解除合同；

－只要想要某个员工离职，就可以依靠 N+1 来进行赔偿解决；

－可以通过取消员工的奖金、年假、津贴来迫使员工离职；

－自认为是经理或总监了，有裁人的权力，认为自己职位已很大，权力很大，想裁谁就裁谁；
- 只要公司愿意赔偿，就可以让员工离职，或解除合同或辞退员工；
- 人事部罗列的风险，都是吓唬人的；
- 经理可以先斩后奏，先宣布解除合同，然后交给人事部收拾烂摊子就可以了；
- ……

解决思路

- 关于证据，经理要明白证据的效力法官说了算。

  - 不同的证据有不同的法律效力，比如人证、物证、录音、录像、笔录、书面证据、第三方证据等，法官会如何采信那些证据，法官有自己的规则。

  - 公司提供的证据要能经得起推敲才能被法官采信。比如公司考核证明某员工不能胜任工作，法官可能反问：公司有没有考核方案？方案有没有公示？有没有员工签名？有没有考核过程的培训资料？有没有考核结果的书面签字资料？有没有员工被通知的证据？有没有员工申诉和调查的证据？有没有及时反馈的证据？……

- 经理不需要知道太多的劳动法律法规，但熟悉并执行下面的流程，就能正确扮演好自己的角色，如表 8-2 所示。

表 8-2 经理应熟悉并执行的流程

步骤	核心行动	主要负责人	备注
1	直线经理口头或书面提出希望辞退某员工的申请，且找到本部门至少上一级经理批准，不同公司有不同的规定，但一般两级批准是必需的	直线经理	有的公司要副总或专管的副总批准
2	审核合规性、证据的完备可靠性以及与该员工有关联的各种补充协议。主要的要点： ✓ 证据是否充足？证据是否可靠和站得住脚？法官能采信吗？缺少哪些主要证据？ ✓ 该处罚的内部法律依据是什么？能从公司的内部的《员工手册》《违纪管理条例》《商业工作行为准则》《劳动合同》等内部政策中找到处理的法律依据吗？ ✓ 该处罚的外部法律依据是什么？符合《劳动法》《劳动合同法》《工会法》《工资管理暂行条例》《工伤管理条例》等吗？ ✓ 相关联的协议如何处理（保密协议、竞业禁止协议、培训协议）？	人事部	很多企业会由人事专员先审核，然后让人事经理或总监再审核，甚至给律师审核

续表

步骤	核心行动	主要负责人	备注
3	✓ 评估证据收集的方式，难度以及可能带来的风险。比如平时从来不考核，突然搞个考核，还要求员工签名，有风险吗？ ✓ 评估内部制度的完整性和合理性，确定哪些制度或内部规章需要进一步修正和完善确保符合三性原则（合法性、民主性和公示性）	人事/直线经理	
4.1	✓ 如果这些证据可以在能承担的风险内取得，则用人部门按照人事部的建议，耐心积累和准备需要的所有证据材料，并用适当的形式呈现出来，比如录音、录像、书面签字、邮件、第三方证据、照片、快递 ✓ 人事部推动相关各方对内部制度和规章进行完善与改进，达到能够经得起推敲的目的	直线经理/人事部	这里取得证据的过程以及时间也有一些技巧，需要人事部指导
4.2	如果证据很难收集或者有很大的风险或依据的内部法规不足，则考虑寻求其他的可能的途径或变通的做法管理该员工，比如调整汇报线？调整组织结构？调整权限？工作重新安排……	人事部/直线经理	参考本书相关章节
5	直线经理呈送新的证据给人事部，人事部重新梳理和回顾这些证据合理性、完整性和可靠性	直线经理/人事部	
6	如果一旦宣布或提出协商解除合同，评估该员工最可能带来的风险和威胁： ✓ 评估员工可能的心理需求（要多少赔偿？要工作？要倾诉？要申请仲裁？要认自己的死理？要一个说法？公司已经处理类似的案例，要公平对待？要法律解释？要尊重？） ✓ 评估员工可能的极端行为反应（堵路、堵门、投毒、上吊、要告公司、要毁设备、泄露公司机密、握有公司的违法证据要上告、带走客户、带走核心员工、造谣、拒绝交接、玩消失失联、群发邮件毁谤） ✓ 分析该员工的个性以及家庭情况，大致推测最可能出现的情形	直线经理/人事部	
7	基于上述风险和威胁，评估各风险等级，探讨各种应对措施： ✓ 能如何满足员工可能的各种心理需求？（聆听、EAP、尊重、劳动局官员现场解释法律条文、公司可以有的补偿、公司的一贯做法解释、就业协助、推荐给猎头、介绍信） ✓ 能如何预防各种极端行为？[取消邮箱地址、提前转移机密信息、提前通知家人或其亲密朋友、提前调虎离山、保安到位、110到位、第三方力量介入（如村长、书记、劳动局、供应商）、提前转移客户、提前工作调动或汇报线改变等]	直线经理/人事部	

续表

步骤	核心行动	主要负责人	备注
8	落实上述必要的各项措施,并继续评估这些风险和威胁的程度是否大大减轻到可以接受和承担的程度,决定是否启动协商解除或单方宣布解除程序	直线经理/人事部	
9	如果有必要,咨询劳动法务律师以进一步评估风险或缺少的证据。也咨询当地劳动局仲裁科的意见,使之有心理准备	人事部	有的公司有自己的法律部,则可以咨询
10	如果单方解除,则先与工会讨论,并征求工会的意见	人事部	
11	选择合适的面谈时间、地点以及谁来谈: ✓ 不要选生日 ✓ 不要选出现抵抗而公司无暇处理与顾及的时段 ✓ 不要选警惕性过高的时段 ✓ 不要选某关键领导不在的时间段 ✓ 不要选与某些重要领导人来访的时间段	人事部/直线经理	
12	谈话前的相关安排: ✓ 相关的法律文书全部到位 ✓ 相关的证据已经到位 ✓ 考虑安排保安在适当的位置 ✓ 110是否能待命 ✓ 录音录像的设备就绪 ✓ 解除各种抵抗的方法与思路,最好有一本FAQ ✓ 明确哪些需求可以满足,哪些需求不能满足 ✓ 是否要通知相关人员(劳动局、亲戚朋友、IT、与该员工有业务关联的供应商或客户)	人事部/直线经理	比如员工可能会提的需求:调休年假、提前离职、离职证明、加班补偿、未完成的报销、要带走公司电脑等
13	举行面谈,澄清相关事实、政策与最终决定: ✓ 澄清事实、澄清公司做过的努力、澄清公司的政策与处理流程、澄清公司的最终决定 ✓ 观察对方反应,并做出事先准备好的各种反馈	人事部/直线经理	
14	如有必要,跟踪员工行为与情绪反应,并通知相关各方采取必要措施进行应对	人事部/直线经理	
15	组织签订相关法律文书解除合同,并监督其办理离职手续和工作交接手续	人事部/直线经理	
16	签署必要的协议,如竞业禁止协议、保密协议	人事部	

续表

步骤	核心行动	主要负责人	备注
17	人事部保存签署的相关原始协议，并通知财务、IT等最后的结算与补偿。直线经理根据需要通知与该员工有关联的如客户、供应商、政府机构、公司内部有业务关联的相关岗位人员	人事部	
18	公司兑现补偿（如有），开具离职证明、社保转移等后续手续	人事部	

第九章

其他

- 第四十六项　如何为员工进行职业生涯规划
- 第四十七项　如何进行知识管理
- 第四十八项　如何推动变革
- 第四十九项　如何认识与推动企业文化建设
- 第五十项　　如何进行自我时间管理

○ 第四十六项
如何为员工进行职业生涯规划

案例

某公司部门经理在人才培养中遇到如下问题。

员工Ａ是公司的技术人才，是一把技术能手，但是该员工的情商较低，沟通能力较差。而该员工一心想谋个一官半职，总抱怨公司没有给予他发展空间和晋升机会。

员工Ｂ是刚刚毕业的大学生，工作业绩出众，上学期间是学校的学生会干部，工作上野心勃勃，经常给部门经理压力，自认为已经能够胜任部门经理的工作，想要在半年之内得到晋升。

员工Ｃ已经在公司兢兢业业干了五六年了，一直是同一个岗位，但是公司组织结构很扁平，没有更高的职位，经理总感觉很内疚……

环顾四周，经理发现类似的很多下属的职业前途都没有清晰的规划与定位，总是这样日复一日忙忙碌碌，大部分员工没有什么方向感，很困惑，走也不是留也不是……下属们也总希望经理给他们指一条路、给个方向，可是经理自己脑子里也一片糨糊，没有半点思路……

常见问题

● 员工迷茫，经理也迷茫。

企业中相当一部分员工对自己的职业发展是很迷茫的，不知道下一步去那里，不知道何去何从，不知道自己能去那里，不知道自己的能力究竟能做什么……重复着日复一日的劳动，只顾低头走路，忘了抬头看路。问经理，经理也不知所措，不能给出半点思路。

● 员工和经理都是官本位思想，似乎只有升官了才是发展。

在官本位的思想下，很多员工认为只有当官才叫发展，只有当官了才是所谓的有职业前途，才是对自己业绩的最佳认可。

- 对员工在同一岗位时间再长，经理也不闻不问。

很多经理认为，职业发展是员工自己的事情，甚至认为，员工老想着干不同的岗位、老想晋升，就是不够敬业的表现，没有螺丝钉精神。在这些经理看来，把员工放到哪里就该在哪里老老实实干，恨不得一辈子都在一个岗位干才叫敬业，才是服从公司安排，才是劳动模范，才是忠诚……

- 经理太忙，哪有什么时间给下属规划。

经理们想，我每天围着生产任务转，围着客户订单转，围着技术问题要解决而转……每天光这些就忙得脚打后脑勺了，哪里还有半点时间为下属思考什么职业生涯规划？这些奢侈的玩意，还是等我不忙的时候再说吧。

- 职业经理还常常有这些错误的认知：

 - 经理认为员工的发展和晋升是员工自己的事，和自己关系不大，不属于自己的工作范畴；

 - 职业生涯规划是一种技术性设计，是一门技术活，是人事部的事情，找人事部吧；

 - 职业生涯规划是一种预测并掌控未来命运的事，那是心理学专家的事，找专家去吧；

 - 职业生涯规划是"对未来的决策""是对未来的一种赌注"；

 - 职业规划不就是升官吗？你要升了，那不就是把我挤对走了？

 - 职业发展就是升官，现在提倡组织扁平化，哪里还有什么升官的机会呢，要发展就去别的企业发展吧；

 - 职业规划不就是给员工的未来画个饼糊弄一下员工吗？

解决思路

- 认识员工职业生涯管理对各方的意义。

（1）对员工个人的意义为：

 - 确立人生的方向，确定奋斗的策略；

 - 准确评价个人特点和强项；

 - 评估个人目标和现状的差距；

 - 重新认识自身的价值并使其增值；

－发现新的职业机遇；

－将个人、事业与家庭联系起来；

－职业可能决定一个人的生活方式和未来；

－增强对职业环境的把握能力和对职业困境的控制能力；

－有利于协调好事业与生活的关系，更好地实现人生目标。

（2）对企业的意义是：

－可以更深地了解员工的兴趣、愿望、理想，以使他们能够感觉到自己是受到重视的人，从而发挥更大的作用；

－由于管理者和员工有时间接触，使得员工产生积极的上进心，从而为单位的工作做出更大的贡献；

－由于了解员工职业规划，管理者可以根据具体情况来安排对员工的针对性的培训；

－可以适时地用各种方法引导员工适应企业的工作岗位，从而使个人目标和企业的目标更好地统一起来，降低了员工的失落感和挫折感；

－能够使员工看到自己在这个企业的希望、目标，从而达到稳定员工队伍的目的；

－更合理与有效地利用人力资源；

－事前与开放性管理，可降低管理成本，增加有效产出；

－有效增加员工的敬业度，也激励员工不断积极上进。

● 作为职业经理，可以用以下这些问题来这样引导员工思考自己的职业生涯发展规划。

（1）你是谁？

这是很原始的问题，很多时候自己未必理解自己。下面是一些常见的问题，用以帮助员工理解和评价自己：

－你想去哪里？

－你的理想是什么？

－你的价值观是什么？

－你的成就动机是什么？

－你的职业兴趣是什么？

－你的专业能力如何？你的软素质软能力如何？

- 你的性格特征是什么？你的职业性格和职业定位是什么？
- 你的专业背景和经历是什么？
- 家庭方面是否有有利的资源与优势？
- 家庭成员支持什么样的选择？他们对你有什么期望和要求？
- 你的长期和近期的主导需求是什么？你要什么？
- 你的身体的约束是什么？

（2）你能去哪里？有什么机会？这些机会的要求是什么？

这里主要探索的是在市场上有哪些职业机会？在什么地域？是什么行业？企业内部有哪些发展机会？还可以参考国家职业名录或者职业词典。也可以到人事部查找各行业在当前市场上有哪些职业类型和职业岗位。

这些机会的前途如何？即探讨和思考哪些地域、哪些行业、哪些空缺岗位会需要越来越多的这方面的人才？反过来，哪些岗位需求的人才将越来越少而呈现萎缩之态势？国家鼓励什么样的产业？什么行业？从而会出现什么样的岗位机会？

（3）你的择业标准是什么？

市场上这么多职业机会，该如何做出选择？你究竟最在乎什么？最想要什么？下面哪些是你真正在乎的、追求的？

- ✓ 高薪；
- ✓ 工作体面；
- ✓ 权力；
- ✓ 成就感；
- ✓ 社会威望、地位；
- ✓ 自由时间；
- ✓ 有兴趣的工作；
- ✓ 独立；
- ✓ 安全；
- ✓ 专业地位；
- ✓ 挑战；
- ✓ 无烦恼；
- ✓ 结交专业朋友；

- ✓ 声望；
- ✓ 文化氛围；
- ✓ 地理位置；
- ✓ 消遣／快乐；
- ✓ 透明度；
- ✓ 气候环境；
- ✓ 教育设施；
- ✓ 当领导；
- ✓ 专家；
- ✓ 与家人在一起的时间；
- ✓ 成就；
- ✓ 出名、满足表现欲；
- ✓ 获得尊重；
- ✓ 工作种类；
- ✓ 发挥专长、潜能；
- ✓ 学习机会；
- ✓ 帮助他人；
- ✓ 工作时间弹性；
- ✓ 有规律；
- ✓ 自由支配；
- ✓ 工作环境；
- ✓ 社交；
- ✓ 环境气氛和谐；
- ✓ 技术能力进步；
- ✓ 专家地位；
- ✓ 风险、压力；
- ✓ 获得安全感；
- ✓ 有挑战性；
- ✓ 保持自我生活方式；

- ✓ 娱乐、有趣；
- ✓ 展示领导能力；
- ✓ 工作地点；
- ✓ 喜欢工作所在地；
- ✓ 户外工作；
- ✓ 可以出差或到异地工作；
- ✓ 可以与家人更多地在一起；
- ✓ 工作生活平衡；
- ✓ 人生经历的一部分；
- ✓ 个人生活重于工作；
- ✓ ……

（4）你的职业方向是什么？初步确定目标职业。看看有哪些职业机会符合以下要求：

- ✓ 职业是市场上有的；
- ✓ 职业要求的能力，是你可以企及的或经过发展可以企及的；
- ✓ 职业特征符合你期望的择业标准；
- ✓ 符合你的长期职业追求方向；
- ✓ 你的家庭支持你的选择。

（5）寻找现实中的职业标杆／榜样，确认这正是你希望的职业吗？

在第（4）步中，已经初步确定了目标职业，在这一步，最好能找出这些职业的模范或标杆人物，细细研究他们的岗位以及他们的状态，他们的今天就真的是你梦寐以求的明天吗？

- ✓ 理解岗位和职业特征是什么？
- ✓ 理解任职要求是什么？
- ✓ 符合你的择业标准吗？
- ✓ 理解目标职业的在职人员会面临的挑战。在你看到目标职位在职人员风光一面的同时，是否也知晓其面临的挑战，比如：

- 可能要长期出差；
- 可能要频繁会见和接待各色各样的客人；

- 可能要处理特别复杂的人际关系；

- 可能要长期加班熬夜；

- 收入可能不稳定；

- 需要大力持续学习；

- 在没有权力的情况下，要推动相关各方工作；

- 要有政治联盟或具备极高的政治智慧；

- 要承担风险；

- 要在艰苦的环境下工作；

- 要面对严苛的客户要求；

- 要倒时差；

- 要牺牲家庭和生活；

- ……

你对在职人员的了解越多，你才更能知道这个岗位是否是你真正需要的岗位，而不能光看他们光鲜亮丽的一面。

（6）设计目标路径。

在前面（5）步的基础上，你基本确定了职业方向。这里可以思考具体的职业路径了。在企业中，有横向的路径，纵向的路径或专业纵深的职业路径，也可以是复合型的路径，分析企业内部机会，寻找近几年的职业路径与机会。例如，某生产部班长设计自己的职业路径为：班长→主管→助理生产经理→生产经理→总监助理→总监→事业部管理总监。

（7）评估能力差距GAP，制订发展计划。

✓ 评估当前岗位的能力需求以及为了职业长远发展的能力需求；

✓ 评估当前本人的能力状态和经验状态；

✓ 找到能力差距GAP；

✓ 基于能力差距制订相应的发展计划IDP（10/20/70原则），具体参见本书相关章节。

（8）执行落实发展计划。

（9）定期评估自己的能力进展，对自己有新的认识，必要时思考和调整自己的职业方向。

- **在员工职业规划管理中，员工和经理的角色如下。**

（1）员工自己的职责是：

✓ 负责自己的事业和自己的命运；

✓ 不断反思自己的能力和各种约束条件；

✓ 向上级或别人征求意见 / 反馈，正确认识自己；

✓ 花时间为自己投资，持续学习和发展；

✓ 关注市场行情，了解机会；

✓ 做好工作随时会改变的准备，迎接新机会；

✓ 制订书面的职业生涯规划；

✓ 掌管好自己的职业生涯规划；

✓ 不断评估和调整自己的职业方向和职业目标。

（2）部门经理的职责是：

✓ 向员工传达公司的方向；

✓ 缔造一个让员工可以不断自我更新的工作环境；

✓ 就员工的能力和不足向其提供反馈；

✓ 随时可以充当教练 / 辅导的角色；

✓ 就发展的方法开展广泛的讨论；

✓ 了解并推荐学习资源；

✓ 寻找发展项目和任务；

✓ 激励员工不断挑战自己的舒适区；

✓ 给员工时间去学习；

✓ 当发现组织存在重大需求时，推动员工的技能发展；

✓ 建立适当的职业通道，从而为他们提供可能的职业方向。

○ 第四十七项
如何进行知识管理

案例

● 案例一

　　某手机制造公司，除了制造手机外，还有手机维修服务，很多市场上坏了的手机返回到这里进行维修。这一天，维修经理收到一批同一型号的手机需要维修，大部分的问题都是手机黑屏的问题。维修经理手下善于修理黑屏故障的只有小谢和小马两个人。小谢因为某原因被公司停职调查，心里憋屈得慌，在家待着，根本无心出工出力，别指望他能帮忙。而小马，则正在外省出差呢，也无法回来上班救急。维修经理很着急，因为客服那边催着马上要修好出货呢！怎么办呢？维修经理想起半年前好像小谢在工作之余对某型号手机黑屏故障问题进行过简单归类和整理并打印成文档。当时维修经理瞄了一眼，印象深刻，处理的思路很清晰、具体如何操作的流程、要换什么元器件也有明确的介绍。维修经理马上翻箱倒柜，可惜死活找不到！再说了，就算找到了，也只能解决这一个型号的手机黑屏问题，而其他型号的手机黑屏，又如何修理呢？维修经理此时想着，要是平时多做点整理的工作该多好呀！

● 案例二

　　某外贸进出口 A 公司，有大量进出口贸易业务，以前由小唐负责海关报关的工作。小唐是一个很认真负责的人，在公司工作的第一年，因为经验不足，犯了很多错误，但小唐善于总结经验也虚心好学，公司也因为看到这点愿意让小唐继续在此岗位学习。因此从小唐第二年开始到现在，公司只要涉及海关报关的工作都交给她，一直能处理得很好，没有出过什么大的错误或延误。近期，小唐出于职业发展的需要，成功应聘到另外一家贸易公司工作，并很快提出了辞职请求。无奈，A 公司招了一个新人小刘，接替小唐的工作，双方进行了简要的交接。小刘毕竟是新手，虽然有交接，实际报关处理问题时，面临一大串挑战，很多问题无从解决，比如，公司这么多的货品,什么货品到什么部门申报呢?申报有什么时间要求?与A公司接口的接口人是谁呢?需要先填好哪些单子?要准备好哪些资料?要盖好哪些公司的章?遇到障碍,该找海关的谁来帮忙?电话是什么?很多申请单有固定的格式,可是这些固定格式的申请单在哪里找呢?小刘有的申请单填了好几遍还是不能符合海关的要求而被退回来,谁能来教教小刘?哪个单子先交,哪个单子后交……小刘快疯了,很多公司的货品近两个月既进不来,又出不去!这引起了很多客户的抱怨甚至退货!公司老总觉得想不通,不就是一个海关报关的工作吗?以前不是一直很顺畅,现在就变得这么难了?小刘的学历也不低呀,这还搞不定?

常见问题

- 随着时间推移,企业的很多隐形或显性的知识经验没有被统一提炼和归类管理。

就像案例一,很多企业从创业到发展到成熟,这中间很多岗位在这些年的摸爬滚打中其实积累了很多有形或无形的知识经验,而这些知识经验零散而随机地散落于个人电脑中、个人头脑中、个人办公室的抽屉里、某个会议纪要里、某本手册里、某张光盘里、某份报告里、或散落于某个角落的档案柜子里……从来没有人进行归类、整理、整顿、储存和有效运用。

- 人走了,好的知识经验也带走了。

就像案例一和案例二中的那样,人不在,某些功能就转不动了。企业中,很多岗位在职人员,随着时间的推移以及经验的积累,摸索出完成本岗位职责的最佳操作方法、最佳诀窍,而这些看不见的方法和诀窍并没有在纸面上整理出来或传播给其他员工。因此,某一天,人一旦离开,则这些宝贵的经验也跟着离开!因此你常常看到:某研发技术人员带走了开发方法、体会、设计、流程、图纸、说明书、关键成果……某市场人员带走了市场信息、客户数据、市场攻略、客户关系……某管理人员带走了项目管理流程、方法经验、沟通协调方法、决策方法、制度与方案、商业合同、总结的案例……

- 没有危机和风险意识。

就像案例一,一个企业或一个部门,如果很多重要的绝活或技术活只有极少数人会干,员工愿意贡献和分享时,企业能运转,但如果这些人与公司关系僵化或对着干的时候，这就可能是公司的一大风险，可能影响公司某些功能运转。如果有这个风险意识，则相关的关键知识和经验在平日做一个备份，则风险就会小很多。

- **企业管理层没有知识管理的意识，能过一天是一天。**

很多管理者压根没有知识管理的意识，每天忙忙碌碌，光应付眼前的事情还应付不过来呢，哪还有时间对工作进行总结和归纳？哪里还有时间去思考这些重要但不紧急的事情？很多经理甚至认为知识管理这种高大上的东西，只有大企业才用得着，小企业哪里需要这些？结果就像案例二中的那样，一个小企业的报关员，多么不起眼的角色，其实也一样有知识经验，一样重要。

- **相同的错误重复犯。**

很多企业同一岗位，相同的错误以前犯了；换一个人呢，继续犯，以前通过犯错误换来血的教训；换一个新人呢，继续通过犯错误换取血的教训。企业管理时好时坏，起伏不定，就像案例二，换一个人，海关报关的工作以前小唐犯过的错误估计小刘要再犯一遍才能学会了！

解决思路

- **理解知识管理的概念。**

知识管理是组织一种有意采取的战略，它试图把组织现有的显性知识格式化后变成正式的组织知识，把存在于员工个体心中的显性或隐性知识通过相应的机制或技术转化为组织的显性知识，不断更新保持其价值，并扩大与深化知识的运用范围，保证在最需要的时间将最需要的知识传送给最需要的人，这样可以帮助人们共享最新的知识经验，并进而将最佳实践付诸实施，达到提高管理效率，最终提升组织业绩的目的。也可以一句话高度概括为：对知识经验进行动态管理，确保这些知识经验对组织有持续价值！

上面这样讲或许太抽象了，下面举例来诠释知识管理的大致过程与思路，比如在第一个案例中，维修经理可以这样做：

（1）员工义务。在员工入职的时候，就告诉员工：任何员工在工作过程中学习的知识、积累和摸索的经验、找到的最佳实践方法、找到最佳的问题解决方案、就某一问题的感悟与体会等都是公司的无形资产，员工有义务无条件按照公司的要求进行记录、提炼、升华、整理、归纳、储存、接受审核以及分享给同事。这也是一个自身修炼和提升的过程。

（2）知识地图。部门内每个岗位必须有那些核心能力？要形成这些能力，需要的知识和经验是什么？当前各岗位任职者已经掌握哪些知识经验？还有哪些需要以后开发？哪些是需要优先梳理整理提炼的？这里当然包括黑屏故障处理这一项。

知识地图就能把每个岗位需要的核心知识经验全部罗列，变成一个清单，而知识管理就是对照这个清单让员工不断开发、发掘这些含有知识技能经验的知识宝库，这也是最好的培训教材。

微软公司的知识地图，包含137项显性知识和200项隐性知识，每一种能力都有四种知识的程度：基本级、操作级、领导级以及专家级。每一级程度的定义都有详尽描述，务求清晰和易于衡量，并尽量避免主观误差。微软重要部门的每个岗位都需要部门经理以40到60个知识项目加以评估，而每个员工的实际能力也以此标准来进行衡量，评估过程由员工、小组和经理组成。

（3）归纳提炼。如何把这些知识经验提炼出来？要求小马和小谢对黑屏故障处理的经验和做法进行归纳和总结，写成一本《黑屏故障处理指南》。

（4）矫正审核。如何审核这些总结的知识经验的价值？比如，内容是否是上级经理期望的，总结的知识与经验是否到位，是否有实用价值，格式是否合适等。维修经理可以审核小马和小谢编写的《黑屏故障处理指南》，并提出修改意见，不断修改，直到维修经理满意为止。

（5）保管储存。如何保存这些总结好的知识经验？比如PDF文件、CD、或什么格式，统一的密码，统一储存在公司的服务器里，有固定的路径等。

（6）接近获取。如何接近与获取这些知识经验？即谁能进去看这些资料，通过什么授权才能看，通过什么路径去获取，以及对阅读/删除/更改/编辑等权力定义等。

（7）分享传播。如何分享与传播给需要的人？比如维修经理可以安排小马带两个徒弟，小谢带两个徒弟。这样按照计划要求这些徒弟向小马、小谢学习如何处理黑屏的故障问题；定期汇报学习情况。

（8）回顾更新。如何更新知识经验？维修经理组织小马、小谢，每半年更新一次，提出主要的更改更新要点，进行更新完善，并通过维修经理的最终审核，方可把更新的版本代替旧的版本，保存到服务器。对没有价值的，则删除或另作处理。

（9）员工保密。如何做好保密工作？即不要传播出去被竞争对手利用。维修经理可以与团队的每个成员签订保密协议。

其实，第二个案例也是一样的，如果在日常的工作中，小唐的经理就要求小唐把海关报关的每个工作的步骤和流程，每个流程步骤的要求，需要的输入和输出表单，表单如何填写以及样本样例，具体的接口人，联系方式等信息都整理好，那么后来的小刘也就不必大费周折重新去探索如何海关报关了！

- 知识管理的意义。

✓ 知识是公司的无形资产，能为公司创造价值增加价值，因此需要加以管理，需要不断把个人积累的知识经验挖掘出来进行制度化、系统化管理。

✓ 人是可以离开的，会不断更替的，而企业的岗位是相对固定的。知识管理的目的就是要使与此岗位有关的知识经验得到提炼归纳储存以及传承，而非随着人走而消失。

✓ 降低公司的风险，建立不依赖于少数能人的体系。公司的某一关键能力如果依赖于少数有经验的能人，这些人一旦离开，公司的某些功能就不能运转。这是可怕的，高风险的。

✓ 积累的知识经验是员工发展的最佳宝典教材，大力帮助在职人员迅速获取与岗位相关的知识经验，极大地提升和帮助在职人员的培训和发展，进而提升组织的管理效率和业绩水平。

✓ 有助于形成组织的核心能力，形成自己在市场中的竞争优势。

- 什么样的知识需要进行管理？

✓ 掌握该知识能满足业务或工作的需要。

✓ 掌握该知识能解决工作出现的某些问题。

✓ 掌握该知识能为企业创造价值。

- 企业中常见的有四大类知识需要加以管理。

✓ 行业类知识。行业概述，包括行业特性、市场容量、竞争格局、盈利模式、行业政策与规范等。适用于全员，起到统一认识的"扫盲"作用。

✓ 公司类知识。公司简史、规章制度与企业文化，包括历史沿革、所获荣誉、重要规章制度、企业文化、各种行为规范与核心价值观等。这些适用于全员，起到增进理解与促进文化认同的作用。

✓ 业务类知识。公司主营业务说明包括公司产品与服务、客户构成、运营方式等。

适用于全员，起到统一工作语言、促进协同与沟通的作用。

✓ 专业技能类知识。在职人员从事某岗位应知的知识，包括专业知识积淀，应具备的知识功底，开展工作时对工具、方法在动手操作层面的技能与诀窍等。常见的有产品技术知识（理论、技术手册）、作业工艺知识（理论、分析、设计）、作业工具知识（工具原理、使用说明手册）、作业经验知识（案例分析、顾问报告、历史数据、建议、作业成果等）、管理技术知识（理论，方法，诀窍，流程，操作规范，原则，表单格式模板）。

作为部门经理，从上面几类知识中看，主要负责第四类知识的管理就可以了。

第四十八项
如何推动变革

案例

这是一家手机生产制造公司，做贴牌的业务。随着手机市场的不断发展，公司的业务也越来越大。但是老总越来越意识到，目前市场的智能手机是一个新兴的消费倾向，前景非常广阔。于是老板在2010年4月与生产车间主任（张主任）商讨技术设备升级，把第102号生产线换成一条新的更先进的生产线，能生产智能手机。该车间主任已经工作很多年了，管理车间也很有经验了。于是老总就把这事拜托给该车间主任，就再也没过问了。按照老总的指示，该生产线的技术升级时间为6月1日到8月底，大约三个月时间。

张主任是从一线技术员一步一步爬上来的，对生产设备还算熟悉。对即将到来的技术升级虽然没有经历过，还是挺有信心的。但张主任遇到的确实是他以前未曾遇到的麻烦和新问题，下面是发生的一些关键事件：

✓ 5月31日，应该是老生产线的最后一个工作日。下班时，张主任给该生产线30多名员工开会，张主任在会上宣布了新设备技术升级的事情，并热情洋溢地告诉大家，今后我们用新的设备将能生产更高端的智能手机了。但因为该条生产线设备升级改造，因此这些人全部停产放假大约3个月，具体多长时间，要视进展而定。这30多人，有的很兴奋，有的却没有那么高兴。临近会议结束时，突然有人问张主任："我家的房子还在按揭，等着我的工资，请问这几个月的工资是否照常发放呀？"张主任心里想，都没有上班了，还能有什么工资？于是直言回答道："工资都是对应要出勤的，你们都不上班了，当然不会有工资。"话音刚落，下面就有人不同意了，连忙又问："但是这不是因为我们的原因导致停产不能上班的啊。"张主任对此不知如何作答，但急中生智，答："各位，公司做技术升级也需要花很多钱，而且升级后，我们就能生产智能手机，能接智能手机的业务了，到时候我们公司赚钱了自然不会亏待大家的。希望大家不要过分计较眼前的利益得失，看得长远一些。"

但下面的人似乎并不买账，坐在生产线旁边，不给说法就不走了。张主任无奈，只好求助公司老总继续讨论此事。张主任连夜找老总和人事经理商量对策。

✓ 5月31日晚上，又有人直接给老总发消息问："老板，据说新设备有一些先进的电脑设备，新设备上线以后，我们这些老工人一定还会被录用吗？"类似这种问题一个接一个，老总被打搅得很不开心，都转给车间主任和人事经理了，并责成人事部和车间主任处理此事。

✓ 6月1日，设备按照计划搬进了厂房内，正式开始安装。正当设备供应商准备安装时，发现居然没法接上正常的电源，于是张主任赶紧给设备部的一个熟悉的电工打电话。电工说："我去安装一个电源没有问题，关键是你还是得先跟我的领导打个招呼，我们直接受他的指派调遣，如果我直接接了你的活，那我要挨批的。"于是张主任立即跟设备部经理打电话。设备部经理在休假，他委托给设备部代理经理在管理这些电工，于是又找这位代理经理，代理经理似乎对此毫不知情，张主任解释了半天才同意派人。

✓ 6月15日，采购部还是按照原来3个月前的计划，给102号生产线采购正常的零配件，并很快就把采购到的配件搬进了库房。库房员小李，在输入这些零配件信息进入电脑时觉得不对，因为这条生产线听说已经拆了，正在换新的生产设备啊，于是发了一封邮件给车间主任并抄送给了采购经理和财务经理。车间主任一看到邮件，马上通知采购经理立马停止后续的为102号线的零配件采购！还好，立马叫停，好歹挽回了一些损失。但已经买的这些配件只能当废品卖了。小李因发现问题及时，被公司嘉奖。采购部的意见最大了，不仅配件浪费，他们的部门还得赶紧寻找新的配料配件，这根本来不及！

✓ 6月25日，一班长带领几个工人找老总，要求公司派一些临时的活给他们干以便增加一些收入，虽然公司发了些工资，但毕竟太少了。据查，这位班长很抵制这个改造，因为听说新生产线只要两个班长，明显，他这个班长能否保得住，很成问题，因为在资格和阅历上都不如其他两位班长。这班长总是找各种理由来找老总，提各种要求。张主任需要好些时间应付他。

✓ 7月10日，按照计划设备管理部的工程师也应参与设备安装和调试。张主任给设备经理打电话通知此事，但是设备部经理却告之张主任："你不说我忘了这事，这半个月，老总要派2个工程设备人员去参加一个专项设备的培训，培训费都付了，不能不去啊，而剩下的1个工程设备人员要对目前正在生产手机的几条生产线进行维护，不可能放弃正在生产运营的生产线啊！没有办法，无法参加。"张主任无奈，想想也只能这样了，这也直接影响了进度。

✓ 8月20日，所有的设备基本安装完毕，于是张主任给这30个人打电话，要求回来上班了。回来了一半的人员，另外一半的人员大多在别的公司兼职赚外快呢。这些人也不能说走就走，毕竟也是在别的公司干活，即使要走也要有时间交接啊，于是稀稀拉拉一直到8月底才回来。

✓ 8月20日，张主任一边通知员工回公司，一边通知人事部负责SOP的人来进行培训。SOP的人因为前期没有介入，发现这些新的设备与以前的设备还是差异很大，于是提出要重新编写SOP，并要求设备供应商提供相关的培训教材以及工艺指导书。张主任很着急，眼看就要到8月底了，老总还等着9月1日就开始生产智能手机呢。因此连夜加班好歹在8月31日之前整完了SOP教材。

✓ 9月1日，等了10几天的工人终于可以开始上线进行SOP培训了。这毕竟是新的设备，很多烦琐的操作要求，劳动强度也与以前不一样，有的工人干脆就辞职不干了。其中一个主管对于要带安全眼镜进行操作很反感，而且认为这根本没有什么用。于是，慢慢的，一些工人也跟着不戴眼镜了，主管对此情形也睁一只眼闭一只眼……这事情，张主任很是恼火，想开除此主管，无奈暂时也没有谁能一下顶替上去，只能继续跟该主管说好话了。

✓ 9月30日，经过一个多月的艰苦训练和考试，算是SOP测试通过了，整个项目已经延迟了一个多月时间……

常见问题

- **没有分析并获得利益有关方的支持。**

很多变革，失败了，因为变革的负责人忽略了变革过程中需要的支持力量。就像案例中，这些经理们为什么不支持张主任的变革？因为张主任从头到尾就是一个人在进行，没有考虑过如何去影响并赢得这些经理人的支持与配合！这导致张主任很被动，得不到应有的支持和帮助。

- **没有进行变革的风险评估。**

任何改革变革，过程中都可能遇到各种风险而不能一帆风顺。就像案例中那样，张主任没有对风险做出细致的评估，而是遇到问题很被动地临时想法解决问题。这个案例中的风险，比如用工的风险、工程师不能参与维护的风险、工人闹事的风险、培训教材不能用和培训不到位的风险、新配件不能及时采购等，这些都很可能发生并影响变革的成败。

- 没有分析变革给利益有关方带来的影响。

任何一个人在带领变革的时候，都不是孤立进行的，而是需要各方的协助配合。就像案例中那样，这些工人闹情绪，为什么？设备部的工程师不能配合到位，为什么？班长找老总，为什么？采购部的意见这么大，为什么？这些都是没有分析变革过程会给相关方带来的影响和变化的例子！

- 没有有效沟通，导致信息流转不顺畅，没有统一协调的行动。

比如工程部不知道要派电工去支援，采购部不知道这些变化而采购了不需要的配件，负责培训的，不知道这些新的设备和操作岗位需要完全新的SOP，设备部不知道该什么时候派工程师参与调试……这些都是在变革中没有效沟通的结果，各方不知道各方正在做什么，进展到哪里，不知道如何配合。

- 面对变革，没有对可能反对变革的人进行有效管理。

很多变革，对过程中可能涉及的反对力量没有做细致的分析，没有估计可能出现的反对力量和阻力。因此当阻力出现时，没有事前准备，不知道如何应对。其实很多反抗或阻力，只要提前有准备，则不至于出现，或者即使出现了，也可以有备案而减少影响，比如案例中的班长，能否在变革实施之前，就提前辞退？或采取其他措施，减少来自他的阻力？

- 变革虎头蛇尾，变革项目的负责人发生变化，导致变革失败。

很多公司，一个变革的项目是由一个经理或领导提出和倡导的，但往往项目还没有变革完成，这个经理就职位调动或辞职了，结果正在进行中的变革项目就夭折了！

- 变革之后没有巩固变革成果，结果慢慢回归到老样子。

比如公司推行考勤打卡制度，开始的时候三令五申地强调，大家还是很配合执行的。但如果不过问，慢慢地，久而久之，开始少数员工找理由不打卡；逐渐的，越来越多员工不打卡；再往后发展，打卡机又流于形式，大部分员工又回到原来的状态！因此，变革的负责人要考虑，一旦新的习惯刚刚形成后，如何巩固这个习惯，继续保持下去，直到固定此新的行为习惯？

解决思路

- 作为一名主管／经理，应该明白组织中变革的必然性。

这个世界唯一不变的就是不断地变化。因此如何管理和适应这种变化，是作为经理应有的一种心理准备状态，也是职业经理人必须具备的基本素质与技能。这样才能顺应变革的大趋势，并帮助企业促进各种变革与转型，使企业在激烈的市场竞争中赢得竞争力。

- 作为上级主管／经理，明白自己在变革中要承担的角色。

（1）高层管理者：积极的、可见的发起人，建立联盟，沟通有关变革的商业信息。

（2）中基层管理者：传递变革的信息，倡导变革，辅导与教练，识别、管理阻力，帮助下属渡过困境和难关。

（3）变革项目经理：推动变革，辨别、评估影响情况，协调变革相关工作，为其他人员提供信息，整合变革管理与项目管理。

- 作为上级主管／经理，应理解被影响员工的心态并提供应有的帮助。

（1）变革是一个过程，被影响员工的心态曲线如图 9-1 所示。

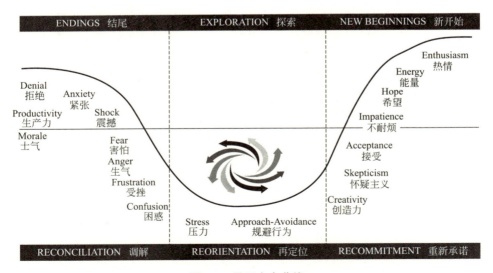

图 9-1　员工心态曲线

（2）作为上级主管/经理，在员工不同的心理阶段，如何提供不同的帮助，如图9-2所示。

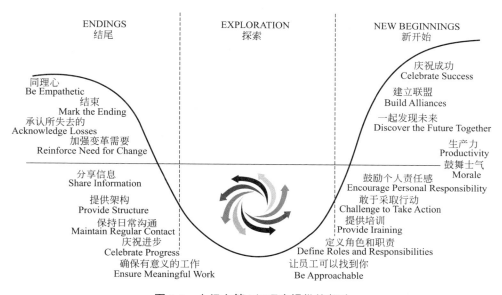

图9-2　上级主管/经理应提供的帮助

- 某大型跨国企业的变革思考模型示例。

（1）分析变革的背景和必要性：

- 为什么要变革，变革的意义在哪里？
- 变革能带来什么好处？
- 不变革会有哪些问题，带来哪些坏处？
- 变革的范围、广度和深度如何？
- 变革的目标是什么，变革成功之后的样子，能如何描述？

（2）分析关键利益相关方（key stakeholder）的情况：

- 谁是变革的利益相关方？（比如高层，比如投资者等）
- 每个相关方为什么重要？
- 能如何让他们积极加入进来？
- 谁是支持者，能做什么从而获得他们的大力支持和承诺？
- 必须获得谁的认可和承诺？如何做？

－谁可能有抵制，能如何管理可能的来自关键利益相关方的各种抵制？

（3）分析被影响群体：

－谁最可能被变革而影响？影响到什么？（工作职责、权力、位置、资源、流程、利益……）

－谁会支持？谁会反对？从而最可能的风险点是什么？

－如何管理和帮助这些被影响的人？

－能把什么人群，如何争取过来成为改革的正能量和倡导者？

－有什么样的计划降低和管理这种来自人或反对者的风险？

（4）分析如何沟通这种变革，如何传递变革的信号和变革信息：

－在本轮变革中，谁会需要变革的信息？需要什么信息？

－需要的信息应该从哪里发出？通过什么方式发出？以什么频率发出？

－如何对信息进行裁剪，从而做到不同的人有不同的针对性的信息发出？

－如何确保信息的双方沟通，而不是简单的从上到下的单向沟通？

－如何形成一个系统、全面的沟通计划？一个常见的沟通计划案例如表 9-1 所示。

表 9-1　沟通计划表

谁	内容	如何传送信息	何时/频率	谁发出此信息
老板	与计划相比，进展状况以及挑战、困难、资源需求支持	双周报告	第 2, 4, 6, 8…周的周五	项目经理
A 供应商	项目进度	月度项目进度报告	每月月底	项目沟通协调员
…	…	…	…	…

（5）分析变革引起的组织结构的变化：

－该变革带来什么样的组织结构上的变化？

－该变革对哪些岗位的哪些职责、权力、汇报关系、利益、工作流程、决策、岗位目标带来了什么变化？如何管理这种变化？有一个什么样的计划来确保被影响的员工过渡到一个新的角色中去？

－新的组织结构是什么？

（6）分析变革之中之后需要构建什么样的组织能力，以及如何构建该组织能力：

- 需要什么样的能力推进此变革？如何才能找到这种能力？招人，借人，专家，或培训？
- 需要什么样的新的组织能力？有多大的能力缺口？如何形成这种能力以及弥补各能力缺口？招人，借人，专家，或培训？能如何快速形成新的组织能力？
- 培训需求是什么？培训计划是什么？
- 如何知道每个人的状态从而做到有的放矢去改变他？可用 ADKAR 来分析，如表 9-2 所示。

表 9-2　ADKAR 分析表

ADKAR	A	B	C	D	E	F	...
（Awareness）意识到变革							
（Desire）有愿望参与变革							
（Knowledge）知道如何变革							
（Ability）能掌握变革需要的新技能							
（Reinforcement）强化成一种习惯							

（7）分析变革过程中需要的领导力：

- 各级领导的角色是什么，他们自己清楚这种角色与期望吗？
- 领导者知道下属以及周边同事的期望吗？
- 领导者知道下属的关注是什么？知道下属对他们的期望吗？如何用两个"微笑曲线"的运用帮助下属走出困境？
- 领导如何身先士卒、率先垂范，从而引领他人跟随、效仿？
- 如何让下面的人看到你作为领导、作为经理的支持与表率？

（8）分析如何维持和巩固来之不易的变革成果并形成一种新习惯和文化：

- 能做什么以确保人员持续适应并逐渐习惯于这种变化后的状态？
- 如何从变革中过渡到日常运营 BAU 状态？有无一个清晰的交接计划？
- 如何巩固刚刚习得的新行为、新习惯、新工作方法、新思路、新工具？（庆

祝成功，奖励优先先进，示范观摩，最佳实践分享，竞赛，参观，互相评比等）

— 如何比照既定的目标作为对照标杆发现差距？需要如何定期地回顾，从而引发反思并发现改进机会，同时也强化已经取得的成果？

— 更多思路，参考本书第四十九项。

（9）建立变革的步骤、路线图和各项工作计划汇总，并落实执行计划：

— 变革路线图是什么？主要任务是什么？各阶段的里程碑是什么？

— 各任务主要负责人？时间？

— 需要的资源需求是什么？

— 该变革面临哪些关键风险？如何控制这些风险？

— 各项必需的计划到位了吗？如变革的沟通计划、管理利益攸关者计划、管理被影响群体计划、组织结构调整与过度计划、新的组织能力建设计划、变革成果巩固计划、BCP、交接计划等。

○ 第四十九项
如何认识与推动企业文化建设

49

案例

某企业老总参加了一个企业质量文化的培训，深深认识到了质量的重要性，于是要求企划部展开质量文化的宣传与教育。办公室墙上、宣传栏上、食堂、宿舍、车间……到处是关于质量如何如何重要的标语，比如几条标语是："质量重于泰山""不合格产品坚决不放行""百分之百按流程执行""客户第一，利润第二"等。刚入职的小李看到这些醒目的标语以及培训的教材，被这个企业的质量文化深深震撼，内心暗自敬畏和高兴进入了一个有文化、有档次的企业。小李经过几天密集的培训后进入车间，满怀好奇地投身于生产流水线。小李不经意间发现，车间的老工人怎么没有按照规定的操作流程做呢？这不符合墙上的"百分之百按流程执行"呀？正纳闷，又看到另一个老工人明明嘴上嘟囔着说两颗螺丝松紧不合适，怎么就包装好送进仓库等着送给客户呢？小李不解，问这个老工人，老工人没有回答，反问小李："你肯定是新来的吧"。小李有一天就此事问经理，经理解释道："高层有指示，市场上这款产品很好卖，赶紧出货，年底了，要向利润目标冲刺，顾不上产品的这些小瑕疵了……"小李看着墙上墨迹崭新的标语，心想这些墙上的标语有什么用呢？班前会喊得震天响的口号是喊给谁听的呢？这些天的培训课，领导们口口声声说质量如何如何重要，也只是口头说说罢了……

常见的认识误区

- 企业文化就是墙上的标语，就是喊得震天响的口号。
- 企业文化是虚无缥缈的，看不见的、摸不着的、玄乎的东西。
- 企业文化就是口头的巨人、行动的矮子。
- 企业文化就是理念、思想、金点子。
- 企业文化就是老板想一出是一出的思想产物。

- 企业文化就是一种信念、信仰。
- 企业文化就是员工手册的使命和宣言。
- 企业文化就是就是老板背后让人揣摩不透的思想。
- 企业文化就是年复一年填写的考核表中的价值观。
- 企业文化就是企业的造神运动。
- 企业文化是企业的事情，跟自己无关，员工愿不愿意执行是员工自己的事情。
- 企业文化是别的企业有，那么我们企业也得有，否则企业就不那么高大上了。

解决思路
- 认识企业文化中神与行（形）的关系。

《道德经》说：万物生于有（物质），而有生于无（精神）。企业文化是神和行（形）的结合体，神指的是精神、信念、思想、灵魂、理念；行（形）是体现在物化的、看得见的载体上的制度、流程、口语、标语、手册和看得见的人的行为规范。两者是行（形）散而神不散，神决定行（形），行（形）则体现神；神是内在的潜规则，行（形）是潜规则的外在体现。神看似无行（形），但是推动着有形的行为和有形的规章制度、文件、流程、表单、具体物化的产品的建设，是一只无形的手。

- **企业文化很多时候是企业家的文化。**

企业文化是企业家（即企业创始人）不断学习、修炼、思考的一种思想、一种要求、一种使命、一种信仰、一种追求、一种理想、一种价值判断、一种期望……有时被提炼升华成口号或规章制度或会议要求，有时或许看不见摸不着。不管这种文化是否有实实在在的载体或只是老板的一句话，但身临其境的你会感受到这种文化氛围的存在。既然企业文化，很多时候是老板的文化，那老板也是人，有的文化理念，他想清楚了也就传递出来了；但有的文化理念，或许他还没有想清楚，可能还处在混沌状态，毕竟老板也是人不是神嘛。因此随着时间的推移，随着事物的不断发展，以及老板不断学习，不断受到身边的人的影响，不断参悟，慢慢地他的脑子里会形成一些系统或不系统的观念、观点，并转换成对企业全体人员或特定人群的期望与要求，这就是文化最基本的雏形了。

- **企业文化也是与时俱进的。**

企业文化不是一成不变的，而是不断演绎和发展的。企业的发展是由小到大的发展。开始老板一个人全抓全管，企业大了，由有专业能力的人来管理一个职能部门，而职能部门的领导就会不断建立、渗透和发展出更多更系统的文化理念，比如制造部门的成本节约文化，研发部门需要的不断创新文化，质量部门发展质量安全文化，人力资源部发展出人才管理与培养的人才观，客户部门发展出客户就是上帝的客户第一文化。当然这些种种的文化，在企业的不同时期面对不同的挑战时，会不断修正与完善，不断演绎与发展。

- 企业文化的塑造是重复、再重复教化的结果。

观念的转变或许是瞬间的，而企业文化和行为塑造是漫长的重复、重复、再重复的影响与教化的结果。文化塑造的前期是少数人影响多数人，坚定的人影响不坚定的人，通过不断的传播、重复、重复、再重复。最后，是多数人影响少数人，少数不坚定的人离开，多数坚定的人留下，并慢慢变成坚守文化和信念的信徒，企业文化就这样慢慢沉淀下来，风清气正，永久传承，并彰显出文化的生命力！

- 作为经理应该在企业文化建设中起模范作用。

企业文化的发起人一般从老总开始，从上到下层层传递。经理应该是文化的传承者，拥护者，垂范者和倡导者。老总应该是先知先觉的人，而经理人应该是后知后觉的人，而下层的基层员工是不知不觉的人。企业文化的洗礼就是从上到下，由先知先觉的人带领一批后知后觉的人，进行一场不知不觉地革命。

- 企业文化的塑造/变革的核心步骤如下。

（1）合理解释某文化产生的必要性。让员工明白以及感受到塑造或重新塑造某种企业文化的必要性、必然性与愿景。一般企业先提出最需要解决的问题，并根据问题提出对应的理念。

（2）该文化对内外有关方的影响与分析。即分析文化变革对各利益攸关方的影响与冲击。

（3）创建符合该文化理念的行为标准与期望。即对公司员工的要求是什么？根据上述理念，创建符合该文化理念的各种流程、制度与规章规程。

（4）沟通这种行为标准与期望。即考虑如何把这些创建的标准与期望传递给相关员工？

（5）能力建设。即考虑要培养哪些人的什么能力才能有效落实与执行上述标准与期望呢？

（6）责任体系建设。即要落实这些定义好的行为标准与期望，如何把落实责任传递下去？

（7）领导表率与垂范。即我们的大大小小的领导是如何率先做出表率作用的？这种率先垂范的行为如何让员工看到？

（8）通过反复教化与行为强化，促使文化沉淀。毛主席说：做一件好事是容易的，但一生都做好事，就是一件很难的事情了。很多企业在建设企业文化时候，像搞运动一样，一阵风，虎头蛇尾，前面口号喊得震天响，后面却无声无息，最后不了了之。因此文化变成了纸上谈兵。企业要长期坚持用各种形式来强化这种行为期望与标准，例如，员工讨论、企业培训、刊物、口号、宣誓、标语、邮件、会议、领导讲话、视察、比赛、演讲、故事分享、考试、表扬庆祝晚会等。

（9）文化与制度的建设与优化。任何一种文化与制度，都需要随着时间的推移，不断再优化与改进。

- **案例分享：某企业推行 ISO9000 质量文化的工作思路与要点。**

（1）合理解释某文化产生的必要性：

- 解释外在环境与改革的必要性；
- 树立危机感，比如华为任正非说"我们离破产只有三个月"；
- 建立文化、愿景与使命的内在关联关系。

（2）该文化对内外相关方的影响与分析：

- 分析谁是文化塑造的利益相关方，比如高层，比如投资者等；
- 分析能如何做，让他们积极参与；
- 分析谁是必要的支持者，能做什么去获得他们的大力支持和承诺；
- 谁可能有抵制，能做什么行动计划克服这种抵制。

（3）创建符合该文化理念的行为标准与期望：

- 质量框架；
- 质量政策；
- 质量指导行为准则；
- 流程 SOP。

（4）沟通这种行为标准与期望：

- 分析内外相关方需要沟通什么；

- 制作与落实沟通计划；
- 领导者宣誓；
- 寻找各工厂的质量冠军代言人；
- 定期的质量简报。

（5）能力建设：
- 分析质量体系与文化要求什么样的能力；
- 因质量体系需要改变的职位说明书中的工作职责；
- 新工作职责需要的能力培训是什么；
- 识别不同岗位人员在质量体系中的知识与技能需求；
- 展开能力培训计划；
- 进行知识竞赛活动，并给予奖励。

（6）责任体系建设：
- 周报、月报与其他日常质量指标报告；
- 看板管理中的质量指标；
- 把质量目标纳入主要管理人员的年度目标；
- 定期的小红旗流动制度。

（7）领导表率与垂范：
- 领导每月的或季度的现场巡视；
- 在主要大会上，设置"质量时刻"；
- 在大会上主要领导的质量发言；
- 定期的质量大比武，领导颁奖；
- 领导每个季度参加一次质量会议。

（8）通过反复教化与行为强化，促使文化沉淀：
- 每个工厂建立质量大使；
- 定期的季度最佳质量实践分享会；
- 与员工一起进行质量巡视以及面对面互动；
- 搞一个"把质量带回家"活动，邀请家属参加；
- 外部专家讲座，关于产品质量的讲座；
- 评选每月的质量之星。

（9）文化与制度建设与优化：

- 定期回顾文化制度的科学性与可行性；
- 纪律建设，一旦违反相关的制度流程等，有什么样的处罚措施；
- 可效仿华为，建立僵化、优化、固化的执行文化；
- 分析并排除公司制度得不到落实的常见原因。

○ 第五十项
如何进行自我时间管理

案例

某质量控制经理张经理忙碌的一天：

- 8:30，张经理正在做一个重要的报告，此时老板打电话找张经理谈话，谈了一会儿关于部门人员安排与产能规划的问题，一直延续到9:30。

- 9:30，有一个新入职的员工打电话来问社保福利、劳动合同签订等问题，这样解释到10:00。

- 10:00，刚回到位置，一个电话响了，那头说："张经理，工会搞活动组织员工抽奖，等你来抽奖呢，你快过来吧。"于是张经理立马奔向活动现场……忙到11:00。

- 11:00，刚回到办公室，下级主管追着说："经理，上周我都找不到你。我要招几个人，现在队伍不稳定，走了好几个人，已经连续三天质量缺陷率上升30%了，生产计划估计要延迟一个月了！"张经理很惊讶，听完解释，训了下属几句，赶忙签字，这时已经11:30了。

- 11:30，行政部小李来敲门，张经理，你还没有来领本月的劳保用品呢。于是，张经理随同小李去领劳保，并签字，这是11:50了。

- 11:50，张经理饿了，该吃饭了……遇到市场毛经理，一起吃饭并闲聊到下午1:00。

- 下午1:00，正当张经理想看看邮件时，招聘主管来讨论工人选拔标准问题。一直到讨论到2:00。

- 下午2:00，招聘主管还没走，这边某生产主管打电话给张经理："张经理，2:00有一个产品质量缺陷讨论会，在某某会议室，我们等你呢。"于是张经理猛然想起是他发起的这个会议，匆匆赶到会议室。但发现有好几个人没有来参加会议，一细问才知道，是张经理忘记通知他们了。来的人，也不知道为什么要开会。随着会议的进行，两个下属因为观点不一致，你一言我一语，相互讥讽攻击，针锋相对。张经理心想，今天这样的氛围，继续讨论，也讨论不出什么结果，于是宣布散会改天再议……此时 3:30。

— 下午 3:30，某下属练习做了个分析报告，拿来找张经理请教。张经理瞄了一下报告，仔细讲解了做报告的要点和要求，并指出该报告可以改进的许多要点和总体思路……该下属用羡慕的口吻夸了几句张经理，张经理心里暖洋洋的。但该下属是老顽童，好像总是犯类似的错误……此时已经下午 4:30。

— 下午 4:30，财务的出纳发了一个短信："张经理，你那天提到你还有 200 元的差旅费没有报销，今天就是最后一天了，你要是贴好了，我过来取一下，或者我在座位上等你？"该出纳与张经理关系还不错，张经理想：要么让出纳帮忙贴？张经理这样想着……但转念一想，不行，因为票据没有标明用途和时间，她也无法贴……算了，还是自己亲自动手，贴……到 6:00，好不容易贴完了，发现有两张票据找不着了，算了只能认了。匆匆给出纳送过去……

— 下午 6:00，在回办公室的路上，突然想起早上未完成的一个重要报告，于是立马打电话给已经下班在半路上的 A 下属叫他回来，帮忙调取 SAP 数据，否则报表都无从谈起……

— 张经理忙到很晚回到家，拖着疲惫的身躯，又累又饿。此时老婆孩子已经在睡梦中了……可怜的张经理，自从当了这个部门经理，几乎每天都是这样挺过来的……

常见问题

- 时间被 N 多琐碎小事切割，导致需要集中精力的工作完成不好。

比如经理正在聚精会神地完成某个重要报告，但是电话没完，有急事的，有的是请示的，有投诉的……为了应付各种纷扰，本来 30 分钟可以完成的报告，由于各种打搅而被一直耽搁。

- 会议效率低下。

会前通知有问题，会前没有准备；会中，你来我往，不时有人推门进来，有人推门出去，有人时不时接打电话，电话铃声、微信铃声、短信铃声此起彼伏；有的同事会上长篇大论来表扬自己的丰功伟绩，有的同事明里暗里攻击别人，有的同事看热闹，有的迷糊着眼睛闭目养神，有的更是看手机、看微信、看新闻、喝喝茶、会议开来开去没有一个结果……

- **没有计划，没有条理。**

有的经理做事毫无章法，工作上毫无计划，工作中由着自己的性子来，想起什么工作就安排什么工作，脚踩西瓜皮滑到哪里算哪里。随着时间的流逝，手头的工作越来越乱，越来越杂，东一榔头西一棒子，总是被动地被事情被问题推着走……

- **事无巨细，亲力亲为，眉毛胡子一把抓。**

整个公司上下都有经理的身影，整个楼下都有经理的身影，事无巨细，亲力亲为，上蹿下跳，日理万机。每天忙着"救火"，从来不会想想为什么要经常"救火"，为什么身边这么多"火灾"需要去救，经理成了公司最牛的"救火队员"。

- **经理对下属一百个不放心。**

刚刚布置完成的工作又再次和下属强调应该怎么处理，某项活动应该怎样解决，通过电话、短信一遍一遍地向下属强调，苦口婆心，像祥林嫂一样，什么事情都恨不得说三遍。

- **同样一件事越沟通越混乱，越沟通越不能解释清楚。**

有的经理在和其他同事一起工作时，总是老死不相往来，你不来找我，我也不会去找你，平时没有建立合作与信任关系。等到工作任务火烧眉毛不得不沟通协作时，本来很简单的问题越沟通越混乱越复杂，牵扯的人越来越多，工作效率越来越低。

- **办事拖拉。**

本来昨天的工作今天才完成，不规定工作时限，没有执行力，做的计划永远无法按照规划的时间完成工作，于是一切工作都无限期往后推。

- **缺乏自我 5S 管理。**

办公室乱七八糟，粗心大意，大大咧咧，由于自己的粗心，往往找不到某项合同，或找不到重要客户电话，找不到办公室钥匙……经常把时间花费在找东西上去了。

- **碍于情面不敢说"不"。**

做一个没有原则的老好人，经常答应别人而自己又难以完成的工作，助长了别人求其办事的机会，自己的工作则经常被打乱，造成恶性循环。

解决思路
- **选择比努力更重要，学会区分轻重缓急，把时间用在刀刃上。**

按照时间管理的四象限原则，明白哪些事情是重要且紧急的，哪些事情是紧急不重要的，哪些事情是重要不紧急的，哪些事情是既不重要又不紧急的。

- **在工作中要有一个规划/计划。**

磨刀不误砍柴工，国家有"五年规划"，企业也有自己的规划，经理人应该有自己的年度计划、季度计划、月度计划，把重大的项目进行划分，部门按照计划进行执行，规范时间管理，有清晰的时间完成表。罗列每天需要完成的任务清单，对任务清单不断进行更新。

- **对工作进行效益分析。**

从企业角度分析，可从三个维度分析：①贡献度，该工作任务的完成对自己工作的开展以及对企业的利益有多大影响；②需要自己亲自来完成该工作的必要性；③完成这项工作需要投入的时间的多少。按照这样的三个维度，则需要投入的时间少，需要自己亲自来完成，且对公司的贡献很大，那么这样的工作才是真正需要自己来做的工作。

- **集中处理一类工作。**

一些活动和工作可以集中处理，这样可以设置时间窗口，集中处理工作，比如某经理规定，每天上午的 11 点至 12 点，是下属来进行请示、请假、汇报工作、文件签字等集中办理的时间段。这样，自己重要的工作不会被下属反复打扰，提高下属和自己的工作效率。

- **养成 5S 习惯：整理、整顿、清扫、清洁、素养。**

－整理：区分要与不要的物品。经理需要把办公桌上杂乱的合同、档案、请假单、记录表、报告等文档，电脑里面的文件，邮箱里的文件等不断定期进行整理，把需要和不需要的进行区分。

－整顿：必需品或文档文件进行归类归位，摆放整齐有序，明确标示，易于寻找。

－清扫：清除不需要的任何过期的文件、文档或物品。

－清洁：保证办公区域干净清爽清洁靓丽。

- 素养：把 5S 作为一种基本是职业素养，形成一种职业习惯。

- 学会授权。

把下属能够解决和完成的工作交给下属完成，什么样的会议下属可以代替自己参加，什么样的报告下属可以替自己来完成，什么样的批复可以让下属来进行审批等。

- 学会说"不"。

不重要、不必要的会议自己可以拒绝参加，做不到的事情不要轻易承诺，无法安排会见的不重要的人，可以找理由拒绝会见，重要的工作进程中可以拒绝外部的干扰。

- 学习海尔的"日事日毕、日清日高"的精神。

每天的工作每天完成，每天的工作要清理并要每天有所提高。作为经理，不要把已经计划的工作一拖再拖，拖着拖着，不紧急的事情变成紧急的事情。

- 提高会议效率。

不断提高开会的效率，避免会而不议，议而不决，决而无踪，踪而无果。开会前需要通知参会成员开会时间、内容、要求、需要准备的材料，定义会议过程中的议事规则等，如大家不能相互攻击，手机静音，会议期间不要指责别人，不要随意打断发言人，会议上不要看电脑，不要玩手机，会议上需要讨论而不是争论，必须按照会议规定的时间结束会议等。

- 寻找更有效的工作方法。

比如，有员工写的邮件篇幅很长，和同事的沟通的邮件来来回回，千回百转，但是问题还是没有解决，为什么只能通过邮件的交流方式来沟通？其实，直接一个电话过去就三五句话的事！

- 用工作日志反省自己。

不断进行时间盘点和反省，制定工作日志，检查自己的时间花费在哪里。每周、每日进行反省，查看时间浪费在哪里，不断提高自己的工作效率。